中國學術思想研究輯刊

五 編

林 慶 彰 主編

第1冊

《五 編》總 目

編 輯 部 編

辭與物：《易傳》釋物的秩序

李 霖 生 著

花木蘭文化出版社

國家圖書館出版品預行編目資料

辭與物：《易傳》釋物的秩序／李霖生 著 — 初版 — 台北縣永和市：花木蘭文化出版社，2009〔民 98〕

目 2+140 面；19×26 公分

（中國學術思想研究輯刊　五編；第 1 冊）

ISBN：978-986-254-030-5（精裝）

1. 易經　2. 注釋　3. 詮釋學　4. 研究考訂

121.17　　98014751

ISBN - 978-986-2540-30-5

9789862540305

中國學術思想研究輯刊

五　編　第　一　冊　　ISBN：978-986-254-030-5

辭與物：《易傳》釋物的秩序

作　　者　李霖生

主　　編　林慶彰

總 編 輯　杜潔祥

出　　版　花木蘭文化出版社

發 行 所　花木蘭文化出版社

發 行 人　高小娟

聯絡地址　台北縣永和市中正路五九五號七樓之三

電話：02-2923-1455 ／傳真：02-2923-1452

網　　址　http://www.huamulan.tw 信箱 sut81518@ms59.hinet.net

印　　刷　普羅文化出版廣告事業

封面設計　劉開工作室

初　　版　2009 年 9 月

定　　價　五編 20 冊（精裝）新台幣 33,000 元

《五 編》總 目

編輯部　編

《中國學術思想研究輯刊》五編　書目

〔經學研究專輯〕

易學研究

第 一 冊　李霖生　辭與物：《易傳》釋物的秩序
第 二 冊　林文欽　《易傳》之變易思想研究
第 三 冊　吳雅清　《易》元亨利貞四德之研究
第 四 冊　楊雅妃　朱熹醫、易會通研究
第 五 冊　曾春海　王船山易學闡微
第 六 冊　吳龍川　太極——船山《易學》〈乾〉〈坤〉並建理論新探
第 七 冊　高志成　王夫之、李光地對朱子易學的繼承、批判與發展（上）
第 八 冊　高志成　王夫之、李光地對朱子易學的繼承、批判與發展（下）
第 九 冊　陳伯适　惠棟易學研究（一）
第 十 冊　陳伯适　惠棟易學研究（二）
第十一冊　陳伯适　惠棟易學研究（三）
第十二冊　陳伯适　惠棟易學研究（四）
第十三冊　何淑蘋　屈大均《翁山易外》研究
第十四冊　李慈恩　李鏡池易學研究

詩經學研究

第十五冊　黃忠慎　宋代《詩經》學探析：以歐陽修、蘇轍等六家為中心的考察（上）
第十六冊　黃忠慎　宋代《詩經》學探析：以歐陽修、蘇轍等六家為中心的考察（下）

禮學研究

第十七冊　陳章錫　王船山禮學研究——以兩端一致論為研究進路
第十八冊　王乃俐　《左傳》論禮

經學論文集

第十九冊　宋鼎宗　拙齋經義論叢
第二十冊　李霖生　靜觀詩學論文集

《中國學術思想研究輯刊》五編
各書作者簡介・提要・目錄

第 一 冊　辭與物：《易傳》釋物的秩序

作者簡介

李霖生，一九七七年第一志願入國立臺灣大學哲學系就學，一九九六年春，獲國立臺灣大學哲學系文學博士學位。歷任長庚大學通識中心兼任講師、靜宜大學通識中心兼任副教授、輔仁大學哲學系兼任副教授、玄奘大學中研所專任副教授、玄奘大學中文系專任教授、玄奘大學中文系所主任、玄奘大學師資培育中心主任。

多年來僕皆相信「由小學入經學者，其經學可信。由經學入史學者，其史學可信。由經學史學入理學者，其理學可信。以經學史學兼詞章者，其詞章有用。以經學史學兼經濟者，其經濟成就遠大。」雖不能，心嚮往之。

提　要

易理並非陰陽相續而存，卻爲一時俱現，並時運轉。易理形構同時關涉諸多異元，各自發展，互相影響，如一念三千，猶以光速計算著最佳的生存通道。只要人能掌握有利的導體，奇門遁甲將超越神話的層面，永生之門或將洞開。

《易經》六十四卦應視爲並時共存的六十四個視窗，或謂六十四方生存境遇。作者竭力表述森然有序的生命際遇，力圖曲盡隱微的生命同情。想像力的復甦使生命恢復創造力，同情心的成熟躋暴戾的社會於和樂化境。解開易經玄義的關鍵，應該是溫柔敦厚的詩情。

《易經》吉凶悔吝的判斷，隨卦爻辭富麗之詩意，曲盡生命多元的境遇。拙著《易經哲學》與博士學位論文《辭與物：易傳釋物的秩序》，主旨在於鉤抉卦爻辭所蘊無盡之詩意，開顯《易經》義理所涵之生命哲學。然而《易經》的數理形構決定卦爻辭義，是義理之所本，其底蘊幽微深玄，尤爲引人入勝。

時下盛行的思維模式，可以電腦爲典型。然而電腦二進位數學運算 XOR，同一時間只能進行單一運算，如 IBM 多 CPU 平行處理的 Deeper Blue，也只是增加運算之電腦，而非推理模式的變革。《易經》的數理卻具有多元同時運算，同一運算單元可以同時進行多種平行運算的模式。這種可能計算氣象變化的推理模式，不僅是純粹詩意的具體實踐，而且是探索最佳生存境遇的絕妙媒介。因此，尋繹與重構《易經》妙算內蘊之數理，應非單純工於計算的書房遊戲而已，對於現代人生活境遇之開闔，或文化理想之啓發，甚至生意之表述，應皆能裨益。

目　次

緒　論……1
一、基本旨趣……1
二、研究材料與方法……6
三、論題之設定與論述之輪廓……7
第一章　物與象數……13
第一節　立　象……13
第二節　物……18
第三節　生　元……20
第四節　天　地……22
第五節　陰　陽……26
第六節　時　光……30
第七節　數……31
第八節　六　爻……33
第九節　卦象吉凶……48
第二章　卦爻與吉凶……51
第一節　吉　凶……51
第二節　聖　人……54

第三節　啓示者 59
第四節　神　明 60
第五節　周　禮 61
第六節　權力繼承的危機 65
第七節　君子涵意的轉變，解脫憂患的新啓示 69
第八節　君子涵意的純化 73
第九節　期待統一的生存秩序 76
第十節　說立象之道 80
第十一節　審判者的缺席 84
第三章　吉凶之辭 87
第一節　自天祐之，吉無不利 87
第二節　怨懟之辭 92
第三節　審判與被審判 97
第四節　《易傳》中的審判者與被審判者 103
第五節　審判之標準 115
第四章　結　論 121
第一節　《詩》《書》 122
第二節　《論語》 123
第三節　《易傳》 125
第四節　符號的虛無主義 127
第五節　符號的實有主義 129
參考文獻 133

第二冊　《易傳》之變易思想研究

作者簡介

林文欽

現職：國立高雄師範大學國文系教授兼系主任

學歷：國立高雄師範大學文學博士

國立高雄師範大學文學碩士

國立高雄師範大學文學士

省立台中師範專科學校畢業
省立台東師範學校畢業
經歷：小學教師、主任
高雄師大助教、講師、副教授、教授
高雄師大秘書室秘書、就業輔導組主任
高雄市中正文化中心「古典詩詞班」講座教師
高雄市政府公教人力發展中心「易經講座」教師
高雄文化院附設「汶羅書院」「易經講座」教授
南台道教學院「易經研究」教授
高雄市政府九十年度「市府團隊策勵營」「易學與管理」講座教授
高雄市政府復審委員會委員
教育部九年一貫國語文領與輔導教授兼南區召集人
台灣周易養生協會第一屆理事長
專長：易經、老子、道教易學、古典詩、現代詩
著作：周易變易思想研究
周易時義研究
現代詩鑑賞教學研究

提 要

本文撰寫由林師耀曾指導完成。研究之重點有三：一爲《易傳》在《周易》中之地位：一爲《易傳》變易思想之形成與發展；一爲《易傳》變易思想之特色與價值。茲將本文內容分述如下：

第一章，「緒論」。簡述研究之動機；次論《易傳》成書年代與內容及《易傳》於《周易》中之地位。

第二章，「變易形成論」。述變易思想形成之背景，乃由歷史、自然、及卦理本身因素激盪融匯而成。

第三章，「變易方法論」。本章分述變易之方法，有「卦之變化」、「易數之變」、又「易象之變」。蓋卦因數衍，數緣象起，象由心生，故明象數之變，然後易理得。

第四章，「變易發展論」。本章述重在《易傳》於形上義理上之「動」、「變」基本概念之內容與意義。

第五章，「變易流行論」。本章述變易思想之特性。

第六章，「變易思想論」。分述變易思想於倫理、政治、教育、歷史、文學中之意義與價值。

第七章，「結論」。撮要說明變易思想乃天人合一之思想，《易傳》之博大精深，乃歷往聖先哲之推衍，匯爲智慧之結晶，集爲學術之根源，爲隨時更新之不朽巨著。

目 次

第一章 緒 論……1
第一節 前 言……1
第二節 《易傳》於《周易》中之地位……4
一、人文躍動……7
二、以理言事……10
三、思想融化……14
四、道以變易……20
第二章 變易形成論……27
第一節 歷史因素……29
第二節 自然因素……31
第三節 卦理因素……35
一、明卦……36
二、明位……39
三、明爻……39
第三章 變易方法論……49
第一節 卦之變化……49
一、卦變之則……52
二、卦變之序……57
第二節 易數之變……63
一、大衍之數……63
二、成變之數……68
第三節 易象之變……71
一、釋象……71

二、《易傳》取象之範圍……73
（一）八卦本象……74
（二）八卦引申之象……75
（三）八卦方位之象……76
（四）八卦之廣象……77
第四章　變易發展論……79
第一節　履霜堅冰——漸變……80
第二節　水火相息——革變……86
第三節　與時偕行——時變……92
第五章　變易流行論……99
第一節　自然周流……100
第二節　貞一无妄……105
第三節　常體變用……107
第六章　變易思想論……113
第一節　倫理思想……113
一、修身……117
（一）卑謙自修……117
（二）日新其德……117
（三）遷善改過……119
（四）愼言養德……120
二、齊家……121
（一）貞定家道……121
（二）情貴恒德……123
（三）愼終追遠……124
三、處世……126
（一）稱物平施……127
（二）執中用權……127
（三）和而不流……129
（四）安於憂患……131
第二節　政治思想……134
一、政治緣起……135

（一）神道設教……135
（二）天下達治……136
二、為政之道……137
（一）封建階位……137
（二）任賢德治……141
（三）明法慎刑……144
（四）恩威並用……145
第三節　教育思想……148
一、教育目的……149
（一）蒙以養正……149
（二）成就君子……151
（三）振民育德……157
二、教育方法……158
（一）省方設教……158
（二）以時育物……159
（三）敷教以寬……160
（四）昏蒙不教……162
三、教育資料……163
第四節　變易史觀……164
一、歷史變易之方法……166
（一）循環往復……166
（二）生生不息……168
二、歷史變易之因素……170
（一）天命……171
（二）人事……171
三、消融變易之方法……172
（一）防微杜漸……172
（二）與時偕行……173
（三）自強不息……174
第五節　文學思想……175
一、文學起源論……175

（一）苦悶象徵……176
（二）模擬自然……177
（三）達情盡意……178
二、文學創作論……179
（一）善用譬喻……180
（二）錯綜比偶……180
（三）洗鍊多姿……182
三、文學流別論……183
（一）循環變易……183
（二）物極必反……183
（三）剛柔相推……184
第七章　結　論……187
重要參考書目……193
附錄：卦變圖……201
附　圖……213

第 三 冊　《易》元亨利貞四德之研究

作者簡介

吳雅清，台灣大學中文系學士，文化大學藝術研究所美術組碩士，文化大學中文所博士。碩士論文：《八大、石濤合譜》，博士論文：《《易》元亨利貞四德之研究》。曾任國立台灣藝術教育館《藝術教育》月刊主編，現任國中國文科教師。對生命以及生活的動力和熱忱，來自於中國傳統儒家義理中對於人性的大信與堅持，期許自己於人性與哲理方面，有更深的理解，藉以在其中尋得安身立命的基石。

提　要

本論文旨在研究《易》經、傳「元、亨、利、貞」之字源、字義，和其可否形成「四德」；以及若其能形成「四德」，則在《易》經卦爻辭中應該如何以「四德」的角度詮釋卦理、卦義；最後，看看各卦如何與他卦旁通，才能儘量得以「元、亨、利、貞」，四德俱全。

研究程序爲：首先以素樸之眼光（即不參考或引用任何對《易》經、傳的解說與注釋），而使用檢索法與歸納法先求《易經》與《易傳》文本中有「元、亨、利、貞」等字的相關文句，其可能的斷句方式與字義，並考察此四字是否可獨字爲句，而將「元、亨、利、貞」四字字義整理出初步的結果。

有了以上的結論，再將《易經》與《易傳》之作者與成書時間提出目前在學術界的研究結果，並以此凸顯《易經》之卜筮色彩，與《易傳》之人文精神，兩者作一比較，且探索其中差異是如何過渡與演變的？接著以《易經》之卜筮色彩，與《易傳》之人文精神分別爲《易經》與《易傳》中之「元、亨、利、貞」四字作字義上的延伸，看看其在《易經》與《易傳》中的意義有何相異、相同與相通之處，最後據此說明「四德說」的存在與其價值意義。

接著透過文獻考證，列舉歷代重要易學家有關「四德說」之內容，並溯源及歸納整理之，而比較其異同，最後說明「四德說」之存在淵源已久，且其來有自；再尋求文獻資料之支持，以肯定「元、亨、利、貞」之四德即源自《易傳》所謂的「乾元」。

繼而根據「四德說」來闡發《易經》六十四卦之卦理，以及分析其四德或有或無之因，和如何與其他相關之卦互通卦理，以期儘可能達到四德俱全之圓滿狀態，如果不能以相通卦理之卦互相輔助發明以達致四德俱全之圓滿狀態，則說明其可能的原因是什麼。

最後爲本論文之結論：強調「四德」的存在與價值。

目　次

第一章　導　論……1

第一節　本文寫作動機……1

第二節　《易》「經」與「傳」問題的釐清……2

第三節　《易》「元、亨、利、貞」論題的提出及其意義……9

第四節　本文的研究方法與論述程序……12

第二章　《易》經、傳「元、亨、利、貞」字義之初步歸納……15

第一節　概　說……15

第二節　《易》經中「元、亨、利、貞」字義之初步歸納……16

一、「元」……16

二、「亨」……20

三、「利」……24
四、「貞」……31
第三節 《易》傳中「元、亨、利、貞」字義之初步歸納……36
一、「元」……36
二、「亨」……41
三、「利」……45
四、「貞」……52
第四節 「元、亨、利、貞」分立爲「四」之確定……57
第三章 「元、亨、利、貞」如何形成「四德」……59
第一節 《易經》作者、成書時代及其卜筮色彩……59
第二節 《易經》中的卜筮色彩對「元、亨、利、貞」闡釋之影響……72
第三節 從《易經》到《易傳》：春秋時解卦爻辭的新法則……86
第四節 《易傳》作者、成書時代及其人文色彩……89
第五節 《易傳》中人文精神之展現對「元、亨、利、貞」闡釋之影響……100
第六節 小結：「四德」之確立……121
第四章 「四德」說之源流與建立……125
第一節 重要易學家之「四德」說舉要……125
一、東漢・鄭玄、魏・王弼……125
二、唐：李鼎祚、孔穎達……126
三、北宋：張載、邵雍、程頤……128
四、南宋：朱熹、項安世、王宗傳……129
五、明：王夫之……137
六、清：焦循、朱駿聲……139
七、民國：熊十力、牟宗三……142
第二節 元德之展開——六十二卦生於乾、坤……151
第三節 結論：「元、亨、利、貞」爲「乾元」之一體四面——即「乾元」之「四德」……156
第五章 《易》上經各卦「元、亨、利、貞」四德有無之闡析……165
第一節 概說卦與卦之間的關係……165
第二節 乾、坤、屯、蒙、需、訟……168

第三節　師、比、小畜、履、泰、否 …… 179
第四節　同人、大有、謙、豫、隨、蠱 …… 188
第五節　臨、觀、噬嗑、賁、剝、復 …… 201
第六節　無妄、大畜、頤、大過、坎、離 …… 211
第六章　《易》下經各卦「元、亨、利、貞」四德有無之闡析 …… 221
第一節　咸、恆、遯、大壯、晉、明夷 …… 221
第二節　家人、睽、蹇、解、損、益 …… 232
第三節　夬、姤、萃、升、困、井 …… 241
第四節　革、鼎、震、艮、漸、歸妹、豐、旅 …… 251
第五節　巽、兌、渙、節、中孚、小過、既濟、未濟 …… 263
第六節　《易》六十四卦「元、亨、利、貞」四德分布表 …… 277
第七章　結論：「四德」的存在及其價值 …… 285
參考書目 …… 291

第四冊　朱熹醫、易會通研究

作者簡介

楊雅妃，國立高雄師範大學國文學系研究所文學博士。研究領域為朱子學、易學、宋代理學、國文課程與教學。曾任國立虎尾科技大學通識教育中心兼任講師。

提　要

體證天理，容或有不同的研究進路、思考方法，然其所對準的核心價值趨向，必須是清晰而明確的。後世譽為宋代理學集大成者的朱熹，其接觸醫說、探勘內丹之學、深化易學思考，可以說，正是從不同角度檢證其所持論的理學核心價值。

本書指出，後世隨著朱子學躍居官方地位，作為理學價值的「陽主陰從」之說，在朱熹之後，明顯地為醫家所接受，以陽為本、「陽氣既固，陰必從之」，成為指導醫學的先驗理論基調。此外，朱熹跨出了義理易學的立場，肯定《易》為卜筮之書，且涉獵圖書易學，並一改劉牧「圖九書十」之說，據其理學立場的體用說法，以〈河圖〉為數之體、〈洛書〉為數之用，此後，朱熹「圖十書九」的講法取代劉說，成爲定論，且爲醫家把握數理規律，提供另一種思考的可能。

必須說明的是，朱熹在不同領域的研究中，能否順利達到理論的成熟是一回事；其所持論的觀看視角之方法進路，又是另一回事。本書探討的重點在於：朱熹面對傳統醫學（包含丹道養生之說）與易學的重要經典文本，能否適宜地運用其觀看方法，指向其所預設的核心價值所在，並希冀以此作爲研究朱熹思想的一個可行進路。

目 次

第一章　緒　論……1
　第一節　研究動機……1
　　一、醫易會通研究的可能……1
　　二、朱熹醫易會通的可能……3
　第二節　研究範疇……4
　第三節　研究方法與步驟……5
　　一、研究方法……5
　　二、研究步驟……6
第二章　朱熹與研醫風氣……7
　第一節　宋代理學家研醫風氣……7
　　一、醫儒相通的時代背景……7
　　二、宋儒對內經的關注……13
　第二節　朱熹研醫關注……16
　　一、儒醫文化現象下的朱熹……16
　　二、醫說對朱熹理學的深化……20
第三章　朱熹與內丹思想……27
　第一節　宋代丹道之風……27
　　一、宋代道教之風……27
　　二、宋代道教內丹學……33
　第二節　朱熹慕道情懷……36
　　一、結交方外高士……36
　　二、醞釀慕道情懷……40

第四章　朱熹與圖書象數易學……49
第一節　宋代圖書象數易學……49
一、宋易河洛先天學的先導……50
二、陳摶的象數之學……55
三、邵雍的先天之學……57
第二節　朱熹易學思想……60
一、堅守義理易學……60
二、探勘數理易學……62
三、肯定象占易學……72
第五章　朱熹醫易會通基礎……77
第一節　象數與象數學……77
第二節　醫易象數學……81
第三節　象數思維……85
第六章　朱熹醫易會通之太極思維……93
第一節　醫家太極思想……93
一、藏象何處是太極……93
二、太極思想引入醫學……95
第二節　朱熹太極思想……96
一、超然會太極……97
（一）太極圖說解……97
（二）西銘解……99
二、展開太極論辯……102
（一）無極而太極……102
（二）朱陸太極論辯……104
（三）皇極之辨……109
三、總結太極之辯……110
第三節　朱熹醫易太極思維……112
一、物物一太極……112
二、朱熹太極思維……114
第七章　朱熹醫易會通之陰陽象數思維……117
第一節　醫家陰陽思想……117

一、醫家之氣……117
二、內經陰陽象數思想……119
（一）三陰三陽之象……120
（二）陰陽整體聯繫……122
（三）陽主陰從的發展……124
三、內經五行象數思想……125
（一）五行藏象系統……125
（二）五行聯繫關係……127
（三）陰陽五行的關係……129
第二節　朱熹陰陽思想……132
一、理學立場的陰陽思想……132
二、丹道立場的陰陽思想……137
第三節　朱熹陰陽象數思維……144
一、朱熹象數思維……144
二、朱熹陰陽思維……150
第八章　結　論……153
附錄：朱熹醫易大事記要……157
主要引用及參考書目……161

第五冊　王船山易學闡微

作者簡介

曾春海，民國三十七年出生，江西省瑞金月縣人，私立輔仁大學哲學所博士，民國 66 年畢，美國哥倫比亞哲學所研究畢業。

經歷：私立輔仁大學哲學系專任副教授、政大哲學系退休教授，現職中國文化大學哲學系。

著作:《兩漢魏晉哲學史》、《易經的哲學原理》、《中國哲學概論》等 12 本。

提　要

本論文共計六章，旨在闡釋船山易學之哲學思想。

第一章旨在介紹船山：其人、其書及其哲學思想形成之背景。

第二章旨在探討船山治易之方法，共分爲五節。第一節依其學易之情態、著易之時間與內容，以觀其研易之經歷與特色。第二節依船山對若干易學家之評議，舉其要者陳述之，期能側面尋出其治易之基本立場與著眼點。第三節則由船山對周易成書之看法，及其對易學研究的價值觀，以明其治易所持之基本信念一伏羲準天理以標卦象；第四節闡釋船山據易書「神無方，易無體」之言，以其「無期而有節」之立論，而評議他家之未能合乎主義理，切人事，以成德成業之聖學正訓者，藉此以彰明其治易之著眼點與立場。第五節則由船山於晚年周易內傳發例中，所自述之易學研究法，提示其易學研究之綱領，分項予以闡釋，期能具體把握其易學研究之方法。

第三章探討船山易學之宇宙論。

第四章闡釋船山易學之人性論。

第五章闡釋船山易學之生命哲學，共分爲三節。第一節介紹「生命哲學」一詞之意蘊，第二、三節闡釋船山由普通生命流行之宇宙。

第六章結論。首先將易學自孔子以迄明清之際，其間傳授及研究法之流變，作一鳥瞰，以檢討船山是否貫徹其「四聖同揆」之治易立場。復將本論文所闡述之船山易學思想，分別作一綜要評論。

目　次

序　言

第一章　王夫之先生傳略……1

　第一節　身世述要……1

　第二節　哲學著述……3

　第三節　哲學思想之形成背景……5

　　一、時代學風……5

　　二、家學淵源……6

　　三、船山與諸家學派之關係……8

第二章　船山治《周易》之方法……13

　第一節　船山學《易》之特色及著《易》之時間與內容……13

　　一、船山學《易》之特色……13

　　二、船山著《易》之時間與內容……15

　第二節　船山對歷來《易》學者之評議……18

一、對漢代象數學家之評議……18
二、對魏・王弼治《易》之評議……19
三、對宋儒治《易》者之評議……20
第三節　對《周易》成書及其價值之看法……24
一、對《周易》成書之看法……24
二、對《易》學研究之價值觀……25
第四節　對《周易》「神無方，易無體」、「無期而有節」之把握……27
第五節　船山《易》學之研究綱領……32
一、以乾坤並建爲宗，錯綜合一爲象……33
二、彖爻一致，四聖一揆爲釋……36
（一）分釋「彖」、「爻」……37
（二）彖與爻之關係……38
三、占學一理，得失吉凶一道爲義。占義不占利，勸戒君子不瀆告小人爲用……41
（一）占易與學易之分……41
（二）評往昔之占《易》者……42
（三）不廢占易之理由……43
（四）占學一理，占義不占志……43
第三章　船山《易》學之宇宙論……47
第一節　道器相須不相離及理氣一源、體用合一之基本主張……47
一、道器相須不相離……47
二、理氣一源……48
三、體用合一……49
第二節　太　極……50
第三節　太極與一陰一陽之道……55
一、陰　陽……55
（一）陰陽爲太極實有之氣……55
（二）陰陽與剛柔……56
（三）陰陽與動靜變化……57
1. 陰陽與動靜……57
2. 陰陽與變化……57

二、一陰一陽之道……58
三、實有健動之宇宙觀……60
（一）實有之宇宙……60
（二）健動之宇宙……60
1. 變通律……64
2. 對待調和律……65
（甲）反者有不反者存……66
（乙）萬物睽而其事類也……67
（丙）以和順斥「截然分析」而必相對待……68
（丁）對待往來而和順於一……70
第四節　以「乾坤並建」釋《周易》生生之宇宙觀及卦爻構成法……71
一、乾坤並建說……71
（一）乾坤並建義……71
（二）〈乾〉知大始，〈坤〉作成物……73
二、由乾坤並建言陰陽十二位數及《易》卦構成法，以示宇宙之變化……74
（一）由乾坤並建言陰陽十二位及《易》卦錯綜相比之旁通系統……75
1. 由乾坤並建言陰陽十二位數……75
2. 十二位數往來消長以成《易》卦錯綜相比之旁通系統……75
（二）對《易》卦構成程序之解釋……77
（三）三才之道……80
第四章　船山《易》學之人性論……83
第一節　人之性命之生成……83
一、人之性命之所由生……84
二、人性命之善……86
三、天道命生人性之方式……89
第二節　簡介船山對人性結構之解釋……91
一、「性」與「理」與「心」之關係……91
二、性與情、才、欲……93
第三節　道德之形上基礎……96

第五章　船山《易》學之生命哲學……103
第一節　前　言……103
第二節　崇德之道……106
一、德命與福命之分別……107
二、由情之可功可罪論盡心知性之重要……109
三、由性之存養、擴充，情之省察，言奉性盡心之修爲……112
（一）誠……114
（二）持志勿忘……114
（三）主於一……115
（四）擬議精微之《易》理以致用崇德……116
第三節　廣業之道……121
一、法乾坤化育之德以參天地之化育……121
（一）法〈乾〉之德……122
（二）法〈坤〉之德……125
（三）參天地之化育……126
二、極深研幾與時偕行，延天以祐人……127
（一）使知之，安遇而知其無妄也……128
（二）使憂之，盡道而抵於無憂也……129
（三）凝道而消其不測……132
三、取法大易以治萬民……133
（一）立成器以爲天下利……134
（二）養民與教民……135
第六章　結　論……139
參考書目……153

第六冊　太極——船山《易學》〈乾〉〈坤〉並建理論新探

作者簡介

吳龍川，馬來西亞檳城人。國立台灣大學動物系畢業，中央大學中文所碩士、師範大學國文所博士。目前任教於清雲科技大學通識中心。著有《劉逢祿公羊學研究》（花木蘭文化出版社，2008 年 9 月）。

提　要

船山晚年總括其《易》學，直言〈乾〉〈坤〉並建乃《易》學綱宗。綱宗也者，即根本、總要義。總括雖短，詳細分析，明確可見〈乾〉〈坤〉並建涵蓋之廣；故說卦爻，敘天道，立聖學，駁異端，一依並建之旨。凡論船山《易》學，必及〈乾〉〈坤〉並建；然談論方式，多從太極之氣化兼述〈乾〉〈坤〉並建，對船山以卦爻演示並建，論述較少。

然船山既以並建爲綱宗，卦爻重要性不言而喻。此是本文進路。是以在卦爻層次上分析〈乾〉〈坤〉並建，固力求精細正確，亦探深拓廣，擴充基礎，作爲後續論述的助力。因此，本文表面似以卦爻爲主論述〈乾〉〈坤〉並建，實際目的乃在談論並建的通貫之理，那就是「隱顯」。〈乾〉〈坤〉並建說的是隱顯之理，由隱顯才能展現《易》之神妙、不測。

不管如何理解〈乾〉〈坤〉並建，大致承認船山《易學》的關懷是道德。因此，本文主力一方面論述船山如何以卦爻整理出並建的模式，另一方面同時說明道德實踐之所以可能的緣故。文中雖然觸及道德議題，但主要視角還是限制在由《易》學角度詮明「爲何」道德實踐是可能的，而不是專論「如何」實踐道德。

道德實踐之所以可能的基礎，就是「隱」的存在。「隱」，表示人無法完全「掌握」世界——他以「神妙」「不測」等語概括這種情況——是以知憂知懼；而知憂知懼，正是君子實踐道德的基礎。文中「掌握」一詞之義，基本上概括了「認知」與「體知」（實踐之知）兩種型態，而以體知統攝認知。

他認爲邵雍、京房等之《易》學，只有「顯」而無「隱」，神妙不存在，顯示世界是可被完全掌握的。人們不是變成肆無忌憚的小人，就是認爲一切都是注定。若是如此，道德的實踐就失去基礎，努力成爲徒然。正是在這種情況下，船山《易》學經由並建之隱顯，要強調神妙存在的必然，它是區別成爲君子或淪爲小人的關鍵。

〈乾〉〈坤〉並建展示的隱顯之理，從最高的角度概括，就是「太極」。任一物都有太極，乃因任一物不管大小——大至天地，小至秋毫——都有可爲人掌握的部分（顯），也有不能（尚未能）掌握的方面（隱）。因此，物物一太極，不是物天生具有太極，而是人去掌握才有太極，隱顯合一是它最基本的性質。而所謂掌握，主要指道德的實踐；這就把太極與道德實踐關聯起來。此外，本文指出，太極不僅是氣，氣只是太極其中一種面貌。這與學者大多從氣論、或認爲太極即氣不同。若此論成立，或許對僅視太極爲氣者進一解。

人永遠無法完全掌握世界，不是否定仁心當幾朗現、物非全顯，而是船山更要求顯之持恆。從其知識與道德兩行的立場看，聖人只是心性通體透明，並非對世界亦然，以是不能自外於隱所造成的神妙、不測。如此，則神妙不止是道德實踐的基礎，同時挑明：實踐的道路沒有終點，君子之學惟有效法健順之不息；成聖不存在一可達臻的終點，滿街不可能全是聖人，而是透露出實踐無盡的艱難與莊嚴。於是，太極（隱顯）永在，神妙恆存，《易》乃成其爲《易》。

文章的開展，是由第二章開始。首論〈乾〉〈坤〉之所以必須「並建」，以及爲何是「〈乾〉〈坤〉」而非他卦並建之由。〈乾〉〈坤〉在德、象、數三方面，都表現出純陰、純陽的特質，方成並建之兩卦。接下來比較複雜的第三章，談論如何在卦爻上表現〈乾〉〈坤〉並建的問題，是開展後面幾章重要的轉捩點。過程中，同時鋪陳並建理論如何展現其涵蓋範圍之廣。此外，對〈乾〉〈坤〉並建的理論合理性，亦提出質疑，並由此確定，隱顯方是船山論說並建的鵠的，因隱顯與神妙有密切聯繫。

第四、五章由船山卦變，論神妙如何藉卦變表現；這是初步涉及神妙問題。第六章專談錯綜與神妙的關聯。以錯綜爲專章論述，乃因錯綜亦船山《易》學最重要觀念之一。從中方了知，神妙乃因隱存在之故。從體用言，體即錯卦，用即綜卦；有體之全，才有用之神妙。

第七章才處理一般把太極視爲氣的看法。由於它常與絪縕、太虛、太和混淆，故先由此辨析其異同，進一步確定了太極「陰陽均衡，一隱一顯」的性質——實即〈乾〉〈坤〉並建表現在卦爻的情況。其後第八章即闡明：卦爻如何可以展示掌握事物無窮盡之理。同時詳細說明一般人與聖人掌握隱顯方式的差異。最後則強調，不管掌握能力之高低，無損太極永遠存在、事事物物皆有太極的事實，由是通達物物一太極之眞義，即在：神妙永在，而人之實踐恆無止境。

目　次

凡　例
第一章　緒　論……1
　第一節　船山《易》學綱宗……1
　第二節　前人研究成果回顧……3

第三節　研究動機及預期成果……6
壹、〈乾〉〈坤〉並建與隱顯……6
貳、神妙：道德實踐的基礎……8
參、「神妙」與「掌握」……11
第二章　〈乾〉〈坤〉並建……27
第一節　並建的意義……27
第二節　〈乾〉〈坤〉的特質……34
壹、〈乾〉〈坤〉之德……38
貳、〈乾〉〈坤〉之數……47
參、〈乾〉〈坤〉之象……51
第三節　〈乾〉〈坤〉之純……55
第三章　陰陽十二……57
第一節　體　用……57
第二節　幽明嚮背與陰陽十二……62
壹、〈乾〉〈坤〉幽明嚮背……62
貳、陰陽十二……68
第三節　體用與術語之新意……72
壹、用：過程與結果……72
貳、體的內涵……78
參、體用相函……85
第四節　可能問題：本質與結構……87
第四章　卦變二種（上）——八卦卦變……95
第一節　太極與卦變二種……95
第二節　八卦卦變……100
第三節　卦變方式的問題……104
第四節　卦變理據探討……110
壹、兩套純雜判準……114
貳、中、始終判定的問題……117
參、得中卦之「始終」與屬卦之「終始」不合……125
第五節　八卦卦變整體檢討……127
壹、準確判定純雜、得中的可能……127

貳、純雜與得中卦的區別 129
參、得中卦是不必要的 130
第五章　卦變二種（下）——十二辟卦卦變 133
第一節　十二辟卦卦變 133
第二節　卦變依據探討 145
壹、得　中 146
貳、均衡卦 148
參、分　屬 149
第三節　卦變二種與太極 154
壹、八卦卦變的必然 156
貳、按照《易經》卦序的必然 157
第四節　餘論：錯綜圖非第三種卦變 161
第六章　錯綜神妙 167
第一節　錯綜的再認識 167
第二節　錯綜與太極 169
第三節　全用與神妙 173
壹、反對相因、相成、相反 174
貳、全用：無留、無待 176
參、全用：不息與不測 180
肆、全用：錯綜皆捷而用綜 183
第四節　全用而不全顯 187
第七章　絪緼是生 195
第一節　絪緼的問題 195
第二節　絪緼、太虛、太和 197
第三節　太極生兩儀 210
壹、太極與人面 211
貳、兩儀即四象 216
參、固有與分言 220
第四節　太極的內涵變化 224
第八章　物物太極 227
第一節　隱顯均衡與掌握之無窮 227

第二節　隱　顯……240
第三節　存神之知……244
第四節　物物一太極……260
第五節　無窮實踐：化隱爲顯……271
第九章　結　論……277
第一節　隱顯與「一陰一陽之謂道」……277
第二節　「理即顯」的問題……282
參考書目……293

第七、八冊　王夫之、李光地對朱子易學的繼承、批判與發展

作者簡介

高志成，臺灣省彰化縣人，1963 年生。國立彰化師範大學國文系博士班畢。目前任職於國立臺中技術學院附設高商專任國文教師、國立臺中技術學院應用中文系兼任助理教授。學術專長《易》學部份有《皮錫瑞易學述論》（碩士論文）及單篇論文：〈吳曰愼易學述論〉、〈王安石易學述論〉、〈范仲淹易學述論〉、〈王陽明易學析論〉、〈朱子易學之大象傳析論〉；古典小說部份：〈悲劇性的樂天觀——以《三國志演義》諸葛亮的領導意志爲例〉、〈關公對儒家理論的證實——從《三國志演義》:「約三事」、「華容道」二例談起〉、〈紀昀多元觀點的現象解讀——以《閱微草堂筆記》爲例〉、〈毛批孔明「知天時」說之辨正〉；另有心得散文數篇，發表於報章雜誌。

提　要

就《易》學史上，朱子《易》學，一直爲後代學者所闡釋的重點。本研究於此縮小範圍，試就王夫之、李光地等二人爲研究範疇，考察其人是如何瞭解朱子，並意圖以其時代課題之差異性爲觀察進路，在面對朱子《易》學下的各項子題，卻有著相同的看法而繼承，也有著不同的觀點而予以批判之；諸如王夫之曰：「朱子師孔子以表章六藝，徒於《易》顯背孔子之至教。故善崇朱子者，捨其注《易》可也。」李光地則云：「朱子既復《經》〈傳〉次序，今不遵之而從王弼舊本。」二家既有不同於朱子之論點，則必然形成不同的發展方向，

爲此原由而深入探究其蘊涵，乃本研究之初衷；祈許釐清此主題，能夠對於「《易》學史」的完備建立，提供綿薄心得。

朱子《易》學所涵蓋範圍極爲多元，本研究不能也不須一一觸及，僅就王夫之、李光地有所涉獵的、且有所繼承、批判與發展的部份，作爲階段性的成果交代。此主題是爲：〈《易》本卜筮之書〉、〈卦變說〉、〈從「太極」到「序卦」〉、〈大象傳〉、〈《易》學史觀〉、〈解《易》方法〉、〈史事《易》學〉等七部份來探討；並以〈政治環境與學術思潮及其對學者解《易》的具體影響〉爲「論世知人」基礎，以得知對此七主題會有不同觀點，實與「時代課題」之消極「焦慮感」與積極「憂患意識」交錯之下，有著選擇性思維而呈現的《易》學面貌。

至於本研究選擇王夫之、李光地爲主要研究對象，是因爲其處於「明清交替」的「天崩地解」氛暈環境，提供學者有著與前代迥異的新思維；另外，一者選擇堅決在野以孤臣孽子自居、一者積極入閣以漢臣長期參與異族朝政；當身份不同、用心不同，所反應於朱子《易》學下的解讀，勢必自有不同，在「對比視野」的研究方法中，可以得出研究者之學術態度，其實均在借《易》學主題，建構理想學術價值的展現，爲國家、天下指出一條康莊大道；其「詮釋」精神，於今仍值得吾人效法。

目 次

上 冊

李 序　李威熊

陳 序　陳金木

第一章　緒　論 …… 1

　第一節　研究動機與目的 …… 1

　第二節　研究方法 …… 12

　第三節　研究範圍與論述步驟 …… 18

第二章　政治環境與學術思潮及其對學者解《易》的具體影響 …… 23

　第一節　政治環境——從時代壓力到個人的憂患意識 …… 24

　　一、朱子的焦慮與憂患來自兩宋的積弱不振 …… 26

　　二、王夫之的焦慮與憂患來自明清政權鼎替 …… 32

　　三、李光地的焦慮與憂患來自漢臣入閣清政 …… 37

　第二節　學術思潮——從普遍學風到個人觀點的建立 …… 41

一、朱子對宋代學風的繼承與開新……42
二、王夫之對時代學風的反省與批判……46
三、李光地對時代學風的批判與認同……54
第三節　政治環境對治《易》者的具體影響……61
第四節　學術思潮對治《易》者的具體影響……72
第五節　借「卜筮」決事之例證解析……78
第三章　《易》本卜筮之書……85
第一節　朱子「《易》本卜筮之書」說之闡述……86
一、朱子前的《易》與卜筮之觀念及其運用情形……86
二、論朱子「《易》本卜筮之書」說具有豐富蘊涵……100
三、朱子從《易》之「經、傳分編」證「《易》本卜筮之書」……124
四、朱子「《易》本卜筮之書」以補《程傳》不足處……133
第二節　王夫之「占筮」說與其對朱子的批判……138
一、原理：占學一理、借鬼謀以成人謀……140
二、根據：四聖同揆、彖爻一致……144
三、王夫之對朱子「卜筮」說的批判……148
四、論王夫之誤解朱子「《易》本卜筮之書」說……150
第三節　李光地對朱子「《易》本卜筮之書」說的翼護與誤解……155
一、李光地對朱子「卜筮」說的翼護……158
二、論李光地誤解朱子「《易》本卜筮之書」說……163
第四章　卦變說……171
第一節　朱子「卦變」說及其學術用心……174
一、現象分析……174
二、朱子對各家「卦變」說之批評……179
三、朱子與虞翻「卦變」說之比較……182
四、論朱子「卦變」說之建構途徑……195
五、論朱子「卦變」說是《易》學體系之新建構……205
第二節　王夫之「卦變」說及其學術用心……208
一、現象分析……208
二、王夫之「卦變」說之理論根據……209
三、王夫之與朱子「卦變」說之比較……213

四、論王夫之「卦變」說在證《易》道「神妙莫測」……218
第三節　李光地〈卦變辨〉及其對朱子的批判……220
一、現象分析……220
二、李光地對朱子「卦變」說的批判……224
三、論李光地〈卦變辨〉僅是結構變化遊戲……228
下　冊
第五章　從「太極」到〈序卦〉……231
第一節　從「太極」到〈序卦〉論「理一分殊」……233
第二節　〈序卦〉研究簡史……241
第三節　朱子論〈序卦〉採邵雍「加一倍法」……245
第四節　王夫之論〈序卦〉採「同時共生法」……251
第五節　李光地論〈序卦〉有繼承與創新朱子之說……259
第六章　〈大象傳〉……265
第一節　三家論〈大象傳〉之作者與卦象結構……268
一、朱子以爲「聖人」所作而其結構是散漫的……268
二、王夫之以爲孔子所作純爲《易》之義理但別具一格……271
三、李光地以爲孔子所作且在積極闡釋伏羲之《易》義……276
第二節　朱子與王夫之注解內容比較……278
一、朱子〈大象傳〉義理說多繼承《程傳》……278
二、朱子、王夫之對「情、欲」觀點之比較……279
第三節　李光地對朱子觀點之繼承與創新……289
一、繼承：取〈繫辭〉、〈彖〉與〈大象〉義理互證……289
二、創新一：以「君王尊嚴」爲重的注解內容……290
三、創新二：以「西學」角度注解……293
四、創新三：取「象」角度與朱子不同……294
五、創新四：取「義」蘊涵與朱子不同……299
第七章　《易》學史觀……303
第一節　朱子的《易》學史觀……305
一、伏羲到孔子是「四聖一心」然制作用意不同……305
二、從《經》、〈傳〉分編說伏羲《易》與孔子《易》……309
三、從伏羲《易》到邵雍《易》用以建構「象數」系統……311

四、從孔子《易》到程頤《易》用以建構「義理」系統……316
五、朱子與漢魏「象數」觀之比較……319
六、從漢至唐之《易》學史觀……324
第二節　王夫之的《易》學史觀……327
一、四聖同揆、彖爻一致……327
二、兩宋《易》學史觀……329
三、漢魏《易》學史觀……333
第三節　李光地的《易》學史觀……335
一、對朱子「四聖一心」說的延續與闡揚……335
二、元明《易》學史觀……339
第八章　解《易》方法……347
第一節　朱子解《易》方法及其特點……351
一、延續《程傳》四例……352
二、延續王弼《易》例……354
三、延續漢魏之荀、虞《易》象例……356
四、朱子解《易》之其他特點……361
第二節　王夫之解《易》方法及其特點……368
一、彖爻一致說……369
二、相孚說……371
三、中四爻爲體說……372
四、卦主……372
五、卦變說……375
第三節　李光地解《易》方法及其特點……375
一、新《易》例之闡揚……376
二、再論「時」、「位」……378
三、論「卦主」有「成卦之主」與「主卦之主」……380
四、初上無位……381
五、引西學以說《易》……383
六、以傳解經……385
七、善用「小學」訓詁解《易》……386
第九章　史事《易》學……389

第一節　史事《易》學之流派及其主張簡述……391
第二節　朱子史事《易》學之觀點與應用……394
第三節　王夫之史事《易》學之觀點與應用——以《周易內傳》爲例……404
一、堯舜仁政標準……406
二、君臣相知標準……408
三、領導者自我判斷標準……411
四、嘲諷清朝提供未來希望……417
五、論王夫之史事《易》學之價值……419
第四節　李光地史事《易》學之觀點與應用……423
第十章　結　論……437
參考書目……453

第九、十、十一、十二冊　惠棟易學研究

作者簡介

陳伯适，臺灣澎湖人，國立政治大學中國文學系博士，專任於國立政治大學中國文學系助理教授。主要專長爲《周易》之研究，特主於象數之學的探討，並好於諸子學說與理學思想。又有專書《孫子兵法研究》，以及有〈王弼易學的爻位觀〉、〈朱震易學之特色——從闡釋《周易》經傳的重要義理內涵開展〉、〈尚秉和對《焦氏易林》詮解之商榷〉等二十餘篇論文之發表。

提　要

清代乾嘉時期以惠棟、戴震爲首的學風，高舉漢學旗幟，形成「乾嘉以來，家家許、鄭，人人賈、馬」的燦然中天之盛況。惠棟窮其精力對漢《易》進行考索與推闡，爲清代回歸漢《易》之最爲有功的主要人物。惠棟「以博聞強記爲入門，以尊古守家法爲究竟」，在詁詮《周易》上，以「尊尚古學」爲志。力圖重返漢《易》的本來面目，採集自漢魏諸家《易》說，使學者「疏其源而導其流」，窺見漢儒解《易》之門徑，以荀爽、虞翻等《易》論爲主，融會其說，推闡古義，一字一句，具有淵源，故「不可謂非一代之儒者宗也」。

《四庫全書總目提要》評「其長在博，其短亦在於嗜博；其長在古，其短亦在於泥古」。臧庸難其「好用古字，頓改前人面目，以致疑惑來者，亦非小

失」。王引議諷其「考古雖勤，而識不高，心不細，見異於今者則從之，大都不論是非」。陳澧《東塾讀書記》指陳其「自伸其說，卒之乖舛疊見，豈能掩盡天下之目哉」。梁啓超稱其「凡古必眞，凡漢皆好」,「功罪參半」，尤其罪在致使「啓蒙時代之懷疑的精神，批評的態度，幾夭閼焉」。反思惠棟在清代學術史上的地位，此等迥異的褒貶，耐人尋味。本論著欲全面探討惠氏易學，希望能夠：一、認識惠棟易學思想內容，董理其易學所表現的主要特質，特別從象數與義理兩大方面進行陳述。二、藉由惠棟對漢《易》之考索，探述漢魏諸家之思想內涵，認識漢魏易學家主張的關係。掌握惠氏對漢代《易》家易學所持的觀點，作爲探尋漢人理解《易經》的本然特性，以及疏理漢代易學源流的重要參考。三、評述惠棟易學對漢代易學的復原價值。四、釐清有清一代易學的發展，惠棟易學在當中所扮演的角色、在清代易學史上的定位。五、檢討惠棟治《易》的通盤得失，期能獲得客觀之允評。

目 次

【第一冊】
第一章　易學發展與惠棟學術概況……1
　第一節　研究緣起……1
　　一、研究動機與目的……1
　　二、前人研究成果概述……9
　　　（一）史論書籍之有關評論……10
　　　（二）專著之研究情形……17
　　三、研究方法與主要研讀之資料……27
　　　（一）研究方法……27
　　　（二）主要資料之研讀……30
　第二節　易學發展概況……31
　　一、漢代易學……31
　　二、魏晉南北朝易學……39
　　三、隋唐易學……41
　　四、宋元明易學……43
　　五、清代易學……48
　第三節　惠棟生平與學術概況……54

一、生平與學術養成概況……54
（一）一脈相承的書香門第……54
（二）家學風尚的傳繼光大……57
（三）士林好友的交遊勵學……59
二、惠棟易學論著簡介……64
（一）《易漢學》……64
（二）《周易述》……66
（三）《易例》……67
（四）《易微言》……68
（五）《易大義》……69
（六）《周易本義辨證》……70
（七）其它有關論著……71
三、易學以外之學術論著成果……75
（一）尚書學……75
（二）春秋學……78
（三）三禮學……81
（四）文字學……82
四、惠棟學術之主要特色……85
（一）以推闡漢儒經說爲職志……85
（二）以古字古音之訓詁爲方法……86
（三）以《周易》研究爲畢生之志業……88
第二章　惠棟考索孟喜與京房《易》說之述評……89
第一節　孟喜易學之述評……89
一、六日七分法……90
二、四正卦說……98
（一）四正方位爲西漢共同之準據，根源於《說卦》……98
（二）《易緯》方位說最爲詳備，與孟說相呼應……100
（三）四正之陰陽消長，配之以節氣之說……104
三、十二消息卦……110
（一）消息……110
（二）十二消息卦……114

四、七十二候與六十卦用事之月……126
（一）七十二候重在時訓的科學論述……126
（二）卦配七十二候的實質內涵……128
（三）卦序系統所表現的意義……133
（四）惠棟考述用事月之小失……146
（五）《易緯》六十卦直事補說……148
五、卦氣徵驗爲漢代普遍性思想……151
第二節　京房易學之述評……157
一、八卦六位說……158
（一）八卦六位圖……158
（二）納甲……161
（三）納支……163
（四）五行配卦……172
二、八宮卦次說……180
（一）乾坤生六子的宮卦序位……180
（二）成卦方式展現的陰陽之道……183
三、占筮說……188
（一）以卦納宿的占筮系統……188
（二）風雨寒溫占……194
（三）蒙氣與以錢代蓍之說……206
四、建月建候與積算說……215
（一）世卦起月例……215
（二）建候……218
（三）積算法……223
五、卦爻之飛伏與貴賤說……225
（一）飛伏……225
（二）卦爻貴賤之別……231
第三節　小　結……237
【第二冊】
第三章　惠棟考索虞翻與荀爽《易》說之述評……241
第一節　虞翻易學之述評……241

一、月體納甲說 243
（一）虞翻原本於京魏之說而作 243
（二）虞翻八卦納甲說之具體內涵 252
（三）惠氏考索月體納甲說之重要意義 271
二、虞氏逸象 274
（一）逸象彙集之情形 275
（二）逸象產生之原則 280
（三）惠氏訓解逸象皆有所本 288
（四）惠氏在輯象與闡釋上之缺失 295
（五）對其疑誤者之澄清與再詮釋 304
第二節　荀爽易學與九家逸象之述評 319
一、荀氏易學的主要師承以及與《九家易》之關係 320
（一）主要師承於費氏《古易》 320
（二）荀爽與《九家易》 324
二、乾升坤降說 326
（一）本諸京房升降說而發展 326
（二）荀爽升降說具體內涵之檢討 329
三、易尚時中說 339
（一）時中爲易道的核心思想 339
（二）爻位適時之變而爲時中 340
（三）中和的具體意義 343
四、九家逸象 347
（一）在乾卦方面 348
（二）在坤卦方面 350
（三）在震卦方面 352
（四）在巽卦方面 354
（五）在坎卦方面 356
（六）離卦爲「牝牛」之象 358
（七）在艮卦方面 360
（八）兌卦爲「常」之象 363
第三節　小　結 368

第四章　惠棟考索鄭玄《易》說之述評 ……373
第一節　鄭《易》之輯佚 ……374
一、王惠二家輯佚內容對照比較 ……374
二、主要貢獻與缺失 ……478
（一）貢獻方面 ……478
（二）缺失方面 ……488
第二節　爻辰說 ……491
一、源於《易緯》而立說 ……492
二、左右行之理解 ……495
三、鄭玄爻辰說所涵攝的重要內容 ……502
（一）十二律的運用 ……507
（二）十二生肖納卦之說 ……507
（三）十二辰納八卦卦氣之說 ……510
四、鄭氏爻辰說之佚文 ……512
（一）佚文之蒐整 ……512
（二）重要意涵 ……520
第三節　小　結 ……521
【第三冊】
第五章　惠棟專述《周易》經傳之特色（上） ……525
第一節　長於文字訓詁 ……526
一、以字書作爲文字訓詁之主要根據 ……526
二、詁訓詳明 ……533
（一）詳用文獻，內容宏富 ……533
（二）挑戰常說，理據恰當 ……535
（三）數義並陳，詳作參照 ……540
（四）兼取漢《易》諸法，理據詳備 ……542
第二節　博引群籍眾說以釋《易》 ……545
一、以漢魏《易》家作爲引述之主要對象 ……546
（一）廣引《易》說述而不作 ……546
（二）宗主虞學引述頻繁 ……550
二、以《易傳》解其經義 ……552

三、博采諸經與其傳注爲釋……558
四、取子書與史籍爲釋……569
（一）原始道家子書的引述……570
（二）道家傾向的揚雄與劉安思想之引述……570
（三）董仲舒與劉向父子的引述……574
（四）《論》《孟》《荀》思想的引述……579
（五）《參同契》等神道色彩典籍的引述……584
（六）《國語》等史書之引述……587
第三節　《易緯》作爲述《易》之重要來源……590
一、《易緯》在易學發展史上的學術地位……590
二、惠氏援《易緯》說《易》之概況……591
三、惠氏引述內容之討論……616
（一）輔翼虞翻等漢代諸家《易》說……616
（二）以卦、爻象釋義……617
（三）擴充《易傳》的宇宙生成觀……618
（四）其它有關思想之論述……620
第四節　改易經文以釋《易》……623
一、經文改易之概況……624
二、從文獻校勘看其改易……636
（一）改字方面……637
（二）刪字方面……641
（三）增字方面……642
（四）句讀之校定……644
三、校勘改字之商榷……648
（一）主要缺失……648
（二）擅改經文之商榷與反省……650
第六章　惠棟專述《周易》經傳之特色（下）……655
第一節　之卦作爲解釋卦義的重要方法……655
一、乾坤二五相摩而生六子……656
二、乾坤盈虛生十二消息卦……661
（一）復卦……663

（二）臨卦……666
（三）泰卦……666
（四）夬卦……667
（五）姤卦……669
（六）遯卦……669
（七）大壯卦……670
（八）否卦……671
（九）觀卦……672
（十）剝卦……673
三、消息卦生雜卦的卦變系統……675
（一）自乾坤而來之卦者……679
（二）反復不衰而爲變例者……686
（三）據傳爲說而爲變例者……687
（四）二陽四陰之卦……689
（五）二陰四陽之卦……692
（六）三陽三陰之卦……696
第二節　採用卦爻象以釋《易》……700
一、取用卦爻象之情形……700
（一）以六爻取人身象……702
（二）以六爻貴賤而爲說……703
（三）陰陽爻取象之說……703
（四）自內曰往，自外曰來……706
（五）其它爻象……707
二、惠氏卦象取象之主要依據……708
（一）《說卦》的八卦用象……708
（二）虞氏逸象……711
（三）《九家說卦》逸象……712
三、用象之檢討……713
第三節　互體得卦取象以釋文義……718
一、互體運用之情形……718
二、互體之類別……733

（一）三爻互體……733
（二）四爻重卦互體……735
（三）五爻重卦互體……742
三、多取非本卦正體之互卦與互體運用之商榷……750
（一）非本卦正體之互卦……750
（二）互體運用之商榷……752
第四節　爻位之說爲述義之重要內涵……756
一、爻位之當位說……757
（一）惠氏載《易傳》中當位與與不當位之情形……758
（二）「貞」在當位上的重要意義……763
二、爻位之相應說……765
（一）惠氏載《易傳》中相應之情形……766
（二）惠氏相應說的重要內涵……767
三、爻位之承乘說……771
（一）承……772
（二）乘……776
四、理想的中位說……780
（一）中和爲中位之最佳典式……781
（二）爻位的理想歸宿——成既濟定……782
（三）中位以五爻尤重……783
第五節　綜採漢儒其它重要主張以釋《易》……785
一、半象……785
二、兩象易……790
（一）惠氏列舉虞氏兩象易之說……790
（二）惠氏使用兩象易述《易》之情形……794
三、反卦與旁通……796
（一）反卦……797
（二）旁通……801
四、震巽特變……806
第六節　小　結……812

【第四冊】

第七章　惠棟易學的義理觀 …… 821
第一節　宇宙觀 …… 821
一、太極爲本的宇宙觀 …… 822
二、太易化生的宇宙觀 …… 830
（一）側重「有」的氣化說 …… 830
（二）太極同於太易之最高性 …… 832
（三）氣之性以變易 …… 834
三、乾坤爲宇宙萬物化生的門徑 …… 837
（一）主導之地位 …… 837
（二）尊卑貴賤之別 …… 840
四、道的實質意涵 …… 843
五、「一」所涵攝的意涵 …… 854
（一）文字學上的意義 …… 854
（二）原始道家上的意義 …… 855
（三）儒家思想上的意義 …… 857
（四）諸子與黃老思想上的意義 …… 860
（五）「一」作爲易學範疇的明確定義 …… 865
（六）太極元氣，函三爲一 …… 867
六、成既濟定的理想境域 …… 873
第二節　《中庸》與《易》理的融攝 …… 882
一、道論概念之會通 …… 883
（一）「天命之謂性，率性之謂道，修道之謂教」貫通之「道」 …… 883
（二）「隱微」與「獨」的意義 …… 890
二、中和思想的會通 …… 897
（一）「中」的主體概念之契合 …… 897
（二）中和之道在贊化育之本的會通 …… 901
三、誠的思想的會通 …… 905
四、其它 …… 909
第三節　《易》與禮與史的會通 …… 913
一、以禮釋《易》 …… 913
（一）婚禮 …… 913

（二）祭禮……918
（三）喪禮——凶事用圭……935
（四）賓客與酒食朱紱之禮……937
（五）刑罰……942
二、以史釋《易》……945
（一）乾卦九五爲庖犧之象……945
（二）以春秋戰事明師律與輿尸之義……947
（三）崩來而復歸其道……949
（四）弒君父而八月有凶……949
（五）成湯歸妹……950
（六）變通之道……951
（七）建萬國親諸侯者爲夏先王……953
（八）衣裳之制取諸乾坤之義……954
三、明堂說……957
（一）明堂的功能與架構……957
（二）明堂與易學的重要相繫關係……962
第四節　惠氏義理觀餘說……966
一、有無……967
二、虛……971
三、理……975
四、日月爲易……977
第八章　惠棟易學的檢討與反省……983
第一節　總結惠棟治《易》之主要內涵……983
一、考索漢代諸家《易》說之重要內涵……983
（一）孟、京《易》說之重要內涵……983
（二）虞、荀《易》說之重要內涵……987
（三）鄭玄《易》說之重要內涵……989
（四）考索諸家《易》說之商榷與缺失……990
二、總結惠氏述易之主要特色……992
（一）文字訓詁之法……992
（二）群籍眾說之文獻運用……993

（三）《易緯》的重要地位……994
（四）經文之改易……995
（五）之卦訓義之法……995
（六）卦爻象釋義之法……996
（七）互體取象之法……996
（八）爻位述義之法……997
（九）其它象數主張……998
三、總結義理觀的主要內涵……998
（一）宇宙觀……998
（二）《中庸》與《易》理融攝……999
（三）《易》與禮、史會通……1000
（四）其它……1001
四、校勘與輯佚之檢討……1002
（一）在經文校勘改易方面……1002
（二）在鄭《易》的增補輯佚方面……1004
五、述《易》上的文獻運用缺失……1005
（一）未原本原說而斷作剪裁……1005
（二）轉引古說而未明出處……1006
（三）所明出處錯誤或有瑕疵……1008
（四）引用內文改易或闕字……1009
（五）改易所引原文爲古字……1011
第二節　惠棟易學的評價與影響……1012
一、從純粹漢學的歷史意義作評價……1012
二、從惠棟的立場給予客觀的正面評價……1016
（一）復漢的必然率行……1016
（二）重要的正面評價……1020
三、惠棟易學的影響……1024
（一）對張惠言的影響……1025
（二）對李道平的影響……1026
第三節　從象數思維的定位與詮釋學思潮反省惠氏易學……1032
一、象數思維定位的反省……1033

（一）從科學的概念看象數易學……1034
（二）從陰陽變易的思想看象數易學……1036
二、從詮釋學思潮看惠氏易學……1038
（一）從「歷史圖像」的觀點看惠氏易學……1038
（二）從詮釋學方法論的概念上看惠氏易學……1041
（三）從現代詮釋學的角度看惠氏易學的定位……1045
（四）從宏觀的經典闡釋角度看惠氏易學的時代意義……1051
參考書目……1059
一、惠棟著作……1059
二、其它古籍《易》著……1060
三、當代《易》著……1064
四、《易》類以外十三經……1068
五、經學通論專著……1070
六、小學類專著……1072
七、史類專著……1073
八、子部相關專著……1075
九、集部相關論著……1078
十、論文期刊……1079
附　錄
附錄一　八卦候應與二十四節氣徵驗之內容……1085
附錄二　二十八星宿圖……1089
附錄三　虞氏運用《說卦傳》卦象統計表……1094
附錄四　鄭玄《周易》佚文與今本相異比較表……1101
附錄五　黃宗羲「乾坤鑿度主歲卦」……1105
圖表目錄
圖表 1-2-1　田何一系今文易學……35
圖表 1-2-2　費氏一系古文易學……35
圖表 1-2-3　宋代圖書學派傳承表……44
圖表 2-1-1　六日七分圖……90
圖表 2-1-2　六十卦配月圖……91

圖表 2-1-3　六十卦配爵圖……93
圖表 2-1-4　八卦配月方位圖式……99
圖表 2-1-5　四正卦二十四爻主二十四節氣……107
圖表 2-1-6　《乾元序制記》四正、八風與二十四氣配置圖……108
圖表 2-1-7　《稽覽圖》四正二十四氣配侯、八風表……109
圖表 2-1-8　十二辟卦配月、四時、十二支與位表……116
圖表 2-1-9　十二辟卦配月、四時、十二支與方位圖……116
圖表 2-1-10　十二消息卦配辰配星表……118
圖表 2-1-11　十二消息卦配地支律呂圖……121
圖表 2-1-12　十二消息卦與乾坤十二爻辰配月配呂律對照表……123
圖表 2-1-13　三分損益生律法……123
圖表 2-1-14　八卦配五聲五行與五色……125
圖表 2-1-15　十二消息卦配五聲五色表……125
圖表 2-1-16　卦氣七十二候圖……129
圖表 2-1-17　孟氏卦配七十二候詳表……130
圖表 2-1-18　六陽月三十卦直事圖……148
圖表 2-1-19　六陰月三十卦直事圖……149
圖表 2-1-20　正月以爻配日情形表……150
圖表 2-2-1　八卦六位圖……160
圖表 2-2-2　十二建月呂律配置表……165
圖表 2-2-3　乾坤十二爻納支表……167
圖表 2-2-4　朱震十二律相生圖……168
圖表 2-2-5　張惠言乾坤納辰圖……168
圖表 2-2-6　八卦五行配置表……173
圖表 2-2-7　八卦爻位五行配置表……174
圖表 2-2-8　六十四卦五行五星配置表……176
圖表 2-2-9　八宮卦次圖……181
圖表 2-2-10　二十四方位配天盤圖……189
圖表 2-2-11　八宮六十四卦配二十八宿……190
圖表 2-2-12　六十四卦配二十八宿運行圖……193
圖表 2-2-13　世卦起月表……216

圖表 2-2-14　京房六十四卦候表……220
圖表 2-2-15　京房乾卦積算法……223
圖表 2-2-16　卦與卦飛伏……227
圖表 2-2-17　卦爻貴賤爻位之象徵意涵……232
圖表 3-1-1　魏氏月體納甲圖……244
圖表 3-1-2　天地設位圖……248
圖表 3-1-3　水火匡廓圖……248
圖表 3-1-4　虞氏八卦納甲圖……249
圖表 3-1-5　漢上納甲圖……255
圖表 3-1-6　新定月體納甲圖……255
圖表 3-1-7　《說卦》與虞氏納甲八卦方位比較表……261
圖表 3-1-8　五行配天干藥物圖……264
圖表 3-1-9　五行相得而各有合圖……264
圖表 3-1-10　《參同契》五位相得而各有合圖……266
圖表 3-1-11　五位四時生成數對照表……268
圖表 3-1-12　惠氏彙輯虞氏逸象一覽表……277
圖表 3-1-13　張惠言增補虞氏逸象一覽表……278
圖表 3-2-1　《九家易》三十一逸象一覽表……348
圖表 3-2-2　《周易集解》引荀爽用象一覽表……365
圖表 3-2-3　《周易集解》引《九家易》用象一覽表……366
圖表 4-1-1　王惠二家鄭氏佚文參照說明表……376
圖表 4-2-1　鄭氏乾坤爻辰圖（一）……494
圖表 4-2-2　鄭氏乾坤爻辰圖（二）……494
圖表 4-2-3　黃宗羲乾坤爻辰圖（一）……497
圖表 4-2-4　黃宗羲乾坤爻辰圖（二）……497
圖表 4-2-5　《乾鑿度》屯蒙所值十二爻辰……499
圖表 4-2-6　鄭玄屯蒙所值十二爻辰……500
圖表 4-2-7　鄭玄泰否所值十二爻辰……500
圖表 4-2-8　泰否所貞之辰異于地卦圖……501
圖表 4-2-9　十二月爻辰圖……503
圖表 4-2-10　爻辰所值二十八宿圖……503

圖表 4-2-11　爻辰配位、呂律、節氣與二十八宿……503
圖表 4-2-12　十二次十二辰歲名圖……504
圖表 4-2-13　十二次與二十八宿對應圖……504
圖表 4-2-14　律呂起於冬至之氣圖……505
圖表 4-2-15　十二律相生圖……505
圖表 4-2-16　十二辰配十二生肖圖……509
圖表 4-2-17　十二辰配四維四正圖……510
圖表 4-2-18　乾坤十二爻辰得卦氣圖……511
圖表 4-2-19　四正卦爻辰節氣諸元配置表……519
圖表 5-3-1　《周易述》引用緯書情形概計表……591
圖表 5-3-2　《周易述》引用緯文內容與說明……592
圖表 5-4-1　王弼與惠棟《周易》經文對照差異情形……625
圖表 5-4-2　王弼與惠棟《繫辭傳》原文對照差異情形……628
圖表 5-4-3　王弼與惠棟《說卦傳》原文對照差異情形……631
圖表 5-4-4　王弼與惠棟《文言傳》原文對照差異情形……631
圖表 5-4-5　《九經古義》易字統計表……632
圖表 6-1-1　黃宗羲古卦變圖……676
圖表 6-1-2　虞翻蜀才卦變說對照表……685
圖表 6-2-1　惠氏六十四經卦疏解使用卦象情形……700
圖表 6-3-1　惠棟《周易述》注文互體統計表……721
圖表 7-3-1　缶、簋與簠實物圖……933
圖表 7-3-2　惠棟考索明堂九室圖……965

第十三冊　屈大均《翁山易外》研究

作者簡介

何淑蘋，一九七四年生，臺北人。東吳大學中文系碩士，現就讀於成功大學中文系博士班。研究範圍以經學、文獻學爲主，已發表〈北朝經學相關問題試探〉、〈胡毓寰《孟子》學初探〉、〈《民國叢書》述論〉、〈評《二十世紀詩經研究文獻目錄》〉、〈《晚清經學研究文獻目錄》評介〉、〈海峽兩岸《易》學工具書編纂之回顧與展望〉等二十餘篇。另參與編輯《專科目錄的編輯方法》、《經學研究論著目錄（1993-1997）》、《近代中國知識分子在臺灣》、《日治時期臺灣知識分子在中國》、《國際漢學論叢（第二輯）》等。

提　要

本論文以《翁山易外》一書爲題，旨在研究清初廣東學者屈大均的《易》學思想。全文共計八章。

第一章〈緒論〉，說明研究動機、目的、方法，並綜述前人研究成果。

第二章〈明末清初之時代背景〉，略述屈氏所處時代背景，包括政治社會、學術思潮、經學和《易》學發展等。

第三章〈屈大均之生平與著作〉，生平方面，述其經歷、師長、交游；著作方面，首先說明清廷查禁情況，然後介紹民國以來重要整理成果，再簡介經部著作數種。

第四章〈《翁山易外》之成書過程與異本考辨〉，首先說明《翁山易外》一書的撰作緣由、刊刻與流傳經過；其次，對臺灣國家圖書館所藏、一般學者鮮少提及的六卷本，作較詳細的介紹，並與通行的七十一卷本相比較，論辨此異本的可信度。

第五章〈《翁山易外》之釋《易》方式（上）〉，說明屈大均引書註《易》，主要以《詩經》爲主，其次引用《書》、《禮》等經籍，另外也偶引其他史書、醫書及前人論述。

第六章〈《翁山易外》之釋《易》方式（下）〉，綜觀《翁山易外》全書，可以歸納出屈氏註解《易》經傳方式，包括「陰陽消息」、「五行生剋」、「互體卦變」、「天文曆律」、「人事義理」、「文字結構」等六種，本章逐一加以討論。

第七章〈屈大均之《易》學觀與《易》學思想〉，首先就屈氏對《易》作者、結構、內容等，申明其《易》學基本觀點；其次，將屈氏《易》學思想分爲象數、義理兩方面，分別予以討論。

第八章〈結論〉，歸結全文所述，可知《翁山易外》呈顯之特色有二，而其缺失大抵有三，最後申明此書價值。

正文末另有兩篇附錄，附錄一〈民國以來屈大均研究論著目錄〉，蒐集民國以來關於屈氏其人其學之研究成果，並加以分類整理，編成目錄，提供學界參考。附錄二〈《翁山易外》所採互體法彙編〉，以《翁山易外》前六十四卷爲範圍，就互體通例作整理，旨在凸顯《翁山易外》對互體法使用的頻繁度。

目　次

凡　例
第一章　緒　論……1
　第一節　研究動機……1
　第二節　研究目的……2
　第三節　研究方法……3
　第四節　前人研究成果綜述……5
第二章　明末清初之時代背景……13
　第一節　明末清初之政治社會環境……15
　　一、明朝末年閹黨流寇肆虐造成政治混亂……15
　　二、明清之際知識分子自覺形成黨社興盛……18
　　三、清朝初年高壓懷柔政策促成學風轉向……21
　第二節　明末清初之學術思潮……23
　　一、王學的反省……25
　　二、朱學的復興……27
　　三、經世思想的盛行……31
　第三節　明末清初之經學與《易》學發展……34
　　一、明末清初之經學發展……34
　　二、明末清初之《易》學發展……36
第三章　屈大均之生平與著作……41
　第一節　生平略述……41
　　一、生平……41
　　二、師長……51
　　三、交遊……56
　第二節　著作概述……66
　　一、清初查禁屈大均著作概況……67
　　二、民國以來屈大均著作整理重要成果簡述……74
　　三、經部著作提要……79
第四章　《翁山易外》之成書過程與異本考辨……85
　第一節　撰著緣由……85
　　一、撰著動機……85

二、書名釋義……88
第二節　刊刻與流傳……90
一、刊刻時間……91
二、版本考述……91
三、史志暨公私藏書目錄之著錄情形……102
第三節　六卷本《翁山易外》考辨……105
第五章　《翁山易外》之釋《易》方式（上）……115
第一節　援引《詩經》……116
一、引《詩》動機……117
二、引《詩》形式……119
第二節　徵引他經……122
一、《尚書》……122
二、《三禮》……123
三、《春秋三傳》……125
四、《孟子》……130
五、《爾雅》……131
第三節　略引群籍……132
一、史書……132
二、先秦兩漢諸子……133
三、字書……140
四、中醫典籍……142
五、道教典籍……143
第四節　偶引諸家……144
一、漢魏晉南北朝……144
二、唐宋元明……147
第六章　《翁山易外》之釋《易》方式（下）……153
第一節　以陰陽消息解《易》……153
第二節　以五行生剋解《易》……160
第三節　以互體卦變解《易》……163
第四節　以天文曆律解《易》……175
第五節　以人事義理解《易》……180

第六節　以文字結構解《易》……186
第七章　屈大均之《易》學觀與《易》學思想……199
第一節　《易》學觀……199
一、論《易》經傳之作者……200
二、論《易》之結構……203
三、論《易》之內容……205
四、論《易》之特性……208
五、論《易》之四目……213
六、論《易》之爻位關係……216
第二節　《易》學思想（上）——象數《易》部分……219
一、論《易》象……220
二、論《易》圖……220
第三節　《易》學思想（下）——義理《易》部分……228
一、宇宙論……228
二、天人關係論……231
三、心性論……232
四、道器論……234
五、體用論……234
第八章　結　論……239
第一節　《翁山易外》之特色……239
一、象數爲主，兼採義理……239
二、引《詩》註《易》，以經解經……241
第二節　《翁山易外》之缺失……242
一、一卦一卷，疏解過繁……242
二、說解舛誤，偶見矛盾……243
三、引書疏漏，索解不易……246
第三節　《翁山易外》之價值……250
參考文獻……255
附　錄
一、民國以來屈大均研究論著目錄……265
二、《翁山易外》所採互體法彙編……293

圖　版

一、屈大均像……301
二、七十一卷本《翁山易外》……302
三、六卷本《翁山易外》……303

第十四冊　李鏡池易學研究

作者簡介

李慈恩，1972 年生。2008 年取得台灣師範大學博士學位。現爲中華大學通識教育中心兼任助理教授。

提　要

本論文研究對向李鏡池先生，是古史辨派治《易》諸學者中，唯一一位既有經說理論，又有實際經注的學者。在其學術歷程中，前期受到顧頡剛啓迪，奠定其經說理論的基礎。後期則深受郭沫若的影響，援引唯物史觀注解《周易》，將西方的理論與東方的經典，以學術性的樣貌做出結合。極具研究價值與意義。

論文首章是二十世紀以來《周易》詮釋的歷史脈絡，並由此引入論文正題。第二章則是李鏡池生平及學術進程，並且簡要的介紹了唯物史觀。

第三章與第四章，是李鏡池經說理論的分析。第五章爲《周易通義》注經體例的歸納與評述。第六章則是對此注經方式的檢討。第七章則爲結論，針對李鏡池的學術成就，提出總評。

目　次

第一章　緒　論……1
第一節　二十世紀以來《周易》詮釋的歷史脈絡……2
壹、易學詮釋的傳統架構……2
貳、二十世紀易學詮釋的新發展……6
第二節　古史辨運動興起的歷史脈絡——辨僞思想的承與變……10
第三節　顧頡剛的經典觀——疑古、信古與經史之辨……16
第二章　李鏡池其人其學……21

第一節　李鏡池的生平概況……21
壹、李鏡池其人……21
貳、顧頡剛與李鏡池……24
參、郭沫若與李鏡池……26
第二節　李鏡池的學術著作……28
壹、《易》類著作……30
貳、遺　稿……39
參、有目無文的作品……41
肆、書信類……41
第三節　唯物史觀對李鏡池的影響……43
壹、郭沫若的唯物史觀……43
貳、《周易通義》中的唯物史觀……47
本章小結……51
第三章　李鏡池經說理論述評——《易經》……53
第一節　李鏡池的編纂說……53
貳、占卜的源流……59
參、作者身分考察……61
第二節　《易經》之編纂時代考……63
壹、從「卦爻辭中的故事」來判斷……63
貳、從《周易》中的比興詩歌來判斷……69
第三節　卦象無義論之商榷與檢討……72
壹、卦象起源說……72
貳、卦象符號無義論……75
參、卦象符號無義論之商榷……76
第四節　卦名的樣式與體例……79
壹、卦名樣式分析……79
貳、卦名與卦爻辭的關係……81
參、卦爻辭的分類……83
本章小結……86
第四章　李鏡池經說理論述評——《易傳》……89
第一節　聖人之作與儒家經典的雙重否定……89

壹、孔子與《易傳》的關係……89
貳、《易傳》時代考定……93
第二節　《易傳》哲學思想的歷史淵源……104
壹、《左傳》的易筮觀……104
貳、先秦儒家的易筮觀……108
第三節　易傳的哲學思想——以〈彖〉、〈象〉爲例……110
壹、〈彖傳〉的哲學思想……110
貳、〈象傳〉的哲學思想……116
參、《易傳》的卦名義例觀……123
本章小結……127
第五章　李鏡池《周易通義》的解經方法……129
第一節　解釋卦名與確立卦旨……130
壹、解釋卦名……130
貳、確立卦旨……137
第二節　象占與筮占……138
壹、整卦皆爲象占……139
貳、單爻爲象占……142
第三節　貞兆辭與說明語……149
壹、用語的一致性……152
貳、用語的功能性……154
第四節　另占與附載……155
第六章　《周易通義》治經方法的檢討……165
第一節　唯物史觀的過度詮釋……166
壹、行旅（商旅）專卦的商榷……166
貳、鬥爭專卦的商榷……171
第二節　用語不一之處……174
第三節　象占的誤用……185
第四節　注解未明之處……198
本章小結……213
第七章　結論——李鏡池易學成就總評……215
壹、經說的總結……216

貳、經注的方式、體例……216
參、李鏡池易學的歷史意義與學術價值……217
附 錄
附錄一 與顧頡剛先生討論易傳著作時代書……219
附錄二 李鏡池與郭沫若之間的往返書信……227
附錄三 余永梁 易源圖辨……229
附錄四 容肇祖所製之「占卜源流表」……230
附錄五 容肇祖所製之「周易演變表」……231
附錄六 黃智明〈李鏡池著作目錄〉……232
附錄七 周易校釋……238
附錄八 李鏡池所製之「周易演變表」……239
附錄九 《周易義證類纂》檢索表……240
參考書目……243

第十五、十六冊　宋代《詩經》學探析：以歐陽修、蘇轍等六家為中心的考察

作者簡介

黃忠慎，1984 年國立政治大學中國文學研究所博士。1986 年進入靜宜大學服務，擔任中文系專任副教授，1991 年至國立彰化師範大學國文系專任，1994 年升等爲教授。2001 年 7 月至 2004 年 6 月擔任彰化師範大學國文系主任。研究領域爲《詩經》學、《尚書》學、四書學、經學史等。著有《尚書洪範研究》、《惠周惕詩說析評》、《四書引論》、《朱子詩經學新探》、《嚴粲詩緝新探》、《詩經全注》、《范處義詩補傳與王質詩總聞比較研究》等書。曾獲國科會優良研究獎（1994 年）、國立南投高中傑出校友獎（學術類）（2000 年）、彰化師大文學院優良著作獎（2004 年）。

提　要

有宋一代，濟濟多士，力於《詩經》研究者在百家以上，其時議經疑經爲時代風潮，而首出異說，以議論毛鄭者，則爲歐陽修，不過，歐陽修在解詩對於《詩序》仍保有相當程度的尊重。蘇轍《詩集傳》在經文的說解方面，顯得

比較保守，毛《傳》、鄭《箋》之說被他大量採入書中，然而其書對於《詩序》僅取首句，對於後人影響極大。鄭樵是南宋新派說《詩》中的極端型人物，專斥毛鄭，排詆《詩序》，作風激烈，於《詩經》學史上亦自有其地位。程大昌的《詩論》充滿鮮明的一己之見，他尊重〈首序〉，故不宜逕稱之爲「廢《序》」派，而其勇於建立新說，亦完全符合當時的說《詩》潮流。朱子爲一代大儒，其學術之總體成就極高，釋經成果無論在規模、質量上，還是在影響、效應上，都少有學者能出其右，就以《詩集傳》而言，其在歷史上產生的作用實亦堪稱典範。宋代《詩經》學史上舊派著作獲得最高評價的大概是嚴粲的《詩緝》，嚴氏從經學、理學、文學三條進路解經，其書獲有「宋人說《詩》第一」、「千古卓絕之書」的美名。本書以上述六家爲評述中心，另闢「宋代《詩經》學著述解題」爲首章，說明宋代《詩經》學之特質，略述《經義考》所著錄之宋代《詩經》學著述百餘種，作爲宋代《詩經》學成果的鳥瞰式巡禮。〈結論〉之章則說明宋代《詩經》學之最大特色，以爲反毛鄭、反《詩序》，在宋代非僅不被視爲離經叛道，亦且成爲當代說《詩》之主流，並點出宋代《詩經》學之最大成就與意義。

目　次

上　冊

序

第一章　宋代《詩經》學著述解題……1

第二章　歐陽修之《詩經》學……59

　第一節　歐陽修傳略……59

　第二節　《詩本義》之體例……62

　第三節　《詩本義》之主要見解……66

　　一、〈本義〉一百十四篇之篇旨……66

　　二、〈一義解〉二十篇之主要見解……72

　　三、〈取舍義〉十二篇之裁決……75

　　四、〈時世論〉與〈本末論〉之意見……77

　　五、〈豳問〉、〈魯問〉與〈序問〉之質疑……81

　　六、〈詩圖總序〉之觀念……86

　第四節　歐陽修《詩經》學之評價……88

一、前人之評介 ……………………………………………………………… 88
二、小結 ……………………………………………………………………… 91
第三章　蘇轍之《詩經》學 …………………………………………………… 97
第一節　蘇轍傳略 …………………………………………………………… 97
第二節　蘇轍《詩集傳》之書名、卷帙、版本與體例 ……………………… 101
第三節　蘇轍《詩集傳》之主要見解 ……………………………………… 103
一、論二〈南〉 ……………………………………………………………… 103
二、論〈國風〉之次第 ……………………………………………………… 105
三、以〈小序〉爲毛公之學，衛宏所集錄 ………………………………… 108
四、論邶、鄘、衛 …………………………………………………………… 110
五、論〈王・黍離〉 ………………………………………………………… 112
六、論鄭 ……………………………………………………………………… 113
七、論齊 ……………………………………………………………………… 114
八、論魏 ……………………………………………………………………… 115
九、論唐 ……………………………………………………………………… 117
十、論秦 ……………………………………………………………………… 119
十一、論陳 …………………………………………………………………… 121
十二、論檜 …………………………………………………………………… 123
十三、論曹 …………………………………………………………………… 124
十四、論豳 …………………………………………………………………… 125
十五、論〈小雅〉、〈大雅〉之異 ………………………………………… 128
十六、論〈南陔〉、〈白華〉、〈華黍〉、〈由庚〉、〈崇丘〉、〈由儀〉 …… 130
十七、論《詩序》「文王受命作周」之意 ………………………………… 133
十八、論〈周頌〉 …………………………………………………………… 135
十九、論〈魯頌〉 …………………………………………………………… 137
二十、論〈商頌〉 …………………………………………………………… 140
第四節　蘇轍《詩經》學之評價 …………………………………………… 143
一、前人之評介 ……………………………………………………………… 143
二、小結 ……………………………………………………………………… 145
第四章　鄭樵之《詩經》學 …………………………………………………… 155
第一節　鄭樵傳略 …………………………………………………………… 155

第二節　鄭樵之《詩傳》……158
第三節　《詩辨妄》之主要見解……164
第四節　《六經奧論》中有關《詩經》學之見解……185
第五節　鄭樵《詩經》學之評價……208
一、前人之評介……208
二、小結……224
下　冊
第五章　程大昌之《詩經》學……225
第一節　程大昌傳略……225
第二節　《詩論》之書名、卷帙、篇數與版本……227
第三節　《詩論》之主要見解……228
一、論古有二〈南〉而無〈國風〉之名……228
二、論〈南〉、〈雅〉、〈頌〉爲樂詩，諸國爲徒詩……229
三、論〈南〉、〈雅〉、〈頌〉之爲樂無疑……237
四、論四詩品目……242
五、論「國風」之名出於《左》、《荀》……246
六、論《左》、《荀》創標〈風〉名之誤……247
七、論逸詩有豳雅、豳頌，而無〈豳風〉……250
八、論豳詩非〈七月〉……252
九、論《詩序》不出於子夏……254
十、論〈小序〉綴語出於衛宏……256
十一、論《詩序》不可廢、國史作〈古序〉……260
十二、改定《毛詩》標題……262
十三、論《毛詩》有〈古序〉，所以勝於三家……263
十四、論采詩、序詩因乎其地……265
十五、論「南」爲樂名……267
十六、解「周道闕而〈關雎〉作」之語……269
十七、論《詩》樂……269
十八、論商魯二〈頌〉……270
第四節　程大昌《詩經》學之評價……271
一、前人之評介……271

二、小結……273
第六章　朱子之《詩經》學……275
第一節　朱子傳略……275
第二節　《詩集傳》釋《詩》之例及重要見解……280
第三節　《詩序辨說》之主要見解……298
第四節　朱子《詩經》學之評價……346
一、前人之評價……346
二、近人之評價……355
三、小結……362
第七章　嚴粲之《詩經》學……365
第一節　嚴粲傳略……365
第二節　嚴粲《詩緝》的解經態度與方法……367
一、《詩／經》……369
（一）聖人的解釋觀點……369
（二）「美刺」之說的繼承……371
1. 美刺之說與《春秋》書法相通……371
2. 美刺之說與言外之意的關連……372
二、以經解經、以傳解經的詮釋法……375
（一）以經解經的具體內涵分析……376
1. 以本經解本經……376
2. 以他經解本經……382
（二）以傳解經的具體內涵分析……386
1. 以本傳解本經……386
2. 以他傳解本經……391
第三節　嚴粲《詩緝》中的理學觀點……394
一、對前人以理學解《詩》方式的繼承……395
二、嚴粲以理學解《詩》的特點……398
第四節　嚴粲《詩緝》以文學說《詩》……407
一、對六義的見解……408
二、涵泳情性的讀《詩》法……414
三、從文學角度解說詩篇……416

第五節　小　結……422
第八章　結　論……425
參考書目……431

第十七冊　王船山禮學研究——以兩端一致論爲研究進路

作者簡介

陳章錫，1958 年生於台北縣板橋市。學歷：台灣師範大學國文系學士、國文研究所碩士。中國文化大學哲學研究所博士。現任南華大學文學系副教授。曾任南華大學文學系、所主任，德霖技術學院專任講師。著有：王船山《詩廣傳》義理疏解（碩士論文），王船山禮學研究（博士論文），藝海吟風（陳章錫五十詩書創作展集）。榮獲：行政院國科會研究計畫補助——王船山美學思想研究（2004），《禮記》思想之哲學釐析及系統建構（2007）。近年發表〈王船山音樂美學析論〉，〈王船山人格美學探究〉，〈王船山美育思想評析〉，〈王船山《詩經》學中之文學理論〉，〈從王船山「兩端一致論」考察《小戴禮記》教育觀〉，〈論《禮記．禮運》的政教文化觀〉，〈《禮記．王制》政教思想探究〉等系列期刊論文。

提　要

本論文定名爲「王船山禮學研究——以兩端一致論爲研究進路」。文獻上以《禮記章句》一書爲研究核心，並旁涉船山其他著作，要在以簡御繁，期能兼括船山哲學及禮學這兩個研究面向，皆能達致相當水準的研究成果。

在船山哲學部分，特揭出兩端一致論的研究方法，以其爲最能代表船山哲學特色的對比辯證思維模式，此一方法係由船山首先自覺提出，一方面是往上融鑄先秦原始儒家論、孟、易、庸等代表性著作的思理精粹，向下又可貫串船山全部哲學著作，提綱挈領，令其思理井然。

至如禮學這個研究面相，素以文獻資料繁夥難治著稱，而船山並用義理與考據這兩種研究方法，加上船山本必貫末，末還滋本的思維特色，禮學文獻必能因突顯義理主幹，以致制度儀節的分枝末葉，也能層次分明，各顯其用。

全文共分六章，前二章爲思想研究基礎、文獻背景及分析方法的介紹，第三至第六章爲《禮記章句》一書的理論探索，前二章爲文獻之體，後四章爲方法之用。三至六章又分兩端之互動，第三章從發生層面，談歷史、文化、政治、人性這整個禮體（禮儀、禮制、禮貌、禮器、禮行）的現實表現；四、五、六章則側重整個內聖外王之學形上原理的探索。但其中第四章又較偏於內聖學，第五章論政治，第六章論教化，則較偏於外王學。因此，兩端一致論的研究方法，實已融貫於其間。

第一章先提出筆者個人於研究船山禮學所依據的基礎觀念，認爲禮的範圍幾已關涉中國文化的全部內容，在歷史的發展過程中有仁、禮二端互動的張力，復古與創新之間端在掌握貞一之理，變不失常。再就知人論世的角度介紹船山生平及著作之心路歷程、學術成就，並介紹船山兩端一致的思想方法，以之作爲本論文研究進路。

第二章指出《小戴禮記》形成的背景及其價值，在於綜攝先秦儒學研究總成果，從中引出船山「章句」的注疏方式能兼顧考據、義理。

第三章，藉由大同、小康兩種政體的辯證互動，說明理想與現實的對話與融通提升。

第四章，探討心性學核心的道德實踐，如何奠定良知根基，展現實踐的框架規模，以建立內聖外王，下學上達之道。

第五章論政治實踐欲達致廣大深遠的功效，須以五至三無的觀念作爲形上原理，說明聖王以其公心誠意如何保民愛民。

第六章論教化的原理，重視落實教育制度，深化學習方法來啓迪良知，善導人性，形成人人皆爲君子的大同世界。

總之，全文義理的呈顯，綜合辯證方法與歷史文獻，雙軌並行，迴環相應，既能突顯船山哲學特色，又能介紹禮學文獻的內涵，期待這項研究成果能爲中華歷史文化的價值理想有所闡發。

目　次

第一章　緒　論……1
　第一節　王船山禮學的研究基礎……2
　　一、爲何要研究船山禮學……2
　　二、船山禮學的義旨——指點出歷史文化中仁禮互動的內涵……4
　　三、船山對禮學文獻的評價——三禮中特重《小戴禮記》……6
　　四、船山禮學的研究價值……7

第二節　王船山的學術思想特色……11
一、船山傳略及生平分期……11
二、船山的學術淵源……13
三、船山哲學思想特色……16
第三節　王船山禮學的研究進路——兩端一致論……18
一、兩端一致論是船山著作之詮釋特色……18
二、當代學者對船山兩端一致論之相應詮解……19
三、兩端一致論在禮學上的應用——道器合一論……22
第二章　《禮記章句》的理論架構與方法進路……31
第一節　王船山《禮記章句》對《小戴禮記》的繼承與詮釋……31
一、《小戴禮記》的內容特色……32
二、船山論《小戴禮記》的來歷及其價值所在……34
三、《禮記章句》成書年代及其歷程……37
第二節　王船山對《禮記章句》方法進路的說明……38
一、仁禮互爲體用，義爲中介……39
二、禮爲天道之所藏，而人道之所顯……40
三、三禮與本體、定體……42
四、禮分始制與修行，爲五經之實蘊……43
五、禮爲躬行之密用，因科舉而微言蕪敝……46
六、船山之寫作動機、治禮方法及期望……49
第三節　文獻詮釋方式——「章句」著述體裁的探討……50
一、爲何船山以「章句」作爲著述體裁……50
二、通觀行文義理的整體性……51
三、徐復觀論「章句」的源流及發展……52
四、馬瑞辰對「章句」的看法……52
五、船山的著述方式兼顧理事圓融及考據義理……53
第三章　禮體的分析——通過〈禮運篇〉大同小康兩端之辯證……55
第一節　〈禮運〉是研究禮學的恰當切入點……55
一、大同、小康互爲表裡，應視爲一體……56
二、提高〈禮運〉地位，並將〈大學〉、〈中庸〉還歸於《禮記》一書的脈絡……58

三、〈禮運〉之篇名析義……60
四、〈禮運〉的文章分段與內容大略……61
第二節　〈禮運〉的歷史哲學……64
一、大同小康之異同及內涵意義……64
二、天道人情爲孔子敘論〈禮運〉的綱領……69
三、禮之始源及其發展……71
四、禮之所自始，實創於大同之世……72
第三節　〈禮運〉的政治哲學……75
一、禮之所由亡，僭爲其大端……75
二、有禮之政，政即禮……77
三、君者立於無過之地……79
四、合禮義以治人情的宗教文化觀……81
第四章　禮用的論述之一——即「修養工夫」論內聖面的開展……83
第一節　〈大學〉、〈中庸〉論內聖外王之道……83
一、從朱子〈大學章句〉、〈中庸章句〉上探儒學義理綱維……83
二、〈大學〉的內涵意義及價值——存理遏欲、自治治人……85
第二節　〈曲禮〉論「毋不敬」及「下學上達」之道……88
一、〈曲禮〉的篇名意義及文章結構……88
二、〈曲禮〉的思想內涵……90
第三節　〈表記〉、〈坊記〉、〈緇衣〉論「修己治人」之學……94
一、三文共爲一書，本末相資，脈絡相因，文義相肖……94
二、〈表記〉以敬爲本，以仁義爲綱，修身以立民極……97
第五章　禮用的論述之二——即「政治」論外王面的開展……105
第一節　〈哀公問〉、〈仲尼燕居〉、〈孔子閒居〉的文獻考察……105
一、三文中正深切，爲孔子之言……106
二、孔子尊君明道，樂與人善……107
第二節　〈哀公問〉的政治哲學……108
一、民之所由生，禮爲大……108
二、人道政爲大……112
第三節　〈孔子閒居〉論禮樂之原……115
一、民之父母必達於禮樂之原……115

二、五至——「志」之所至即盡心之義，而「詩禮樂哀」符應於四端之心……117
三、三無——無聲之樂、無體之禮、無服之喪……119
四、五起——道德實踐止於至善，由近及遠的五個次第……120
第四節 〈仲尼燕居〉即事顯理、斟酌眾情……123
一、禮所以制中……124
二、禮也者，領惡而全好……125
第六章 禮用的論述之三——即「教化」論外王面的開展……127
第一節 〈王制〉論「教本政末，體立用行」……127
一、〈王制〉之文獻考察……127
二、王者治天下不外政、教二端……128
三、性習相成……130
四、安土置民，然後興學……131
第二節 〈文王世子〉、〈內則〉、〈學記〉論貴族教育……133
一、文王視膳之禮以孝弟立教……133
二、教學須配合時地之宜，及養老典禮……135
第三節 〈樂記〉論音樂的政教功能……137
一、論音樂的教育功能，及雅樂之淪亡……137
二、〈樂記〉內容駁雜，係受荀子性惡論影響……139
三、音樂本於人心之正，反對物感之說……141
第七章 結 論……143
參考書目……155

第十八冊 《左傳》論禮

作者簡介

王乃俐，臺灣省臺中縣人，一九七八年生。曾就學於臺中市私立曉明女中、國立臺灣師範大學國文系（心理輔導輔系）、國立中興大學中文系研究所碩士班。在學期間，對傳統禮俗、墓葬建築、夢的解析及童話治療很感興趣，曾選修相關課程並且實地走訪過明十三陵。就讀碩士班期間，跟隨江乾益老師從事經學研究，著有碩士論文《左傳論禮》。作者曾任教於彰化市正德高中，現爲國立臺中高農國文科教師。

提　要

本篇論文根據《左傳》對五倫與五禮之記載來探討先秦時期禮學發展之原始樣貌及時人對禮意之詮釋與實踐情形。論文共分五章：

第一章是緒論，旨在說明《左傳》禮學與先秦禮學的研究現況，以及本文研究範圍與希望討論的各種問題。

第二章泛論春秋時人對「禮」之概念，包括「禮之根源」、「禮之功用」以及「禮儀之分」等。

第三章以春秋時代的五倫關係來看當時的生活規範。從君臣之禮看政治倫理及社會各階層的責任與義務；從父子之禮看親子之間從生到死緊密相連的血緣關係；從夫婦之禮看古代的男女之別以及兩性之間互相扶持的分工關係；從兄弟之禮看長幼有序的孝悌之德；從朋友之禮看同儕間相互規勸、相敬相惜的友情。

第四章從五禮來看當時的儀節制度，從吉禮知祭祀與政治之關係以及禮敬鬼神之道；由凶禮知哀悼死亡、救助災難之儀節；由賓禮知朝覲、會盟、聘問等外交禮儀之意義；由軍禮知征伐、田獵、賦稅、勞役之制度；由嘉禮知婚冠、燕饗、脹膰、賀慶等禮儀在春秋時代實行之情形。

第五章爲結論，概略總結本篇論文之觀點，探討《左傳》所論之禮儀對現代的意義。

目　次

第一章　緒　論……1
　第一節　前人研究與論題提出……1
　第二節　研究範圍與研究目的……4
第二章　《左傳》論禮之要意……7
　第一節　《左傳》論禮之根源……8
　　一、禮根源於天……8
　　二、禮根源於義……9
　第二節　《左傳》論禮之功用……10
　　一、禮能整民……11
　　二、禮以保國……11

三、禮以定位……12
四、禮防爭奪……12
第三節　《左傳》論禮與儀之分……13
一、行禮之準則……14
二、儀式之規定……18
第三章　《左傳》論通禮……23
第一節　《左傳》論君臣之禮……24
一、君道……25
二、臣道……28
第二節　《左傳》論父子之禮……36
一、父對子之禮……36
二、子對父之禮……39
三、其它與父子相關之記載……40
第三節　《左傳》論夫婦之禮……42
一、夫妻相處之道……42
二、妻道……43
第四節　《左傳》論兄弟之禮……47
一、包容差異，以和爲貴……47
二、互相幫助，禍福與共……48
第五節　《左傳》論朋友之禮……49
一、明辨是非，攝以威儀……49
二、各立志向，相敬相惜……49
第四章　《左傳》論專禮……51
第一節　以吉禮致敬修德……51
一、祭祀天神之禮……54
二、祭祀地祇之禮……64
三、祭祀人鬼之禮……76
第二節　以凶禮哀喪恤禍……87
一、以喪禮哀死亡……89
二、以荒禮哀凶札……107
三、以弔禮哀禍烖……113

四、以禬禮哀圍敗……117
五、以恤禮哀寇亂……119
第三節　以賓禮親邦尊王……122
一、朝覲之禮……125
二、會盟之禮……132
三、聘問之禮……143
第四節　以軍禮抗敵保國……151
一、大師之禮……153
二、大均之禮……168
三、大田之禮……173
四、大役之禮……181
五、大封之禮……188
第五節　以嘉禮親民賀慶……193
一、饗燕賓射之禮……194
二、冠笄婚姻之禮……198
三、脤膰賀慶之禮……215
第五章　結　論……221
徵引文獻……225

第十九冊　拙齋經義論叢

作者簡介

宋鼎宗，1942 年 2 月生於臺灣南投，1968 年 6 月畢業於省立成功大學中國文學系，1969 年 8 月進入國立臺灣師範大學國文研究所進修，師從大冶程發軔教授研習《春秋》學，1971 年 6 月畢業，獲文學碩士學位。

1971 年 8 月受聘於國立成功大學中國文學系，歷任講師、副教授、教授，並擔任系主任、研究所所長等職。現在任職於：高苑科技大學通識教育中心專任教授。曾出版《春秋左氏傳寓禮嘉禮考》、《春秋胡氏學》、《春秋宋學發微》、《人文學論叢》等書，及文史哲論文若干篇。

提　要

本書之作，在透過對經義之詮釋進而落實經術之實用。作者長期致力於鑽研儒家經典不輟，此一論叢彙集自 1976 年迄 2007 年卅餘年間賡續有關儒家經學之論述，共計十五篇，大抵皆嘗發表於期刊、學報及研討會等。

蓋各篇雖非一時之作，然無不貫串於學術思想史之脈絡中。凡所論說，往往不落俗套，而皆以孔子學說爲基準，有本有源。義理、考據兼備，尤以通經致用爲目標，務求能落實於國家社會。

本書主要內容，大致可以歸納爲四項：

（一）儒家經典之形成：儒家爲中國學術思想之主流，六經又爲儒學之根據；歷代儒者或有推崇過度，反而令後學滋生困惑，不得正解。作者釐清穿鑿附會，探尋來龍去脈；提出「六經確立於漢，經學本漢家之學」之新見，以求正確認識經典。

（二）儒家經學之實用：證明經學有體有用，不徒爲古代帝王緣飾政治之工具，乃一套修己治人之寶典指南；即使在當今之世，不論對個人或國家社會，仍可見其爲有用之學。

（三）漢宋經學之成就：作者以爲漢、宋經學爲古今兩大流派，各有獨到之貢獻，未可輕易軒輊；須先分辨其得失利弊，進而加以截長補短，始能全面掌握經學之綱領。

（四）經學人物之衡論：給予孟子、荀子、張純甫等傳經之儒，較爲公允之評價；摒棄成見，破除門戶，以求正確之認識云。

目 次

自 序
壹、六經形成說……1
貳、談經說傳……23
參、經術與治術……33
肆、漢宋尚書學……41
伍、魏晉經學質變說……61
陸、尚書蔡傳初探……79
柒、宋儒尚書學之寓作於述說……101
捌、春秋「微言大義」試釋……123
玖、李總統「巧遇」蘇哈托……129

拾、論語「夷狄之有君不如諸夏之亡」解……135
拾壹、亞聖考徵……143
拾貳、韓愈「揚孟抑荀」說……163
拾參、四庫全書總目經部春秋類校讀記……173
拾肆、荀卿見斥於道統說……183
拾伍、張純甫「非墨崇儒」說……205

第二十冊　靜觀詩學論文集

作者簡介

李霖生，一九七七年第一志願入國立臺灣大學哲學系就學，一九九六年春，獲國立臺灣大學哲學系文學博士學位。歷任長庚大學通識中心兼任講師、靜宜大學通識中心兼任副教授、輔仁大學哲學系兼任副教授、玄奘大學中研所專任副教授、玄奘大學中文系專任教授、玄奘大學中文系所主任、玄奘大學師資培育中心主任。

多年來僕皆相信「由小學入經學者，其經學可信。由經學入史學者，其史學可信。由經學史學入理學者，其理學可信。以經學史學兼詞章者，其詞章有用。以經學史學兼經濟者，其經濟成就遠大。」雖不能，心嚮往之。

目　次

自　序
《周易・觀卦》：論古典之存在與注視……1
周易宇宙詩學……15
《孟子》天命述考……39
孟子天命述考續篇……49
莊子的身體哲學……61
《金剛般若波羅蜜多經》玄義疏論……79
《金剛經》的夢幻詩學……93
《金剛經》隱喻學……113
《靈山》：文學虛無的歸宿……131
萬商帝君之流亡……147

辭與物：《易傳》釋物的秩序

李霖生　著

作者簡介

李霖生，一九七七年第一志願入國立臺灣大學哲學系就學，一九九六年春，獲國立臺灣大學哲學系文學博士學位。歷任長庚大學通識中心兼任講師、靜宜大學通識中心兼任副教授、輔仁大學哲學系兼任副教授、玄奘大學中研所專任副教授、玄奘大學中文系專任教授、玄奘大學中文系所主任、玄奘大學師資培育中心主任。

多年來僕皆相信「由小學入經學者，其經學可信。由經學入史學者，其史學可信。由經學史學入理學者，其理學可信。以經學史學兼詞章者，其詞章有用。以經學史學兼經濟者，其經濟成就遠大。」雖不能，心嚮往之。

提　　要

易理並非陰陽相續而存，卻為一時俱現，並時運轉。易理形構同時關涉諸多異元，各自發展，互相影響，如一念三千，猶以光速計算著最佳的生存通道。只要人能掌握有利的導體，奇門遁甲將超越神話的層面，永生之門或將洞開。

《易經》六十四卦應視為並時共存的六十四個視窗，或謂六十四方生存境遇。作者竭力表述森然有序的生命際遇，力圖曲盡隱微的生命同情。想像力的復甦使生命恢復創造力，同情心的成熟躋暴戾的社會於和樂化境。解開易經玄義的關鍵，應該是溫柔敦厚的詩情。

《易經》吉凶悔吝的判斷，隨卦爻辭富麗之詩意，曲盡生命多元的境遇。拙著《易經哲學》與博士學位論文《辭與物：易傳釋物的秩序》，主旨在於鉤抉卦爻辭所蘊無盡之詩意，開顯《易經》義理所涵之生命哲學。然而《易經》的數理形構決定卦爻辭義，是義理之所本，其底蘊幽微深玄，尤為引人入勝。

時下盛行的思維模式，可以電腦為典型。然而電腦二進位數學運算 XOR，同一時間只能進行單一運算，如 IBM 多 CPU 平行處理的 Deeper Blue，也只是增加運算之電腦，而非推理模式的變革。《易經》的數理卻具有多元同時運算，同一運算單元可以同時進行多種平行運算的模式。這種可能計算氣象變化的推理模式，不僅是純粹詩意的具體實踐，而且是探索最佳生存境遇的絕妙媒介。因此，尋繹與重構《易經》妙算內蘊之數理，應非單純工於計算的書房遊戲而已，對於現代人生活境遇之開闔，或文化理想之啟發，甚至生意之表述，應皆能裨益。

目次

緒　論……1
一、基本旨趣……1
二、研究材料與方法……6
三、論題之設定與論述之輪廓……7
第一章　物與象數……13
第一節　立　象……13
第二節　物……18
第三節　生　元……20
第四節　天　地……22
第五節　陰　陽……26
第六節　時　光……30
第七節　數……31
第八節　六　爻……33
第九節　卦象吉凶……48
第二章　卦爻與吉凶……51
第一節　吉　凶……51
第二節　聖　人……54
第三節　啓示者……59
第四節　神　明……60
第五節　周　禮……61

緒　論

一、基本旨趣

（一）辭物之間，天人之際

1. 何謂「物」

「物」的甲骨文字形，有犁有牛。《詩經・大雅・烝民》有云：「天生烝民，有物有則。民之秉彝，好是懿德。」《毛傳》云：「烝，眾。物，事。則，法。彝，常。懿，美。」釋物爲事，異於現代人對「物」的理解。物可以從甲骨文字形得知有從事耕作之義，亦可視之爲「耕作之事的工具、歷程與結果」。

《周易・序卦傳》屢曰物，又云：「有天地然後萬物生焉」，「盈天地之間者唯萬物」，可以說天地之間所有存在者皆稱其爲「物」。《周易・繫辭下傳》曰：「近取諸身，遠取諸物。」它物與己身相對而言，可說是客體對象。

《周易・繫辭上傳》又曰：「（是故易有太極，是生兩儀）備物致用，立成器以爲天下利，莫大乎聖人。」物乃聖人可利用的工具與資材。尤其它的內涵存在於卦爻象數的形構中，所以物的意義應當包涵卦爻象數形構的符號系統。

《周易・繫辭上傳》曰：「夫易，開物成務，冒天下之道。」物乃萬物的眞象。〔註1〕《周易・繫辭下傳》又曰：「（六者非他，三材之道也）道有變動，故曰爻。爻有等，故曰物。物相雜，故曰文。文不當，故吉凶生焉。」爻所象乃天地人三種終極法則的律動，「立天之道，曰陰與陽。立地之道，曰剛與

〔註1〕高亨，《周易大傳今注》（濟南：齊魯書社，1987）頁534。

柔。立人之道，曰仁與義。」（《周易・說卦傳》）六爻象徵天地人之間，六種三對勢力的交鋒與會合，這就是爻的定義。

六爻的形構如《周易正義》所言：「爻有陰陽貴賤等級，以象萬物之類。」六爻的形構蘊涵行止的抉擇，抉擇的判準則表現了價值的層級：「易之為書也，原始要終，以為質也。六爻相雜，唯其時物也。其初難知，其上易知，本末也。初辭擬之，卒成之終。若夫雜物撰德，辨是與非，則非其中爻不備。」

所以《易傳》根據《周易》這部書的內涵，推原事物的始終，而據之形構卦體大義。事物的始終本末也就形成卦之六爻的序列，序列是由「時」與「物」所形構。「時」指稱六爻的「初、二、三、四、五、上」六位所象光陰的腳步。根據甲骨金文字形，時由日頭，以及一隻背日而行的腳所構成。所以「物」不僅指與自我相對的客觀存在物，在《易傳》裡「物」也指人們從事的活動。六爻的形構原則即「時」「物」的結合：「順著光照大地，光影陰陽的變化規律，以從事於物也。」

「乾知大始，坤作成物」提示了生存的根源，「易知有親可久的賢德」與「易從有功可大的事業」，聖人擔負起傳統君王的治理工作。此乃循傳統天帝信仰之「作新民」與「保康民」思想脈絡，所充實的乾坤之義。所以關於「物」存在的根源，在《易傳》中有了新的詮釋。

所以「物」可定義為：「耕作之事的工具、歷程與結果」。它物與己身相對而言，可說是客體對象。可以說天地之間所有存在者皆稱其為「物」。物乃聖人可利用的工具與資材。尤其它的內涵存在於卦爻象數的形構中，所以物的意義應當包涵卦爻象數形構的符號系統。綜合言之，《易傳》中所謂「物」，最狹義的界定即陰陽「兩爻」與由初至上「六位」共組的卦爻符號。推廣而言，卦爻所象者乃人從事於物所需之資材、從事之歷程、從事之產物，此亦謂之「物」。由已身觀之，天地間皆他「物」也。自天地統觀之，則天地之間，無分主客，所有存在皆萬物也。

2. 何謂「辭」

「辭」的意義：聖人開物成務並非空言，《周易・繫辭上傳》曰：「聖人立象以盡意，設卦以盡情偽，繫辭焉以盡其言，變而通之以盡利，鼓之舞之以盡神。」如果物特指卦爻的符號系統，辭也者，即詮釋符號涵意，以窮盡其底蘊的言辭。辭所詮釋之物的秩序，即「八卦設位」之位，以及「六爻之位」也。

辭不只是物象的描述，而是關乎吉凶悔吝的判斷也：「聖人設卦觀象、繫辭焉，而明吉凶。剛柔相推而生變化。是故吉凶者，失得之象也。悔吝者，憂虞之象也。變化者，進退之象也。剛柔者，晝夜之象也。六爻之動，三極之道也。」(《周易・繫辭上傳》) 吉凶悔吝生於生存秩序的得失，「辭」的意義即在於詮釋其秩序也。

《易傳》總體而言，就是詮釋「物之秩序」的哲學，所謂「辭」啓示給人卦爻符號的秩序，聖人開物成務的設計《周易・繫辭上傳》曰:「聖人有以見天下之賾，而擬諸其形容，象其物宜，是故謂之象。聖人有以見天下之動，而觀其會通，以行其典禮，繫辭焉以斷其吉凶，是故謂之爻。言天下之至賾而不可惡也，言天下之至動而不可亂也。擬之而後言，議之而後動，擬議以成其變化。」明斷吉凶的「辭」是重建生存秩序的媒介，研究辭與物的關係，使我們契入《易傳》的本義，也彰顯一套試圖假借數學規律，重建生存秩序的詮釋系統。

3. 辭與物

《易傳》中所謂「物」，最狹義的界定即陰陽「兩爻」與由初至上「六位」共組的卦爻符號。推廣而言，卦爻所象者乃人從事於物所需之資材、從事之歷程、從事之產物，此亦謂之「物」。「辭」啓示給人卦爻符號的秩序，聖人開物成務的「辭」是重建生存秩序的媒介。

聖人之辭代表了人遭逢天命之際，自力的嘗試。物的秩序則標示出天命與人力的邊界。天地之間，萬物的生存秩序究竟是人類的創作？或者是標誌著人類權力的極限？回答此一問題，即所以明《易傳》哲學的立足點，並以評估其價值。而一座天人縱橫的思想版圖，將是我們評價的根據。

(二)「《易傳》釋物的秩序」問題的性質

1. 它是一個攸關生存焦慮的問題:「易之興也，其於中古乎？作易者，其有憂患乎。」(《周易・繫辭下傳》) 從人的憂患著眼確認《周易》成書的原因，這是《易傳》詮釋物之秩序的基點。此一基點有其預設的歷史脈絡，那就是所謂殷周政權鼎革之際。所以《易傳》的思想應該放在周初建國的思想脈絡裡來推敲。

周初建國理想的主題在於「維天之命，於穆不已。於乎不顯，文王之德之純。」(《詩經・周頌》) 首先強調的是天命對政權的保證，而先王祖德則是實現天命的關鍵。天命君德的內容如《書經・康誥》所說:「若保赤子，惟民其康乂。」、「罔不克敬典，乃由裕民。」天命君父，視民如子，治理民生，啓迪民智。

所以《易傳》思想乃從保民治民的憂患出發，「昔者聖人之作易也，將以順性命之理，是以立天之道，曰陰與陽。立地之道，曰柔與剛。立人之道，曰仁與義。」其目的在於使人處天地之間，足以安身立命，能夠回應《詩經》所透露的生存上的焦慮：

> 謂天蓋高，不敢不局。謂地蓋厚，不敢不蹐。（〈正月〉）
>
> 民莫不逸，我獨不敢休。天命不徹，我不敢傚，我友自逸。（〈十月之交〉）

2. 它是一個重建生存秩序的問題：「易之興也，其當殷之末世，周之盛德邪？當文王與紂之事耶？」（《周易・繫辭下傳》）聖人在人群危急存亡的混沌中，重建生存秩序的理論，此即《易傳》所謂之易道易理。

3. 它是重建新秩序的新方法：《書經》的論述立場在統治者，天命改易，政權遞嬗，雖說繫於民情，但是民情的眞相卻存乎統治者的「克明德」「敬德」，如果君王失德、不德，虐殺下民，人民除了武裝暴動之外，沒有其他的求生途徑。但是暴力的歷程與結果，都難以控制。夏商周三代的政權更迭，還是統治者之間有組織的武裝鬥爭。

《易傳》的觀點認爲：「易之爲書也，不可遠。」「其出入以度內外，使知懼，又明於憂患與故。尤有師保，如臨父母。初率其辭而揆其方。既有典常，苟非其人，道不虛行。」（《周易・繫辭下傳》）從憂患出發，人不必再依賴失效的天帝信仰，而建立一套具有客觀規律性的安身立命的秩序，以回應人在生存上的憂患慮危。「易道」可以使人的生活重建其典常秩序，這秩序不依於天命，而存乎人由天地萬象中認知所得的道理。

《易傳》以多元的生存根源，提示異於傳統上天的權威，天與地一起對人的生存秩序，提供基源的詮釋。更有甚者，天地等根元不再具有傳統天的人格性，「是故剛柔相摩，八卦相盪。鼓之以雷霆，潤之以風雨，日月運行，一寒一暑。」（《周易・繫辭上傳》）生存根源呈現多元的序列。

重建生存秩序所依據的客觀規律，在於卦爻象數所形構的詮釋系統，《周易・繫辭上傳》曰：「八卦成列，象在其中矣。因而重之，爻在其中矣。剛柔相推，變在其中矣。繫辭焉而命之，動在其中矣。」吉凶得失的最終判準，不在冥藐的天命，也不在無常的君德，而在善體時勢的智慧。而萬物的形勢，具有客觀實在性。

（三）為何研究《易傳》釋物的秩序

1. 哲學史的研究興趣

《易傳》在生存秩序極爲紛亂的時代形成，它在中國古代哲學史上究竟標示了何等價值？一個以卦爻象數爲詮釋依據的思想系統，在中國哲學史上究竟應該得到什麼評價？甚至於對現代人可以有什麼啓示？都是我們面對這份遺產時，可以深思的。尤其當這部《易傳》是我們目前仍然十分依賴的經典詮釋，而且在哲學史上已經產生長遠的影響。這份影響更回饋其源頭，使《易傳》在哲學史上取得了一個整體性的面目，變成一個可以視爲一體的思想系統。把《易傳》視爲一整個研究對象，應該可以提供我們理解中國哲學史的重要線索。而發掘其詮釋物之秩序的始終本末，可以使我們體會其作傳的用心，彰顯一代哲學思想的特質，而給予公平的評價。

尤其當《易傳》這部主要成書於戰國後期的著作，經過千年以上經學家信賴與引用，後學者豈可不愼。本文的目標即在於說明《易傳》哲學對越天命之際，人性的理想。〔註 2〕殷周之際，天下動亂，生民不知所措，於是有周禮的建制，重建生存權力的秩序。所以《詩》、《書》中展現的周禮，就代表了先秦諸子思想的底線，是我們研討本文主題的起點。

孔孟代表了周禮衰亡歷程中，在舊勢力之上興起的另一種選項，他們的思想也構成了中國哲學的主流。老莊則以其高度的革命性，展現了富有創意的生存策略。《易傳》究竟如何教人安身立命，在天命之下如何實現人性，其天人之際的哲思發人深省，彌足珍貴。然而想鉤抉《易傳》哲學的智慧，首先必須從它昇起的周禮廢墟開始著手。如此才能夠發現《易傳》所針對的問題，由此方能評價它所提示的答案。

評價《易傳》的智慧，經常引起究竟「歸於儒？或歸於道？」的爭議。〔註 3〕更有主張《易傳》獨樹一幟的說法。所以本文從天人縱橫的思想座標上，以《易傳》與周文理想的相對，標定了《易傳》哲學的地位。經過本文的研討，我們可以把孔孟老莊，放在同一個「天人座標」上，將其相對位置顯示出來，以與《易傳》相並比，試觀其眞際。

〔註 2〕戴璉璋《易傳之形成及其思想》（臺北：文津出版社，1989）頁 8～9。

〔註 3〕蔡尚思，《十家論易》（長沙：岳麓書社，1993）頁 1456。主張易傳異於老子。陳鼓應，《易傳與道家思想》（臺北：臺灣商務印書館，1994）則主張易傳屬道家思想。

2. 生存的焦慮

生存的焦慮，或憂患之情，貫穿不同的時代與社會，它是人類恆久且普遍的問題。為了解消這憂患，我們總是努力嚐試實驗各種方法。作於憂患之中的《周易》極有可能給予我們高度的啓示，但是《周易》經文極為簡略，無法使人索解卦爻象數的奧秘。《易傳》雖說只是對於《周易》的一種詮釋，而且可能是相當簡易的詮釋，但是它到底是我們現今仍然相當依賴的教材。考究《易傳》釋物之秩序的原本，正有助於我們正確地使用這套最通行的《周易》教材，探究經典底蘊，以啓導人生。

《易傳》本身更提示我們一套善處亂世的法則，甚至像《書經》一樣，創建了統一建國所需的信仰基礎，一套超越古代眾多族神之上的信仰，同時修正了天帝信仰的不確定性。

二、研究材料與方法

（一）方　法

1. 依循字詞源流：通稱所謂「小學」之工夫，借助前賢於文字學、聲韻學、訓詁學上既有之成績，益以古文字學、考古學、社會學、政治學方面相關之擬議，作為釐辨經傳意蘊之主要依據。

2. 按諸歷史脈絡：以周代國家與社會演變的歷史，確認《易傳》思想的來龍去脈。同時藉回歸歷史脈絡，展開與唯物論或新儒家的對話。

3. 以《易傳》解《易傳》：依據上述小學與史學成果，儘量不增字解經，而尊重原典內蘊之推理。對於前賢往聖的創見，本文暫不引述與議論。

（二）材　料

1. 學者於金文、甲骨文研究的成果。

2. 自周初以至戰國，可信之史料。如《易經》、《詩經》、《書經》、《春秋左氏傳》等等。

3. 研討之論題僅以《易傳》為範圍，而不及於《周易》經文之考究，更避開後世經學家在經義上的繁衍。〔註 4〕

〔註 4〕 因為本文的重點在於評估「易傳」的影響，所以視其為一個思想整體。即使易傳各篇成書時間不一，作為「易傳」它對後世的意義則經常是「一部作品」，所以我們可以跳開繁瑣的考證，把它當作一部內容錯雜但影響深遠的哲學著作來研究。戴璉璋先生《易傳之形成及其思想》（臺北：文津出版社，1989）

三、論題之設定與論述之輪廓

1. 從天命到象數，從君德到聖知，從民情到易理

「天」的涵意，由《詩經》與《尚書》看來，天是至高的主宰者，祂扮演了「啓示者」與「審判者」的角色。同時，天還展現了「造生者」與「載行者」的作用。

「天命」「君權」「民情」的關係如下：民情假天命而昭明於君心，君權借天命中保而永續經營，天命的內涵其實由統治者與被統治的心意來決定。統治者因執政之便，掌握詮釋天命的權威。人民卻也能透過民間文學的創作，挑戰君父的詮釋權。君王如果由「采風」探得民隱，豈非「克明德」「疾敬德」。如果君王罔顧民間詩歌中「天意」的變化，當然無法知民情，得民心。

聖人是《易傳》裡的主角，他的任務以揭開事物的眞相，並且啓示教化人民爲主。聖人所知道的眞相，以及啓示萬民的教化內容，在於使人明白進退得失，主要是一種價值判斷，是一種建立在詮釋客觀規律上的審判，其目的就是趨吉避凶。人們爲了在混亂的世界中存活，試圖建立各種形態的生存秩序，《易傳》的構想就代表了其中一種建構生活秩序的努力：「聖人設卦、觀象、繫辭焉，而明吉凶。」（《周易‧繫辭上傳》）在《易傳》裡，君王已經由聖人所取代，天命則輾轉爲卦爻象數之易道易理。

2. 從西周東進到戰國一統：探索形構權力的法則

天命是權力的根源，這是周人在武力征服之餘，最重要的構想。天是營建雒邑以降一系列軍事殖民運動的主宰者，周人由於天之所命而築城開疆。周公在典禮之始，提出天命在建國大業中的首要地位，是天命創業，天命安定天下，天命築城於雒。

春秋時代經常見到大夫作亂，尤其與國君的寵愛信用有關時，信用之人侵犯倫理關係，造成權力繼承的危機。權力的佔有者是當政者，他要依據倫理的秩序，又根據對自己有沒有價值來決定權力的傳承，於是造成國內的衝突與戰爭。即使一代霸主齊桓公身後，也不免遭遇同樣的危機。

東周政局的實況。各國國君常因私情而壞了權力繼承的規範，誘發繼承權的爭奪戰。透過倫理關係建立起來的權力繼承法則，在開國以來的軍事殖民運

對此有精審的討論，至於其各篇寫就的時代，請參考：高亨，《周易大傳今注》（濟南：齊魯書社，1987）頁 6～9。高氏以爲「易傳」七種大都作於戰國，作者則有多人。

動終結之後，親情漸疏，權力網絡漸弛。各國國君逐漸任由自己的愛惡來主導用人的政策，因此造成權力隨個人好惡轉移，政局缺乏穩定性的內亂與外患。

超越而且客觀的權力繼承法則，隨著天下定於一的殷切要求，呼之欲出。除了周禮的德治，或樹立農戰刑賞的立法，《易傳》寄託於「聖人設卦觀象，繫辭焉而明吉凶」卦爻象數的客觀律則性，代表另一種重建生存秩序的嚐試。

3. 從君王到聖人與君子

聖人始終效法天地，維繫著天地萬物的存在。天地萬物既已作生，聖人的使命在於保存萬有群生。《周易・繫辭上傳》曰：「聖人有以見天下之賾，而擬諸其形容，象其物宜，是故謂之象。聖人有以見天下之動，而觀其會通，以行其典禮，繫辭焉以斷其吉凶，是故謂之爻。」

聖人必須在這天下的複雜與動亂中，重建論述與評價的秩序。《周易》的價值即在於，它是聖人重建天下秩序的作品。易道就是聖人之道，它的內容主要是，辭、變、象、占。作爲一個聖人，必須能夠通其變，極其數。聖人窮究易道，爲的是「通天下之志，成天下之務」也。上述聖人保民治民的使命，必須由聖人對天地的效法，經由易道，重建天下的秩序來達成。

聖人的工作內容包含古先王的「保康民」「啓示」。如《周易・繫辭上傳》曰：「是故聖人以通天下之志，以定天下之業，以斷天下之疑。」就《易傳》而言，聖人最主要的作爲應該在於這啓示之功。聖人取代先王實行「保康民」「啓示」的德業，也像先王一樣，並非毫無所據。先王與聖人同樣上承于天。《周易・繫辭上傳》曰：「是以明於天之道，而察於民之故，是興神物以前民用，聖人以此齋戒，以神明其德夫。」明於天之道，以及察於民之故，正如《書經・康誥》所言：「天畏棐忱，民情大可見。」所不同的是「天」的涵意有所轉變。

《易傳》裡的聖人鮮少言及天命，只強調聖人的知能：「是故天生神物，聖人則之。天地變化，聖人效之。天垂象，見吉凶，聖人象之。河出圖，洛出圖，聖人則之。易有四象，所以示也。繫辭焉，以告也。定之以吉凶，所以斷也。」（《周易・繫辭上傳》）就像〈象傳〉所言，天地總是與並比連言。天地並非古早降命降罰的天，所以聖人也非古代血族首領的戰將，而更像詮釋天志的祭司。周人一直相信天意天命並非不可知者，易有聖人之道，聖人所遵循的道理也絕非神秘幽渺之事，他不能故弄玄虛，遂行專制獨裁。因爲聖人既然啓導萬民，其意志絕不能隱晦不明。聖人之意端在於「繫辭以盡言」，這就是我們從聖人歸結出「辭」之涵意。

4. 從禮刑到卦爻象數

周禮的精義不同於原始部族的族神祭祀，不是單純的祖先崇拜，而著重持續一種敬慎負責的心志，勤政愛民，不以距離遙遠爲荒惰的藉口，如此才能夠使文王武王所建立的政權永存於大地之上。周人的天命觀不偏私一族，而視統治者代天載行的政績而決定天命所歸。天命關乎君德，所以周初的統治者互相以明德相期，這是禮的眞正主題。

統治者如果運用合法的暴力，人民如何能與之抗爭？在周人的政權設計裡，人民的利益端賴君王的「敬德」。如果君王不能以民情爲天命，體貼人民的疾苦，人民又能如何？周之聖賢當然明白凡人的弱點，統治者安樂日久，難免漸漸忽視民隱，喪失明德。所以到周穆王時，〔註5〕《書・呂刑》對於合法的暴力，有十分細緻的分析，也有深切的告戒。

人是天所生，人有命在天，所以天在照看著我們，使我們在地上繁衍種族。人間的紛爭，需要一個超然的仲裁者，實行權威的審判。這一切周人都訴諸天意，以及天命。但是天命的內容是否有超然的依據呢？還是任由統治者隨意詮釋呢？周初的統治者深感自身所擁有的權力，以及民心的不安，故以民情爲天命的準據。然而是否以民情見天命，繫於統治者自身的覺醒與認同。如果君王驕矜自傲，不通過民情檢定天命，反而以爲自己擁有詮釋天命惟一的權力，這時誰能夠反抗他呢？

象的意義不是單純地依存於造字原則上，更不僅在周禮的建制之中，它極確定的涵意繫屬於《周易》的象數形構之中。其意義在於人開始將生命的意義，建立在一套可以客觀檢驗的符號系統上。生命的吉凶善惡，不再取決於天命降災降罰，更不用擔心君王明德的不確定性。人人都有可能因他對生存規則（易道）的理解，取得詮釋的權力。這詮釋的權力從他的智慧而生，即他對生存規律的觀察與理解。

《易傳》中的象首先是天地所呈的現象。但是此處所謂的現象，爲人所見所知所效法，其實人對這裡所謂之現象是有所期待，有其定見的。將象形的來源回歸古代天信仰的墮落之路，正如《周易・繫辭上傳》所云：「天尊地卑，乾坤定矣。卑高以陳，貴賤位矣。方以類聚，物以群分，吉凶生矣。在天成象，在地成形，變化見矣。」我們在這樣的天地定位之下，審視象的涵意，將是論述《易傳》立象之道的起點。

〔註5〕程元敏，《尚書講義》考訂。

天不是唯一啓示我們的根元，天地並稱，甚至水火山澤風雷，都是啓示的根元。這種多元的觀點從根解消了「天命：君德：民情」的詮釋連環，所以人才有可能從天地的象形，理解吉凶變化之道。

聖人觀察萬物之象而創設六十四卦，在卦爻之下繫屬判斷吉凶之辭，這說明聖人從天地萬物的形象得到啓示，聖人並且基於這啓示將吉凶啓示給人：這些象徵不是任意散亂的發現，而是按照六爻的位階形構者，其間的變化包涵著天地間一切道理。

所以《易傳》裡的象所顯示的，不僅是生存時的吉凶悔吝，而且是價值上的尊卑貴賤。「列貴賤者存乎位，齊小大者存乎卦，辨吉凶者存乎辭，憂悔吝者存乎介，無咎者存乎悔。」（《周易・繫辭上傳》）這些符號的應用乃用以說明審判（吉凶）的標準，即所以啓示也。彖辭的判斷乃根據卦象而來，爻辭的演繹也是根據爻位的進退得失，綜合言之，《周易》就是這麼一套象數化的符號系統，故《周易・繫辭下傳》曰：「是故易者，象也。象也者，像也。彖者，材也。爻也者，效天下之動者也。是故吉凶生而悔吝著也。」

聖人取代君王，啓示與教化人民。象數取代君德與刑罰，彰顯生存與價值的吉凶得失。所以易象所標誌的秩序，乃聖人之所以啓示教化萬民，此所以《周易・繫辭上傳》曰：「備物致用，立成器以爲天下利，莫大乎聖人。探賾索隱，鉤深致遠，以定天下之吉凶，成天下之亹亹者，莫大乎蓍龜。」聖人法象懸象，教導人民製器利用的生存之道，生死存亡於是乎繫於象，而生命的尊嚴亦存乎象。聖人德業終極的歸依，生民此身的存在與價值，皆匯聚於蓍龜所示的象數也。

《周易・繫辭上傳》曰：「是故四營而成易，十有八變而成卦。八卦而小成，引而伸之，觸類而長之，天下之能事畢矣。」以上成畫得卦的方法，妙在以一種複雜的重複選取過程，確保詮釋命運的均等機會。上述方法使占卜者盡量給六十四卦一個均等的機會，出現在他命運的十字路口，解釋他的未來。至於六十四卦的形成，顯然是因陰爻陽爻二元，在卦的六爻位所遭遇的六次抉擇的結果。因爲每一組合都包含六次二選一的排列，所以它的結果就是二的六次方，亦即六十四種排列組合。

命運的詮釋歸諸數學裡排列組合的規律，而不是任由握有詮釋權的君王或巫師師心自用，或迷信不可測的偶然遇合。在用以詮釋天地變化的符號裡，注入數的精神。天地作爲生存根源，以及價值判斷的終極標準。而天地所蘊的數學性格，使得我們得以從客觀規律去想像生存的根源與價值的極致。

《易傳》詮釋生存秩序的方案，以象數的函數化設計，賦予萬物存在於斯世的客觀律則性，將傳統天帝信仰中不穩定的因素排除了。它以象數的理則取代了君心的是非，在動亂的戰國，生存秩序若能建立在象數的客觀規律之上，或許爲人民爭取到更大的生存機會，但是同時剝奪了人民自由自主的餘裕。在安全與自由的縱橫座標裡，《易傳》對生存秩序的詮釋，無疑將其重心依安全的軸心向上向內攀升，而從自由的軸心向下向外滑落了。

第一章　物與象數

第一節　立　象

一、法象與尚象（卦爻與象）

《周易・繫辭下傳》曰：「古者包犧氏之王天下也，仰則觀象於天，俯則觀法於地，觀鳥獸之文，與地之宜。近取諸身，遠取諸物。於是始作八卦，以通神明之德，以類萬物之情。」本章表明了《易傳》作者由觀象而設卦的構想，法象乃是作易的基礎。所法之象包涵了天地萬物顯示的物象，所以才能夠類萬物之情。

因為觀象法象以設卦，所以說：「八卦成列，象在其中矣。因而重之，爻在其中矣。剛柔相推，變在其中矣。繫辭焉而命之，動在其中矣。」（《周易・繫辭下傳》）象蘊涵於卦中，「是故法象莫大乎天地，變通莫大乎四時，縣象著明莫大乎日月，崇高莫大乎富貴。」（《周易・繫辭上傳》）設卦的基礎若說是觀法萬物之象，則所謂物包涵了天地日月四時，乃至於人間的富貴，物的涵意應該十分廣泛。

二、物　象

卦由觀象法象而設，象已是卦爻的基本構成要素，〔註 6〕所以要以卦爻解析事變，預測吉凶，也應該可以經由物象來表示，即《周易・繫辭下傳》所

〔註 6〕 高明，〈易象探原〉收於黃沛榮（編）《易學論著選集》（同上）頁 345。

謂：「八卦以象告，爻彖以情言，剛柔雜居，而吉凶可見矣。」

《周易・繫辭下傳》曰：「是故易者，象也。象也者，像也。彖者，材也。爻也者，效天下之動也。是故吉凶生而悔吝著也。」無論法象以設卦，或是尙象以制器，「象」都是關鍵，所以我們需先釐清立象之道。

「象」的意義如果象形連言，在約定俗成的中文裡，一般說來指「描摹實物形狀」。《漢書・藝文志》云：「古者八歲入小學，故『周官』保氏掌養國子，教之六書，謂象形，象事，象意，象聲，轉注，假借，造字之本也。」注曰：「象形，謂畫成其物，隨體詰屈，日月是也。」從語言符號的製作原則來說「象」，意在確立它的符號意涵。它的意義從古代的巨獸，轉變為以符號代表原物原意的用意。或者當作動詞，指謂以符號代表某物某事的活動。《易傳》中的「象」，基本上不脫這個範圍，以下我們將一一分說「象」的內涵層次。

在《左傳》中，我們可以發現「象」具有豐富的涵意。例如《左傳》「襄公二十四年」：「象有齒以焚其身」，象是動物分類中的一種獸。根據甲骨金文，在古人眼中，「象」眞的十分巨大而且醒目。

《左傳》「桓公二年」：「君人者將昭德塞違，以臨照百官。猶懼或失之，故昭令德以示子孫。」竹添光鴻《左傳會箋》曰：「在心為德，施之為行。德是行之未發者，而不可聞見。故聖王設法以外物表之，其儉，其度，其數，其文，其物，其聲，其明，皆是昭德之事也。」很清楚地說出了「象」的意義，尤其是在政治上的作用。

禮制何以能產生權威，令百官遵守紀律呢？依照這一段話的說法，樹立權威的關鍵在於度數文聲，這些具有比類象物效能的符號。這些符號不是一般的符號，而是權力的媒介，權威的代表。對於失禮的批判，春秋時代的貴族不像周禮的創制者，〔註7〕不從天命祖德著眼，因而顯示了新世代的思想特質，如《左傳》「桓公二年」：「今滅德立違，而寘其賂器於大廟，以明示百官。百官象之，其又何誅焉。國家之敗，由官邪也。官之失德，寵賂章也。」對於失禮威脅到國家存亡的批判，也從符號的錯置入手。郜鼎在廟，竹添氏箋曰：「廟是祭政所在。」，「鼎」象徵政權的存在，取得鼎與取得權力，有其既成的規範與秩序。象的混亂代表了權力位階的錯亂，直接影響了生存的秩序。

以上所言，並不把「象」的涵意局限在《易傳》所說的定義裡。但是我們在《左傳》裡，也看到卜筮中所謂的「象」：「及惠公在秦，曰：先君若從史蘇

〔註7〕 許倬雲，《西周史》（臺北：聯經出版事業公司，1993）頁95～106。

之占，吾不及此夫。韓簡侍曰：龜，象也。筮，數也。」杜預注曰：「占所以知吉凶，不能變吉凶，故先君敗德，非筮數所生。雖復不從史蘇，不能益禍之也。」

象之吉凶與人的德否，分爲二事。天命不再是超越人力之上的宿命，或爲不可知的命運。其中隱涵著人不僅可以知道自己的命運，也可以改變自己的命運。

象的意義不是單純地依存於造字原則上，更不僅在周禮的建制之中，在本文之中，它極確定的涵意繫屬於《周易》的象數形構之中。其意義在於人開始將生命的意義，建立在一套可以客觀檢驗的符號系統上。〔註8〕生命的吉凶善惡，不再取決於天命降災降罰，更不用擔心君王明德的不確定性。人人都有可能因他對生存規則（易道）的理解，取得詮釋的權力。這詮釋的權力從他的智慧而生，即他對生存規律的觀察與理解。

三、易　象

在《易傳》中，象首先是天地所呈的現象。但是此處所謂的現象，爲人所見所知所效法，其實人對這裡所謂之現象是有所期待，有其定見的。因爲天地絕非受現代西方流行的自然科學影響所形成的天地觀，而必須將那象形的來源回歸古代天信仰〔註9〕的墮落之路，《周易・繫辭上傳》所謂：「天尊地卑，乾坤定矣。卑高以陳，貴賤位矣。方以類聚，物以群分，吉凶生矣。在天成象，在地成形，變化見矣。」我們在這樣的天地定位之下，審視象的涵意，將是論述《易傳》立象之道的起點。天不是唯一啓示我們的根元，天地並稱，甚至水火山澤風雷，都是啓示的根元。這種多元的觀點從根解消了「天命：君德：民情」的詮釋連環，所以人才有可能從天地的象形，理解吉凶變化之道。

聖人觀察萬物之象而創設六十四卦，在卦爻之下繫屬判斷吉凶之辭，這說明聖人從天地萬物的形象得到啓示，聖人並且基於這啓示將吉凶啓示給人，即《周易・繫辭上傳》所云：「聖人設卦觀象，繫辭焉而明吉凶。剛柔相推而生變化。是故吉凶者，失得之象也。悔吝者，憂虞之象也。變化者，進退之象也。剛柔者，晝夜之象也。六爻之動，三極之道也。」象徵與所象之

〔註8〕李鏡池，《左傳、國語中易筮之研究》收於蔡尚思（編）《十家論易》（長沙：岳麓書社，1992）頁237～242。學者即使一再聲稱易占爲卜筮之書，並無妨於其具有客觀性，且更彰明其符號性。

〔註9〕關於古代天帝信仰，本文將於第二章、第三章相關部份申論之。

物的關係如上，我們現在不討論這裡比類象物的正確性，而只指出這種詮釋。這些象徵不是任意散亂的發現，而是按照六爻的位階形構者，其間的變化包涵著天地間一切道理。

由天地設位所啓示的生存定位，以及價值位階，它們以符號的形式爲媒介傳譯給人，而符號的陳列並非雜亂無章，《周易・繫辭上傳》曰：「是故君子所居而安者，易之序也。所樂而玩者，爻之辭也。是故君子居則觀其象，而玩其辭。動則觀其變，而玩其占。是以自天祐之，吉無不利」三極之道說明《易傳》作者認爲「周易」啓示了終極的原理。象形的符號皆是具有價值意義的符號，所以符號的序列呈現的不僅是存在的秩序，還是價值的位階。所謂爻之辭，說明吉凶變化，也就是生存的秩序。但是決定生存秩序的極則是什麼？易之序只要從尊卑貴賤的連鎖於天地乾坤，我們就可以領略卦爻符號系統的序列包涵價值的判斷。

所以《易傳》裡的象所顯示的，不僅是生存時的吉凶悔吝，而且是價值上的尊卑貴賤。這一點可以由下章得到進一步的釐清：

「彖者，言乎象者也。爻者，言乎變者也。吉凶者，言乎其失得也。悔吝者，言乎其小疵也。無咎者，善補過也。是故，列貴賤者存乎位，齊小大者存乎卦，辨吉凶者存乎辭，憂悔吝者存乎介，無咎者存乎悔。」（《周易・繫辭上傳》）象是構成卦爻系統的元素符號，符號的應用乃說明審判（吉凶）的標準，即所以啓示也。彖辭的判斷乃根據卦象而來，爻辭的演繹也是根據爻象在六位間的進退得失立言。綜合言之，《周易》就是這麼一套符號象徵的系統，故《周易・繫辭下傳》曰：「是故易者，象也。象也者，像也。彖者，材也。爻也者，效天下之動者也。是故吉凶生而悔吝著也。」

我們在前文提到「吉凶」指謂得失，所謂得失在於時位的得失，而所謂的「位」乃尊卑貴賤之位，所以易之所象，辭之所指，確爲價值的層級位階也。《周易》象物的目的爲何？

《周易・繫辭上傳》曰：「聖人有以見天下之賾，而擬諸其形容，象其物宜，是故謂之象。聖人有以見天下之動，而觀其會通，以行其典禮，繫辭焉以斷其吉凶，是故謂之爻。言天下之至賾而不可惡也，言天下之至動而不可亂也。擬之而後言，議之而後動，擬議以成其變化。」聖人取代君王，啓示與教化人民。〔註10〕象數取代君德與刑罰，彰顯生存與價值的吉凶得失。

〔註10〕詳見於本文第二章。

〔註 11〕所以易象所標誌的秩序，乃聖人之所以啓示教化萬民。我們在此所要強調的，是聖人統理萬民的依據在於象數彰顯的客觀規律，而不在不測的君德與天威。就聖人之道而言，象是制器的依據：

《周易・繫辭上傳》曰：「易有聖人之道四焉，以言者尚其辭，以動者尚其變，以制器者尚其象，以卜筮者尚其占。」其實這辭變象占都依於象數。聖人的言、動、制器、卜筮，都憑藉象數而成，所以易道即象數變化之道也。〔註 12〕

從下述的章句，我們確認卦爻的形構建立在，陰陽之象與六爻排列組合之數。「是故闔戶謂之坤，闢戶謂之乾，一闔一闢謂之變，往來不窮謂之通，見乃謂之象，形乃謂之器，制而用之謂之法，利用出入，民咸用之謂之神。」「是故易有太極，是生兩儀，兩儀生四象，四象生八卦，八卦定吉凶，吉凶生大業。」（《周易・繫辭上傳》）象的涵意就在這樣的脈絡中呈現，以別於一般所謂的符號系統。

《周易・繫辭上傳》曰：「是故法象莫大夫天地，變通莫大乎四時，縣象著明莫大乎日月，崇高莫大乎富貴。備物致用，立成器以爲天下利，莫大乎聖人。探賾所隱，鉤深致遠，以定天下之吉凶，成天下之亹亹者，莫大乎蓍龜。」聖人法象懸象，教導人民製器利用的生存之道，生死存亡於是乎繫於象，而生命的尊嚴亦存乎象。「成天下之亹亹者」令人追思文王之德。如《左傳》裡所謂的「象」：「龜，象也。筮，數也。物生而後象，而後滋，而後有數。」聖人德業終極的歸依，生民此身的存在與價值，皆匯聚於蓍龜所示的象數也。〔註 13〕

天的涵意雖然不同於周初，天地被賦予象數的內涵，但是在聖人的啓示與審判權力來源上，《周易・繫辭上傳》仍自天立言：「是故天生神物，聖人則之。天地變化，聖人效之。天垂象，見吉凶，聖人象之。河出圖，洛出圖，聖人則之。易有四象，所以示也。繫辭焉，所以告也。定之以吉凶，所以斷

〔註 11〕詳見於本文第三章。

〔註 12〕聞一多，《周易義證類纂》收於蔡尚思《十家論易》（同上）503～559。聞氏雖聲稱不主象數，鉤稽古代社會史料。由器用、服飾、車駕、田獵、牧畜、農業、行旅，婚姻、家庭、宗族、封建、聘問、爭訟、刑法、征伐、遷邑，妖祥、占候、祭祀、樂舞、道德觀念等，詳密分疏，正可見聖人藉象數，達其備物致用之旨也。

〔註 13〕李鏡池，《左傳、國語中易筮之研究》（同上）頁 237。蓍龜被視爲兩種卜筮系統，但此處無需細分，僅強調其依於象數爾。

也。」天的意義轉換，正好演明思想蛻化之機，標示《易傳》思想獨特的定位。以下我們必須闡釋《易傳》裡象數的形構。

第二節　物

《周易・繫辭下傳》云：「子曰：乾坤其易之門邪？乾，陽物也。坤，陰物也。陰陽合德，而剛柔有體。以體天地之撰，以通神明之德。」乾坤為易之樞紐，《易傳》逕以物相稱，而「物」的甲骨文字形，有犁有牛。〔註14〕《詩經・大雅・烝民》有云：「天生烝民，有物有則。民之秉彝，好是懿德。」《毛傳》云：「烝，眾。物，事。則，法。彝，常。懿，美。」釋物為事，異於現代人對「物」的理解。物可以從甲骨文字形得知有從事耕作之義，亦可視之為「耕作之事的工具、歷程與結果」。

《周易・序卦傳》屢曰物，又云：「有天地然後萬物生焉」，「盈天地之間者唯萬物」，可以說天地之間所有存在者皆稱其為「物」。《周易・繫辭下傳》曰：「近取諸身，遠取諸物。」己身與它物相對而言，可說是客體對象。

《周易・繫辭上傳》又曰：「（是故易有太極，是生兩儀）備物致用，立成器以為天下利，莫大乎聖人。」物乃聖人可利用的工具與資材。尤其它的內涵存在於卦爻象數的形構中，所以物的意義應當包涵卦爻象數形構的符號系統。〔註15〕

《周易・繫辭上傳》又曰：「夫易，開物成務，冒天下之道。」高亨釋此章句之物乃萬物的眞際。〔註16〕

《周易・繫辭下傳》又曰：「（六者非他，三材之道也）道有變動，故曰爻。爻有等，故曰物。物相雜，故曰文。文不當，故吉凶生焉。」爻所象乃天地人三極之動，《周易・說卦傳》曰：「立天之道，曰陰與陽。立地之道，曰剛與柔。立人之道，曰仁與義。」六爻象天地人之間六種三對勢力的交鋒與會合，這就是爻的定義。〔註17〕

〔註14〕中國科學院考古研究所（編），《甲骨文編》（北京：中華書局，1989）頁37。

〔註15〕顧頡剛，《中國上古史研究講義》（臺北：洪葉文化事業，1994）頁169～173。古代聖王畫卦的神話，經顧氏的考究，顯示其虛構的性質。象與物之間任意且專斷的聯繫，足以說明其作為符號的性質之一端。

〔註16〕高亨，《周易大傳今注》（濟南：齊魯書社，1987）頁534。

〔註17〕戴君仁，〈易經的義理性〉收於黃沛榮（編）《易學論著選集》（臺北：長安出版社，1991）頁221。戴氏在此指出了《周易・說卦傳》這段為宋儒所樂道的

六爻的形構如《周易正義》所言：「爻有陰陽貴賤等級，以象萬物之類。」但是陰陽乃象狀態，不像貴賤判分價值等級，所以「爻有等」之義難解。

六爻的形構蘊涵行止的抉擇，抉擇的判準則表現了價值的層級，《周易．繫辭下傳》曰：「易之爲書也，原始要終，以爲質也。六爻相雜，唯其時物也。其初難知，其上易知，本末也。初辭擬之，卒成之終。若夫雜物撰德，辨是與非，則非其中爻不備。」

黃壽祺與張善文《周易譯註》說：原乃推原，要乃歸納，質爲卦體。所以《周易》這部書的內涵在於推原事物的始終，而據之形構卦體大義。事物的始終本末也就形成卦之六爻的序列，序列是由「時」與「物」所形構。「時」指稱六爻的「初、二、三、四、五、上」六位所象光陰的腳步（甲骨文與金文，時由日頭，以及一隻背日而行的腳所構成）。「物」是我們從事的活動。六爻的形構原則即「時」「物」的結合：「順著光照大地，光影陰陽的變化從事也。」

所以「物」可定義爲：「耕作之事的工具、歷程與結果」。己身與它物相對而言，可說是客體對象。可以說天地之間所有存在者皆稱其爲「物」。物乃聖人可利用的工具與資材。尤其它的內涵存在於卦爻象數的形構中，所以物的意義應當包涵卦爻象數形構的符號系統。綜合言之，《易傳》中所謂「物」，最狹義的界定即陰陽「兩爻」與由初至上「六位」，共組的卦爻符號。推廣而言，卦爻所象者乃人從事所需資材、從事之歷程、從事之產物，此亦謂之「物」。自己身觀之，天地間皆他「物」也。自天地統觀之，則天地之間，無分主客，皆萬物也。

「物」與「象」在先秦文獻中具有相當豐富的涵意，而本文的重點則著落於《易傳》裡，象與物的關係，並由其關係說明《易傳》詮釋事物秩序的原理。當然由象與物的關係發端，只能說明《易傳》作者詮釋事物秩序的初步構想。

《易傳》所謂物，最廣泛的定義涵括了天地之間的萬事萬物。由《周易．序卦傳》觀之，以事物的生發歷程與結果來界定「物」的涵意，應該有助於釐清本文的主題。而且由《易傳》強調的「時」義，我們更可以肯定，從事物的生發歷程與結果著眼，可以幫助我們契入《易傳》詮釋事物秩序之際，內涵理論的底蘊。

義理，可見易傳以另立的哲理詮釋易經。所以六爻的序位應有其象數的依據，而不依於易傳所謂之三才之道也。

既然由事物生發契入《易傳》，我們地一個問題就是生存的根源是什麼？「天」在《易傳》中有「造生」的功能，如《周易・彖傳》：「天造草昧」，又如《周易・繫辭下傳》：「天地之大德曰生」。但是易傳很明顯地不以天爲至高無上的造生者，事實上《易傳》主要以天地連言，以說明萬物的造生：「天地養萬物」「天施地生」（《周易・彖傳》），「有天地然後萬物生焉」「有天地然後有萬物」（《周易・序卦傳》）。〔註 18〕

天地連言取代古代上天獨尊的信仰，天地直接造生的神話更不是《易傳》的主旨。天地造生萬物乃透過「乾坤」這樣的符號，「天尊地卑，乾坤定矣。」（《周易・繫辭上傳》）天地以乾坤記號所組織的秩序，說明生存的價值根源。

所謂天地只是符號，它們也以乾坤爲名，即《周易・彖傳》所謂：「大哉乾元，萬物資始，乃統天。雲行雨施，品物流形。」「至哉坤元，萬物資生，乃順承天。坤厚載物，德合無疆。含弘光大，品物咸亨。」。

《易傳》以「易」取代傳統天的地位，用意至爲明顯。所以《易傳》必須對於萬物群生存在的根源有所交待。經由乾坤兩元，《周易・繫辭上傳》從易理說明萬物生存的根源：「夫易，廣矣，大矣。以言乎遠則不禦，以言乎邇則靜而正，以言乎天此地之間則備矣。夫乾，其靜也專，其動也直，是以大生焉。夫坤，其靜也翕，其動也闢，是以廣生焉。廣大配天地，變通配四時，陰陽之義配日月，易簡之善配至德」周初以來，反映在周初《詩》、《書》裡的求生慾望，自對上天的信仰，轉化爲「周易」的掌握與運用。易象的規劃與設立，即爲此中理解物理形勢，重建生存秩序的關鍵。

第三節　生　元

我們在《易傳》裡發現傳統的信仰逐漸變化。爲什麼明白易理即掌握生存之道？《周易・繫辭上傳》曰：「夫易，廣矣，大矣。以言乎遠則不禦，以言乎邇則靜而正，以言乎天地之間則備矣。」「易」蘊涵了大生廣生的原理，而易的內涵不再獨尊上天爲作生的根源，而是寄託於多元的生生根源，其要則爲：「天地感而萬物生」（《周易・彖傳》）「天地之大德曰生」（《周易・繫辭上傳》）。

所謂天地只是符號，它們也以乾坤爲名，《周易・彖傳》所謂：「大哉乾元，萬物資始，乃統天。雲行雨施，品物流形。大明終始，六位時成，時承

〔註 18〕方東美，《生生之德》（臺北：黎明文化事業公司）頁 291–2

六龍以御天。乾道變化，各正性命，保合太和，乃利貞。」「至哉坤元，萬物資生，乃順承天。坤厚載物，德合無疆。含弘光大，品物咸亨。牝馬地類，行地無疆，柔順利貞。」天成為乾坤「統御與順承」的對象，乾坤兩元才是更根本的勢力。

「子曰：乾坤其易之門邪？乾，陽物也。坤，陰物也。陰陽合德，而剛柔有體，以體天地之撰，以通神明之德。」（《周易・繫辭下傳》）易理說出作生萬物與保康萬民的根源，它的構成元即為乾坤：「乾坤其易之蘊邪：乾坤成列，而易立乎其中矣。乾坤毀則無以見易。易不可見，則乾坤或幾乎息矣。」（《周易・繫辭上傳》）易是那形而上的道，乾坤就是形而上之道得以具象化的媒介。因此乾坤構成形上世界與形下世界的媒介。〔註 19〕我們可以說，以乾坤為根元的卦爻象數系統，重新界定了作生與保養萬物群生的根源。

《周易・繫辭上傳》曰：「夫乾，其靜也專，其動也直，是以大生焉。夫坤，其靜也翕，其動也闢，是以廣生焉。廣大配天地，變通配四時，陰陽之義配日月，易簡之善配至德」李鼎祚《周易集解》引宋衷曰：「乾靜不用事，則清靜專一，含養萬物矣。動而用事，則直道而行，導出萬物矣。」乾這個符號原本不必涵有如上的意義，上文的描述更近似對男性生殖機能的比物象類。

至於坤的翕闢：「翕，閉合。闢，開。這是說明象徵『陰』的坤，具有『靜翕』『動闢』而寬柔的性質。」〔註 20〕坤的比物象類很難讓人不聯想女性的生殖器官。因此陰陽兩個基本符號，衍生新義：

「乾道成男，坤作成女。乾知大始，坤作成物。乾以易知，坤以簡能。易則易知，簡則易從。易知則有親，易從則有功。有親則可久，有功則可大。可久則賢人之德，可大則賢人之業。易簡而天下之理得，而成位乎其中矣。」（《周易・繫辭上傳》）比象於男女並非乾坤的終極意義，「乾知大始，坤作成物」提示了生存的根源，「乾以易知，坤以簡能」交待了「啓示」的性能，「易知有親可久的賢德」與「易從有功可大的事業」，擔負起君王刑賞審判的治理工作。這是循著天之「作新民」與「保康民」思想脈絡，所充實的乾坤之義。乾坤這兩個最基本的概念，以陽物與陰物為象形的基礎。乾坤類比男女的生殖器，所以剛柔的寓意也寄託於此兩器官之體質。《易傳》思想沒有淪為生殖器崇拜，是因為乾坤作為符號，而不是實物之親自臨在。乾坤的符號性由它

〔註 19〕張立文，《周易與儒道墨》（臺北：東大圖書公司，1991）頁 7～8。
〔註 20〕黃壽祺與張善文，《周易譯註》（同上）頁 541。

們的象數內涵，得到進一步的說明。〔註21〕

《周易・繫辭上傳》曰：「生生之謂易」，又曰：「乾坤其易之蘊邪：乾坤成列，而易立乎其中矣。乾坤毀則無以見易。易不可見，則乾坤或幾乎息矣。」乾坤陰陽這一對符號根元，它們組合的意義就是易理的眞相，也就是作生大生廣生。此即所謂「生生」之義。

第四節　天　地

「天」在《詩經》、《書經》裡，主要有三大類涵意：

一、作生與監命之天

《詩經・大雅・蕩》：「……天生烝民，其命匪諶。……」烝者，眾也。言眾民之生，乃受天所命，〔註22〕天命是人生的根本，說明眾生生存的基原。人的生命根源已知，但人生所依存的場所何所自呢？

《詩經・周頌・天作》：「天作高山，大王荒之。彼作矣，文王康之。」言上天作此高山，山乃岐山，〔註23〕周民所居。天生眾民，且作高山供人安居。上天既生眾民，又作眾生所依存的場所，但上天並未放任天地間眾生，

《詩經・大雅・烝民》：「天生烝民，有物有則。……天監有周，昭假于下。……」

《詩經・大雅・大明》：「天監在下，有命既集。文王初載，天作之合。……」

上天從未停止監視著眾生，而且此種監視乃上天對下民的監督與宰制。監視的結果是善惡價值的判斷，進而決定了生民的命運。

《尚書・呂刑》：「上帝監民罔有馨香德，……乃命重黎，絕地天通，罔有降格。」

上天是萬民生存的根源，而祂的監督決定了生民存活的狀態。對於如此重要的天命，上天對下民的觀點，人類又如何窺知呢？

《詩經・大雅・文王》：「……上天之載，無聲無臭。儀刑文王，萬邦作孚。」這是針對庶民而言，天威莫測，天命難知，所以眾民須觀看文王的儀

〔註21〕烏恩溥《周易：古代中國的世界圖式》（長春：吉林文史出版社，1989）頁13～15。

〔註22〕王靜芝，同上，頁562。

〔註23〕王靜芝，同上，頁614。

型，遵循其典範生存下去。

《尚書・康誥》：「天畏棐忱，民情大可見。……亦惟助王宅天命，作新民。」而統治者的責任在於承天命，監視民情，進而養民安民。如《詩經・大雅・桑柔》所云：「國步蔑資，天不我將。靡所止疑，云徂何往。」將者，養也。〔註 24〕上天監督下民的生存，生民卻只能互相監觀，從視線的方向可以確認權力的位階。至於上天對下民的監督與主宰，具體的內涵為啟示與審判。

二、導民與罪民之天

《詩經・大雅・板》：「天之牖民，如壎如篪，如璋如圭，如取如攜，……」牖者，道也，言開導之也。壎土製樂器，篪竹製樂器，言其如奏樂相和也。璋為半圭，可與圭相合。圭者，為上圓下方之端玉。〔註 25〕上天啟導人民，如音樂韻律之諧和。就文獻典籍觀之，此實屬古人的理想。

但是上天除了溫和啟導人民，也施嚴酷的手段降喪降罪於民。《詩經・大雅・召旻》：「旻天疾威，天篤降喪。……天降罪罟，蟊賊內訌。……」

對於君王，上天的罪咎審判見於其王朝的存亡絕續，如《尚書・康誥》所云：「天乃大命文王，殪戎殷，誕受厥命。」統治者欲確保天命永在，必須負起審判與啟導人民的責任。而啟導的實際內涵由罪否的結果顯現。

《尚書・康誥》：「……用康保民，弘于天若。……天畏棐忱，民情大可見。小人難保，往盡乃心，無康好逸豫，乃其乂民。」康，安也。弘下宜有覆字，弘覆，保祐也。君長安保人民，上天才會護祐君長。乂民，治民也。〔註 26〕統治者受到上天的監督，上天視其是否能保民安民，決定其政治生命的存亡。如《尚書・康誥》：「惟厥罪無在大，亦無在多，矧曰其尚顯聞于天。」只要一有罪過，上天必會知聞。《尚書・西伯戡黎》所云：「天既訖我殷命，格人元龜，罔敢知吉。非先王不相我後人，惟王淫戲用自絕，故天棄我。」

上天生眾生，作萬物以養眾生。人生天地之間有生生之道，此生生之道由上天啟導下民。上天藉審判王朝的存亡絕續，啟導予君長其所受之天命。君長實現保民治民的使命，以確保天命所在。保民治民的目的在於使上天所

〔註 24〕王靜芝，同上，頁 573。
〔註 25〕王靜芝，同上，頁 560。
〔註 26〕屈萬里，同上，頁 98～99。

生眾民安居於上天所作的大地之上。君王所採取的方法類比於上天，即以罪否達成導民於善的目的，進而建立人間的秩序。

眾民觀君長之審判，獲知天所命之行止規範，共維人間的秩序。君王觀民情趨向以知天命之所歸，此即天對君的審判，由存亡之審判而見天命。人們相信人間的一切，皆在作萬物生眾民的上天之監觀之下，此乃上天對下民的主宰。

三、萬物群生存活的場所與背景

《詩經・豳風・鴟鴞》：「迨天之未陰雨，徹彼桑土，綢繆牖戶。」此為陰雨之天，構成農民耕作的背景。

《詩經・大雅・崧高》：「崧高維嶽，駿極于天。維嶽降神，生甫及申。維申及甫，維周之翰。四國于蕃，四方于宣。」此高天是高山大地的背景，是萬物存在的極限，也是生存視域的邊疆。

《詩經・大雅・旱麓》：「鳶飛戾天，魚躍於淵。」天淵並舉，淵是魚的游躍場所，天也是鳥的飛迴場域。

《詩經・大雅・卷阿》：「鳳凰于飛，翽翽其羽，亦集爰止。……鳳凰于飛，翽翽其羽，亦傅于天。……鳳凰鳴矣，于彼高崗。梧桐生矣，于彼朝陽。……」鳳凰非梧桐不棲，故連言之。〔註 27〕鳳凰是神話中的鳥，所以鳳凰于飛的天變成具有神話色彩的生存場所。

《詩經・大雅・下武》：「下武維周，世有哲王。三后在天，王配于京。」京，鎬京也。〔註 28〕上天也是已逝祖先生存的場所，這是周人的信仰，相信祖先生存在一個超越現世，人們無法親眼觀看的世界，宗教信仰中的生存場域。

乾坤所組織的易理說明了生存的道理，但天地易理的發揮關鍵在於人的理解與運用。如何取代天的「作生」與「保康」。《易傳》顯示人們在困窘死亡孤絕之際〔註 29〕所呼的天，涵意已經大為不同。所以當我們看到《周易・繫辭下傳》：「天地絪縕，萬物化醇。男女構精，萬物化生。」這一段話時，必須回到中國古代「天命觀」的歷史背景，方能突顯其中蘊涵的革命性哲學價值。

「天命」之所以重要，是因為根據信史的記載，天命是古人在生死存亡

〔註 27〕王靜芝，同上，頁 555。

〔註 28〕王靜芝，同上，頁 529。

〔註 29〕杜正勝《編戶齊民》（臺北：聯經出版事業公司，1992）頁 50～60，126～140。戰國爭戰頻仍，戰爭形態改變，新的兵制應運而生。農民原有的親族閭里生存秩序崩解，新的生存秩序與戰亂並生。

之際，對生命意義終極的詮釋，是生命最終的審判。「天地絪緼，萬物化醇。男女構精，萬物化生。」這一段話自朱鼎祚的《周易集解》引虞翻曰：「謂泰上也。先說否，否反成泰，故不說泰。」又曰：「泰初之上成損。艮爲男，兌爲女，故男女構精。乾爲精，損反成益，萬物出震，故萬物化生也。」宗鄭玄的朱鼎祚，引用虞翻之說，我們可以理會這種純從卦象詮釋易理的方式。將這一段話完全以泰否艮兌損益震等卦的卦象來詮釋，或許符合其眞意，但揆諸上下文，我們並不能輕易相信，天地間萬物的生化原理：「天地絪緼」「男女構精」與上述諸卦的卦象有直接的關係。

至於孔穎達《周易正義》從王韓名理一路詮釋此段：「絪緼，相附著之義，言天地無心，自然得一。唯二氣絪緼，共相和會。萬物感之，變化而精醇也。」「言男女陰陽相感，任其自然得一之性。故合其精則萬物化生也。」他強調的是一種後設的玄理，這種「自然得一」的玄理〔註 30〕本來應該由文章中呈現出來，但是「天地絪緼」並無必然導出「天地無心，自然得一」之理，「男女構精」更無必然「任其自然得一之性」。

朱熹《周易本義》雖然似虞翻也從損卦六三爻來看這段話，但是「言氣化者也。化生，形化者也」的詮釋，似乎更近於孔穎達《周易正義》通天地萬物之一氣，玄理的解釋。朱子提出「氣」的概念來解釋萬物的化合，應該不是「絪緼」「構精」唯一的涵意，至少它們的本義都沒有氣化的涵意。

王船山《周易內傳》曰：「互相爲體而不離氣生形，形還生氣，初無二也。」這種氣形原於初一的觀點，未嘗不是後設了一種玄理。另一方面，船山又從艮兌泰否損益等卦解釋這一章。總之，其詮解之道仍不脫綜合鄭、王二家之說的軌跡。

尙秉和《周易注釋》則再以卦象解釋：「損六三爻義。少男少女，爻無不交。艮爲天。坤爲地，爲萬物。震爲生。未交則陰陽分，既交則陰陽合德。」把艮解釋爲天，並非唯一且必然的解釋。揆諸《周易・說卦》，「艮」卦多釋爲「山」爲「止」，而「乾」爲天。可見釋艮爲天，在通行的周易詮釋系統中，並非普遍及唯一的解釋。張立文《周易帛書今注今譯》對於「根（艮）」卦更有精詳的探討。〔註 31〕根與艮同聲系，古通假。艮在彖傳、說卦傳、序卦傳、

〔註 30〕熊十力《乾坤衍》收於蔡尚思《十家論易》（同上）頁 828～832。堅守一元實體，內在萬物之說。

〔註 31〕張立文，《周易帛書今注今譯》（臺北：學生書局，1991）頁 141～2。

雜卦傳並曰「艮，止也。」段玉裁《說文解字注》：「目相匕，即目相比，謂若怒目相視也。」高亨《周易古經今注》則從「艮」的字形，分析它爲目與匕的組合，匕是「人」之反文，因此有「顧」的意思。

將艮卦解釋爲天，無論從經傳，古注，或者文字學的角度來看，都難以索解。我們頂多只能歸諸詮釋者的玄學理解，以及這一詮釋系統的傳承。宋祚胤《周易經傳異同》則說這是樸素唯物主義的萬物生成說。〔註 32〕「唯物主義」云云，總擺不脫外來哲學系統的干擾，欲以《周易》經傳以外的思想脈絡，隨意移植於經傳本義之上。在「唯物主義」大纛之下統有西方數千年思想的流變，但卻未必與與東周哲人的思想有關，逕以「樸素唯物主義」解釋兩周天論思想，似有未安。

即使《易傳》作者並非一人，即使作者多人並非一家，〔註 33〕但就其對後世造成一體之印象而言，我們仍然可以嘗試以《易傳》解《易傳》，尤其以《易・繫辭傳》解《易・繫辭傳》。若以傳解傳，「天地絪縕，萬物化醇。男女構精，萬物化生。」首先可以從天地與男女的對比，一探天地的眞意。天地類比於男女，具有擬人的意涵。來知德《周易集注》主張此處男女乃泛指生物的雌雄，也就是將天地萬物皆納入雌雄女男的性別分類之中去思考。這種將天地類比爲男女兩性的思想，意在比擬男女交合生育的生理現象。但是陰陽兩爻的涵意，不只停留在具象的生理類比，所以下文再疏釋陰陽。

第五節　陰　陽

卦爻象數的形構基礎乃從陰陽之象發端，《周易・說卦》曰：「觀變於陰陽而立卦，發揮於剛柔而生爻。」由甲骨文與金文的字形觀之，陰陽造字的形構與光影的明暗有關。

《詩經・大雅・公劉》云：「篤公劉，既溥且長。既景迺岡，相其陰陽。觀其流泉，其軍三單。度其隰原，徹田爲糧。度其夕陽，豳居允荒。」陰陽

〔註 32〕宋祚胤，《周易經傳異同》（長沙：湖南師範大學，1991）頁 344。

〔註 33〕關於易傳的年代與作者，議論甚夥，然非本文重點。蓋因即使易傳出於不同時代，哲學理念不盡相同之多位作者，並無損其對後世所造成的整體印象。朱伯崑曰：「我國古代哲學，就其所依據的思想資料說，影響深遠的有四種類型：《周易》、《四書》、《老子》、《莊子》，佛教典籍。」「從《易傳》開始，方爲儒家哲學提供了一個較爲全面但尚很粗糙的體系。」《易學哲學史》上冊（北京：北京大學，1989）前言，頁 4～5。

在這章詩裡，指陽光下地形的迎光或背光。〔註34〕周人追想先祖公劉開疆闢土的歷史，公劉既據日影以定其南北方向，又登高觀望形勢，視其陰陽向背，以爲營居之宜。由光影的向背視察合宜的地形，以決定居住與墾殖之地。

《詩經・大雅・桑柔》云：「既之陰女，反予來赫。」據王靜芝《詩經通釋》：「陰，覆蔭也。陰，音蔭。女讀爲汝。」陰作爲動詞，也是從遮住陽光造成的陰影而來。

《春秋左氏傳》僖公二十八年所云「漢陽諸姬」，以及《春秋公羊傳》僖公二十二年又云「戰于泓之陽」，綜合上引《詩經》章句，我們可以肯定「山南水北爲陽」「山北水南爲陰」的注釋。陰陽從天光照射大地之上，因山水地形之向背來定義。根據上述引證，《易傳》所云，觀象取法天文地理，顯然符合作易的原則：

> 古者包犧氏之王天下也，仰則觀象於天，俯則觀法於地，觀鳥獸之文，與地之宜。近取諸身，遠取諸物。於是始作八卦，以通神明之德，以類萬物之情。

「在天成象，在地成形，變化見矣。」（《周易・繫辭上傳》）這裡所謂「變化」，不可離天地象形而言，更不可忽視陰陽所立之象。《周易正義》有云：「變，謂後來改前，以漸移改，謂之變也。化，謂一有一無，忽然而改，謂之爲化。」至於《周易・繫辭上傳》曰：「變化者，進退之象也。」韓康伯注曰：「往復相推，迭進退也。」可以想像，變化是光影在地上陰陽明暗的推移。

陰陽與乾坤的比類象物關係，也是建立在光影的進退變化之上。或許陰陽變化之象就是「易」的本義，易既非蜥蜴的象形，也不必是「上日下月」的象形。〔註35〕根據甲骨文金文各種「易」之字形，殷商與西周時的「易」，都有容器盛物之象。甚至還有兩容器並列，內容物相傾之象。〔註36〕其他尚有日出地上，光線映耀之象。〔註37〕

所謂乾坤爲易之底蘊，也是從光影的變化之象立言，因爲《易傳》同樣由光線照進門戶與否論乾坤：「是故闔戶謂之坤，闢戶謂之乾，一闔一闢謂之

〔註34〕烏溥恩，《周易：古代中國的世界圖式》（同上）頁12～13。

〔註35〕南懷謹與徐芹庭，《周易今注今譯》（臺北：臺灣商務印書館，1988）頁4～5。

〔註36〕烏恩溥，《周易：古代中國的世界圖式》（同上）頁1～4。

〔註37〕參閱《漢語古文字字形表》（臺北：文史哲出版社，1988）頁374～5。烏恩溥以爲其字形爲前述兩器皿截去一角。（同上）頁2。

變，往來不窮謂之通，見乃謂之象，形乃謂之器，制而用之謂之法，利用出入，民咸用之謂之神。」（《周易‧繫辭上傳》）「闢」或象雙手推門而開，「闔」或象兩戶門以重鎖。門戶推開，光線射進門，即陽之象也，即乾之象也。門戶緊閉，陰暗的門內即陰之象，即坤之象也。

但是《易傳》並非相信，天地分別是陽性與陰性兩個生物，或者天地具有什麼生物性形象的生物神。《周易‧繫辭上傳》又曰：「天數五，地數五，五位相得而各有合。天數二十有五，地數三十，凡天地之數五十有五，此所以成變化而行鬼神也。」天地的內涵由「數」而定，〔註 38〕以數取代生物性類比可能帶來的，對生物個體的執著與想象。此即《周易‧繫辭上傳》所謂：「極其數，遂定天下之象。」

天地的內涵是數，而不是屬於特定族群的族神圖騰。〔註 39〕數的性質使天地獲得，超越個人與族群信仰之上的超越地位。天地之數如何可以成變化而行鬼神呢？以數為本質的天地萬物，以八卦的形式排列組合，詮釋天地萬物存在的秩序，並決定其價值的位階。《周易‧繫辭上傳》：「大衍之數五十」「乾之策，二百一十有六。坤之策，百四十有四，凡三百有六十，當期之日。二篇之策，萬有一千五百二十，當萬物之數也。」根據朱鼎祚所輯，荀爽曰「乾之策」「坤之策」就是指「陽爻之冊」與「陰爻之冊」，也就是說，天地萬物由數理所生成變化，數理則由陰陽兩爻的排列組合發端，其發展演化的規範則是八八六十四卦。

天地一轉為數，再轉為乾坤，天地萬物之間作生與保康的根源，不是傳統的人擬化的天，而是具有數理性質〔註 40〕的乾坤。一切的生成變化皆原自陰陽兩爻的排列組合的數理，《周易‧繫辭上傳》所謂：「一陰一陽之謂道。繼之者，善也。成之者，性也。仁者見之謂之仁，知者見之謂之知，百姓日用而不知，故君子之道鮮矣。顯諸仁，藏諸用，鼓萬物而不與聖人同憂，盛德大業至矣哉。富有之謂大業，日新之謂盛德，生生之謂易。成象之謂乾，效法之謂坤。極數知來之謂占，通變之謂事，陰陽不測之謂神。」

〔註 38〕烏恩溥《周易：古代中國的世界圖式》（同上）頁 75～88。論易與算學，頗具數學趣味，能明易傳之所謂數也。

〔註 39〕李杜，《中西哲學思想中的天道與上帝》（臺北：聯經出版事業公司，1991）頁 14～15。

〔註 40〕方東美《生生之德》（臺北：黎明文化事業公司，1989）頁 22～29。方氏嘗試以現代邏輯的手續，闡釋六十四卦的產生。

朱熹《周易本義》詮釋「一陰一陽之謂道」:「陰陽迭運者，氣也。其理則所謂道。」仍然繼承韓康伯的玄理詮釋，以「氣」作為那一以貫之的道理，統一陰陽之間明顯的對立。黃壽祺《周易譯註》承襲朱熹的觀點，以事物矛盾對立、互相轉化的自然規律解之。宋祚胤《周易經傳異同》更從宇宙基本功能說陰與陽的「樸素唯物論」，從陰陽的矛盾統一說「朴素辯證法」。他由此說繫辭傳的「道」是樸素辯證唯物主義。

撇開韓康伯以虛無本體詮釋「一陰一陽之謂道」，以及近代西方辯證唯物論詮釋陰陽和合之易道，此句陰陽之義，其實須從天地萬物化生說起。而天地化生之功，託於象數，前文已有議論。因此不必虛懸一異論玄理，即從陰陽之所象論道可矣。

陰陽在《周易》經文中，並無直接以之詮釋卦爻者。唯有〈繫辭傳〉較多以陰陽說《易經》者。「子曰：乾坤其易之門邪？乾，陽物也。坤，陰物也。陰陽合德，而剛柔有體，以體天地之撰，以通神明之德。」(《周易・繫辭下傳》)說得非常明確，將乾坤以陰陽來詮解。李鼎祚《周易集解》引荀爽曰：「陰陽相易，出于乾坤，故曰門。」王船山《周易內傳》論此極為的當：「易統六十四卦，而言所從出曰門。有形有象而成乎事者，則可名為物，謂爻也。」陰陽乃用以說明組成乾坤兩卦的卦象者，它們的特質在於有形有象，便於我們具體地去辨認它們的存在。藉著陰物與陽物具體的形象，我們得以推理乾坤。乾坤的的卦象分別由六陽爻六陰爻組構而成，充分展現了形構六十四卦的兩個基本形象元素。

以陰物陽物象徵「體天地之撰」的六十四卦，強調的無疑是兩者結合所實現的生殖性能。《易傳》以陰物陽物交合的生殖性能，啓發我們對於《周易》的理解，強調易道的「生生」之理。所謂：「昔者聖人之作易也，幽贊於神明而生蓍。參天兩地而倚數，觀變於陰陽而立卦，發揮於剛柔而生爻，和順於道德而理於義，窮理盡性以至於命。」《周易・說卦》有趣的地方在於生殖性能的確定內涵，卻是具有超越性與抽象性的「數」。一陰一陽之道，生生之易乃數理的運動也。

黃壽祺與張善文《周易譯註》曰：「先有卦象，後有蓍數，再以蓍數演筮卦象。」這與《左傳》「僖公十五年」載韓簡云「物生而後有象，象而後有滋，滋而後有數」之說相合，因此正義指出：「數從象生，故可用數求象」。〔註41〕

〔註41〕黃壽祺與張善文，《周易譯註》(上海：上海古籍出版社，1992)頁614～5。

陰陽是形構六十四卦的基本形象，它們在一卦六爻之中排列組合的計算，構成了六十四卦。所以如果不論象數，其根本精義就是陰陽交合的生殖性能。陰陽是立卦的基本元素，有陰陽始可發揮剛柔，和順道德，窮理盡性。由是導出生命哲學的美好理想。〔註 42〕

第六節　時　光

「時」指稱六爻的「初、二、三、四、五、上」六位所象光陰的腳步（甲骨文與金文，時由日頭，以及一隻背日而行的腳所構成）。究其實，乾坤之象，乃關乎光影陰陽之變，《周易・繫辭下傳》所謂：「夫乾，確然示人易矣。夫坤，隤然示人簡矣。爻也者，效此者也。象也者，像此者也。」「確」字據朱駿聲所考，作「塙」。高崇之土，在古老的黃土原上，迎接自地平線昇起的陽光，映現光線的變化，即謂之確。確應該是明確之意，剛健之說應是引伸衍義。「隤」在《詩經・周南・卷耳》：「陟彼崔嵬，我馬虺隤。」虺隤謂馬病也，崔嵬乃山高也，馬病，頹然欲下，不能登高也。所以「隤」應是相對「確」的隆起，頹然下陷也。下陷之地，光線有間矣。陽爻象光線直達明照，陰爻象光有間矣。

由甲骨文與金文的字形觀之，陰陽造字的形構與光影的明暗有關。《詩經・大雅・公劉》：「篤公劉，既溥且長。既景迺岡，相其陰陽。觀其流泉，其軍三單。度其隰原，徹田爲糧。度其夕陽，豳居允荒。」陰陽在這章詩裡，指陽光下地形的迎光或背光。〔註 43〕

《詩經・大雅・桑柔》：「既之陰女，反予來赫。」陰作爲動詞，也是從遮住陽光造成的陰影而來。《春秋左氏傳》僖公二十八年所云「漢陽諸姬」，以及《春秋公羊傳》僖公二十二年「戰于泓之陽」，綜合上引《詩經》章句，我們可以肯定「山南水北爲陽」「山北水南爲陰」的注釋。陰陽從天光照射大地之上，因山水地形之向背來定義。觀象取法天文地理，顯然符合《周易・繫辭下傳》所言作易的原則：

> 古者包犧氏之王天下也，仰則觀象於天，俯則觀法於地，觀鳥獸之文，與地之宜。近取諸身，遠取諸物。於是始作八卦，以通神明之德，以類萬物之情。

〔註 42〕方東美《生生之德》（同上）頁 291～2。
〔註 43〕烏溥恩，《周易：古代中國的世界圖式》（同上）頁 12～13。

從光影的有冇，時間的流程，演繹出陰陽乾坤天地的綿密生存網絡，陰陽乾坤的原始涵意易於抽象，成爲更具詮釋力的表述媒體。以視覺形象的光影變化，標誌非視覺形象的時光流轉，數乃其最佳的表意媒介。

第七節　數

我們在《易傳》裡看見了傳統天命觀的變革，天與地並稱然後轉爲更簡約抽象的乾坤概念。《易傳》復以陰陽表述乾坤的內涵，而陰陽的意義回歸於時光的範疇。時間的度量轉出數的機制，所以我們接下來嘗試演繹《易傳》所示數的運算與吉凶之辭的關係。在〈象傳〉之中已界定了卦的基本元素，陰陽兩爻。「陰」：爻之偶者，「坤」初六象傳：「陰始凝也。」「柔」：即陰也。亦稱「小」「小人」「小子」「女」「賤」「順」。

「陽」：爻之奇者，「乾」初九象傳：「陽在下也。」「剛」：即陽也。亦稱「大」「君子」「丈夫」「男」「貴」。

「交」：稱陰陽雜也。亦稱「文」。「外內」：上卦曰外，下卦曰內。「往來」：之外稱往，稱上行，稱進。反內曰來，曰下下。自下漸上曰「長」。以陰陽兩爻，乾坤二元，作爲構成萬物秩序的根元，從光影有冇比類象物，應該回歸象數的原理，所謂「極其數，遂定天下之象。」因爲任何生殖器崇拜的聯想，或者將物象擬人化的企圖，甚或與封建禮制的附會，皆必須面對《周易》二元六次方的數學形構。我們將發現：不管後人如何牽強附會陰陽二元的涵意，在營建《周易》六十四卦、三百八十四爻的秩序中，它們終究只是一組足以別異的數碼而已。由下述《周易》演算法的論述，我們將可以堅定地確認「象」的「時物」內涵，並以此映現出諸種背離《周易》本旨的論述寓意何在。

《周易》的數學形構，由一棵完全二元樹發其端：

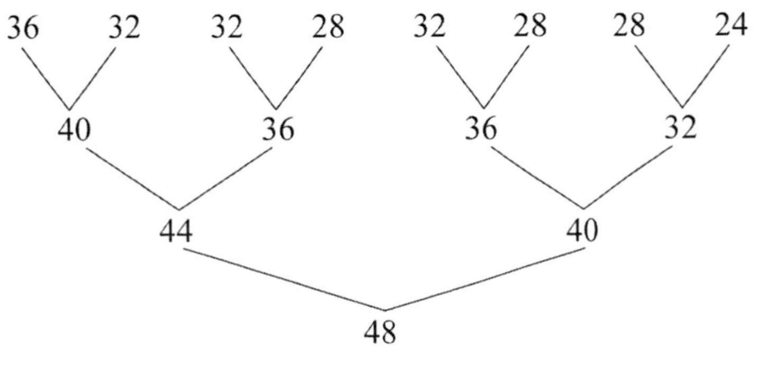

這棵完全二元樹，顯示少陰（32）少陽（28）的機率各是八分之三，老陰（24）老陽（36）的機率則各只有八分之一。變爻的機率遠小於不變之爻。

其實就筮法而言，這棵完全二元樹的數目，未必需要「大衍之數五十，其用四十有九。」「掛一以象三」，以形成四十八這個數目，作爲演算的起點。所以這棵樹也可以表示如下：

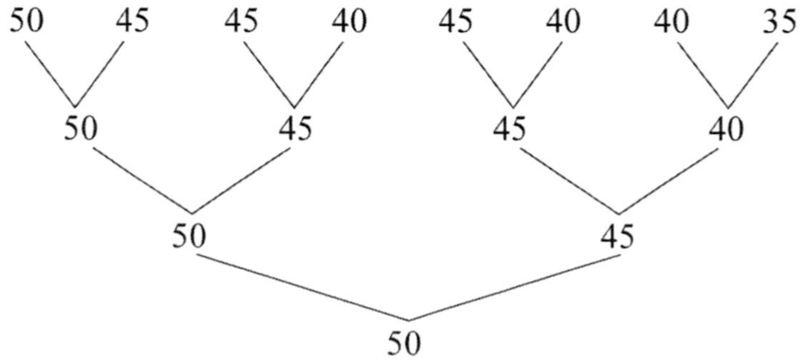

此即所謂：「大衍之數五十，其用四十有九。分而爲二以象兩，掛一以象三，揲之以四以象四時，歸奇於扐以象閏。五歲再閏，故再扐而後卦。」「是故四營而成易，十有八變而成卦。八卦而小成，引而伸之，觸類而長之，天下之能事畢矣。」（《周易・繫辭上傳》）

如此則規定老陰＝35 老陽＝50 少陰＝45 少陽＝40。所以《易傳》筮法所象之義，自然只代表作者意圖，而未必是數目本身所具有的神聖力量，或內蘊的理則。

筮法其實是取餘數的演算法：

1. 取可被 m 整除的數 n，m，n 屬於自然數系 N
2. 將 n 分爲二份，得數 n1，n2
3. 取 n1／m，n2／m，餘數相加，得 0 或 m（或 2m）
4. 減去餘數後，重複 2 至 3 項之演算
5. 再次減去餘數，重複 2 至 3 項之演算
6. n 減三次餘數相加和數，爲 n'＝n，n' = n – m，n' = n – 2m，n' = n – 3m（或 n' = n – 4m，或 n' = n – 5m，或 n' = n – 6m）

十有八變而成六爻。由陰陽兩爻構成的二元，如何排列組合，將有二的六次方種組合。加入六爻序位的條件，六十四種可能的組合即成六十四卦。

六十四卦所啓示的六十四種生存處境，對於人預測未來，尋求自處之道而言，無法只由二的六次方的數字獲得實質的啓示。如果遵循陰陽兩爻與六爻序位的原則，下述的公式或許才能夠幫助人測定未來可能的遭遇：

$$i6*2^5 + i5*2^4 + i4*2^3 + i3*2^2 + i2*2^1 + i1*2^0 = \triangle$$

$i = 0$ 或 1，$\triangle$=0～63

如果以陰爻爲 0，以陽爻爲 1；常數項：二的零到五次方代表初爻至上爻的位序；則乾卦得數爲 63，坤卦爲 0，屯卦得數 17。

所以陰陽兩爻並非表現遠古部族的生殖器崇拜，而是從聖人作易的理則觀之，表現象數形構中的兩元。《易傳》作者以爲易的形構發端於陰陽之象，由陰陽兩爻的六次方，形成六十四卦。至於「六次方」的來歷，如《周易．說卦傳》歸諸：

> 昔者聖人之作易也，將以順性命之理，是以立天之道，曰陰與陽。立地之道，曰柔與剛。立人之道，曰仁與義。兼三才而兩之，故易六畫而成卦。分陰分陽，迭用柔剛，故易六位而成章。

陰陽兩爻之所以能由六次方，構成六十四卦的原因，就基於天地人三才之道。在三才之道中，陰與陽是所以立天之道。所以陰陽的意涵不是只有陰物陽物，指謂性器那麼簡單，它們是所以立天之道的兩種勢力的象徵。而此處的天，亦非孤立獨尊的上天，而是天地人三元並立，與地與人對較而言者。由此，我們可以回到最初論「天地絪縕」的詮釋，天與地與人並言，共同以象數說明天地萬物的存在。

第八節　六　爻

一、六爻時物

陰陽比類象物的發展，以至於完全背離了實指的光影，甚至還被賦予作生保民的性能，顯示立象之道首在捨實就虛，以假作眞。所以象數系統的進一步發展，把天象地形從現實抽離出來，變成足以表述超越萬物之「道」的媒體。而陰陽變化之道，在其生生之易中隱然形成了價値的極則，〔註 44〕

〔註 44〕方東美《原始儒家道家哲學》（臺北：黎明文化事業公司，1987）頁 158～161。

《周易・繫辭上傳》所謂：「一陰一陽之謂道。繼之者，善也。成之者，性也。」

乾坤陰陽變化對生命的保存，延續，以及擴展，神妙莫測「仁者見之謂之仁，知者見之謂之知，百姓日用而不知，故君子之道鮮矣。」對一般人而言，知其然而不知其所以然，只有聖人君子可以窺之一二，卻未能普及。「顯諸仁，藏諸用，鼓萬物而不與聖人同憂，盛德大業至矣哉。」是否普及，並不妨礙人們的受用。「無憂」或許是庶民的特權，但是聖人卻有一種特別的憂患，產生一種不平凡的使命感，所以想認知形而上的道，據之成就形而下的器物世界，並且預期了在這個形下世界的盛德大業。

《周易・繫辭上傳》曰：「一陰一陽之謂道。繼之者，善也。成之者，性也。」《易傳》以陰陽作為詮釋形而上之道的元素。而且依此界定了善與不善，詮釋「性」的涵意。所謂善性不是靜態的性質描述，而是對陰陽合和之道的繼成。繼成不是空洞的說辭，就聖人而言，繼成生生易道的盛德大業，在於成象效法。成象效法則能極數知來，通權達變。

《周易・繫辭上傳》曰：「富有之謂大業，日新之謂盛德，生生之謂易。成象之謂乾，效法之謂坤。極數知來之謂占，通變之謂事，陰陽不測之謂神。」聖人繼成易道，成就善性，關鍵在於乾坤兩根元所構成的象數系統，所以在說明陰陽兩爻的涵意之後，必須繼續解明如何以陰陽兩爻，構成六爻成畫的卦：

> 大衍之數五十，其用四十有九。分而為二以象兩，掛一以象三，揲之以四以象四時，歸奇於扐以象閏。五歲再閏，故再扐而後掛。(《周易・繫辭上傳》)

四十九是奇數，任意分而為二，以象徵天地兩儀，必定有一奇與一偶。從奇數群或偶數群任抽一根，以象徵天地人三才，則兩群可能因此皆為奇為偶。左右兩群皆以四根一束分，以象徵四季。如此先以右手取左邊除四所餘的蓍草，掛於無名指與中指之間，以象徵三年一潤。再以左手取右邊一群除四之後的餘數，掛於中指與食指之間，以象徵五年再潤。將掛於左手的蓍草取出，非五即九，此為一變。

《周易・繫辭上傳》曰：「乾之策，二百一十有六。坤之策，百四十有四，凡三百有六十，當期之日。二篇之策，萬有一千五百二十，當萬物之數也。是故四營而成易，十有八變而成卦。八卦而小成，引而伸之，觸類而長之，天下之能事畢矣。」

一變之後再合左右兩群爲一，復任意分爲兩群，重復前述的步驟，再將左手間所夾蓍草取出，此即第二變。再重復爲之，此即第三變。三變之後，再合左右兩群蓍草合之，其數如三十六爲老陽，三十二爲老陰，二十八爲少陽，二十四爲少陰。〔註45〕三變得一爻，十八變得六爻，六爻成一卦。

以上成畫得卦的方法，妙在以一種複雜的重複選取過程，似乎確保機會的均等。誰的機會均等？占卦者在六十四卦之前，詮釋命運的均等機會。但是得到變卦的機會，實低於不變之卦。《易傳》生生與保生的價值判準，隱涵於象數之中矣。上述方法使占卜者盡量給六十四卦一個均等的機會，出現在他命運的十字路口，解釋他的未來。至於六十四卦的形成，顯然是因陰爻陽爻二元，在卦的六爻位所遭遇的六次抉擇的結果。因爲每一組合都包含六次二選一的排列，所以它的結果就是二的六次方，亦即六十四種排列組合。

把命運的詮釋歸諸數學裡排列組合的規律，而不是任由握有詮釋權的君王或巫師師心自用，或迷信不可測的偶然遇合。在用以詮釋天地變化的符號裡，注入數的客觀精神，《周易・繫辭上傳》曰：「天數五，地數五，五位相得而各有合。天數二十有五，地數三十，凡天地之數五十有五，此所以成變化而行鬼神也。」天地作爲生存根源，以及價值終極，已如前述。而天地的數學性格，使得我們得以從客觀規律去想像生存的根源與價值的極致。

除了上述排列組合的規律，另一個決定六爻之義的原則就在於乾坤。乾坤所指的是陽爻陰爻，《周易・繫辭下傳》曰：「夫乾，確然示人易矣。夫坤，隤然示人簡矣。爻也者，效此者也。象也者，像此者也。」爻在一卦中不同的位，都有兩種可能，亦即陰陽。陰爻陽爻因此成爲一卦最基本的符號。

其次必須說明爻位的意義，《周易・繫辭上傳》曰：「易之爲書也，原始要終，以爲質也。六爻相雜，唯其時物也。」《周易》作易的原理，推求事物的原始，掌握事物的終極。所以六爻的形構有兩個要點：時與物。

「時」指稱六爻的「初、二、三、四、五、上」六位所象光陰的腳步，陽爻就象徵有光有陰，陰爻則象徵冇光有陰。「物」是我們從事的活動。六爻的形構原則即「時」「物」的結合：順著光照大地，光影陰陽的變化從事於物也。」〔註46〕

〔註45〕南懷謹與徐芹庭《周易今註今譯》（同上）頁400。
〔註46〕方東美《生生之德》（同上）頁289～292。方氏指出，《易經》乃是一種「時

二、六爻之義

歷代解經者推崇時中之義，頗多美化理想之語。所謂「時」者：爻位相似而吉凶有別者，多以卦之時義而不同也，可證時之義確實具有較高之位階。例如：

「乾」〈彖傳〉曰：「六爻時成，時乘六龍以御天。」

「蒙」〈彖傳〉曰：「蒙亨，以亨行，時中也。」

「遯」〈彖傳〉曰：「剛當位而應與時行也。」

「損」〈彖傳〉曰：「損益盈虛，與時偕行。」

「益」〈彖傳〉曰：「凡益之道，與時偕行。」

「升」〈彖傳〉曰：「柔以時升。」

「艮」〈彖傳〉曰：「時止則止，時行則行，動靜不失其時，其道光明。」

《易傳》中所謂「物」，推廣而言，卦爻所象者乃人從事所需資材、從事之歷程、從事之產物，此亦謂之「物」。自我觀之，天地間皆他「物」也。自天地統觀之，則天地之間，無分主客，皆萬物也。能構成六爻位的「物」，必須具有動與變的特質。所以物也者，應非指靜態的物象，〔註 47〕而是與時俱變的，從事於物的歷程與結果。

一旦從事於物，在初爻所象徵的時位，一切變數尚難預知，而上爻所象之時位，則事物已歷盡一個階段歷程，一時的成敗已見。初爻與上爻則象徵從事於物的本末始終。

至於中爻則在於說明事物發展的過程中，諸爻間交錯複雜的影響。關於中爻的說法，《周易集解》引崔憬之說，以為中爻指二三四五。《周易正義》則主張，中爻指二、五爻，以其居上下卦之中。事物整體的發展，包藏難測的吉凶。欲知其中趨吉避凶之道，可以從中爻下所繫的判斷之辭窺之。「噫亦要存亡吉凶，則居可知矣，知者觀其彖辭，則思過半矣。」

第二爻與第四爻，陰陽功能相同，但上下爻位不同，《周易．繫辭下傳》曰：「二與四，同功而異位。其善不同。二多譽，四多懼，近也。柔之為道，不利遠者，其要無咎，其用柔中也。」二多譽與四多懼，說明了這兩爻爻位的差異所在。「譽」與「懼」並非眞正相對概念，「譽」說明了客觀的處境，「懼」

間論」的導論，引伸出一套形上學，藉以解釋宇宙秩序。

〔註 47〕屈萬里《周易集釋初稿》（臺北：聯經出版事業公司，1985）三之二十六。屈氏以「事」詮「物。」

則是主體的意識。爲什麼上下位產生善與不善之異？遠近觀念的提出，說明了六位之中，除了上下之外，應該還有一個供各爻位決定遠近的核心，注釋者多以爲指第五爻而言。四爻近五爻之位，故多懼。因爲如果五爻象徵君位，四爻象徵臣子之於君父，所以因天顏咫尺而多懼也。

《易傳》對此的解釋，以距離遠近判斷善否，是否涉及第五爻的君位象徵，尚有議論空間。因爲上承「時物」的涵意，遠近或許是由始終本末來決定的。所以就二四所代表的陰柔之位而言，越是遠行，其不利越多，憂懼越多。所以離初始較遠的四爻之位，事物推展的較遠，不能確定的影響越多，因此越不利，因不利故應多懼。事物初興，處事得當而多得讚譽，事物已興而位處陰柔，難以著力故不利而多懼。這或許是從時與物立象，可以有的另一種解釋。最重要的是，它符合陰陽時物這一套原則。

第三爻與第五爻循著同一原則，當事物的發展度過初興時的盛世，前途多有不測，主體卻秉其陽剛之位行事，難免多凶也。《周易・繫辭下傳》曰：「三與五，同功而異位。三多凶，五多功，貴賤之等也。其柔危，其剛勝邪？」第五爻位雖亦屬陽爻之位，但事物發展至接近完成，則多功亦屬允當。此時立於陽剛之位，亦其時也。從時物立言以說明吉凶，或貴賤，我們可以參考「天尊地卑，乾坤定矣。卑高以陳，貴賤位矣。動靜有常，剛柔斷矣。方以群分，物以類聚，吉凶生矣。在天成象，在地成形，變化見矣。」（《周易・繫辭上傳》）

吉凶貴賤的判斷標準，在於天地設位的時序之中，陰陽兩種形構要元在六個位階出現時，相關時位所產生的交互影響。這就是《周易・說卦》所謂：「昔者聖人之作易也，將以順性命之理，是以立天之道，曰陰與陽。立地之道，曰柔與剛。立人之道，曰仁與義。兼三才而兩之，故易六畫而成卦。分陰分陽，迭用柔剛，故易六位而成章。」天地人三才之道，各象徵兩項原則，於是構成六位的原動力，形構六爻時物變化的定位標的，所謂三極是也。「變化者，進退之象也。剛柔者，晝夜之象也。六爻之動，三極之道也。」（《周易・繫辭上傳》）三極之道說明《易傳》啓示的終極原理。

《周易・繫辭下傳》曰：「。六者非它也，三才之道也。道有變動，故曰爻。爻有等，故曰物。物相雜，故曰文。文不當，故吉凶生焉。」乾坤闢闔爲易道生生之根元，故於雜述六爻時位之後，且以《周易・文言傳》闡明六爻象數時物的眞際：

初九，最初最下的陽爻，經曰：「潛龍勿用。」〈文言傳〉曰：「龍，德而隱者也。不易〔註 48〕乎世，不成乎名。」經文以龍的形象詮釋陽爻初九的象徵涵意，〈文言傳〉以人事來詮釋龍的象形，正好符合前述「時物」的詮釋原則。就從事於物的時序而言，初爻表示事物的發端，而陽爻在陽爻之位的涵意似乎並不明顯。

初六，最初最下的陰爻，經曰：「履霜，堅冰至。」〈文言傳〉曰：「其所由來者漸矣。由辯之不早辯也。」沒有龍的象形，但是仍然保有人事的詮釋。從積善有遺慶，積不善有遺殃來警戒事物的發端。所以我們得到「時物」原則的另一個實踐，亦即慎始也。

比較乾坤兩卦的初爻，爻位的陰陽並未影響〈文言傳〉的詮釋。而決定爻位的還是由「天地定位」所設定的相對地位，再加上人從事於物的歷程類比其時序，共同決定初爻之位的涵意。

九二，陽爻在第二爻位，經曰：「見龍在田，利見大人。」〈文言傳〉曰：「龍，德而正中〔註 49〕者也。庸言之信，庸行之謹。閑邪存其誠，善世而不伐，德博而化。」〈文言傳〉仍然從人事上詮釋龍的形象，因此顯示第二爻位的特質。從時物的位階時序觀之，事物的發展由隱而顯，正當初興而爲人注目之時，行事的原則還是相當斂抑的。同樣我們無法從爻位的陰陽，論斷行事的原則。

六二，陰爻在第二爻位，經曰：「直、方、大。不習無不利。」〈文言傳〉的詮釋仍依人事立論：「君子敬以直內，義以方外。敬義立而德不孤。」〔註 50〕自坤卦第二爻觀之，我們可以確認爻位的屬性，建立在人從事於物的時序上。主人行至第二爻位，無論陰陽皆以敬慎內省爲尚。

九三，陽爻在第三爻位，經曰：「君子終日乾乾。夕惕若厲，無咎。」〈文言傳〉曰：「君子進德修業。」「是故居上位而不驕，在下位而不憂。故乾乾

〔註 48〕屈萬里《周易集釋初稿》（同上）一之五。引「群經平議」釋「易」爲「施」，曰「不施於世也」。尚秉和《周易尚氏學》（鄭州：中州古籍出版社，1994）頁 13。尚氏案諸《孟子》：「易其田疇。」而趙崎云：「易，治也。」論斷初潛在下，與世無涉。不從「變易」解「不易乎世」，應該更符合「時物」的內涵，否則事物甫一發動，即曰「德操堅定，不爲時人所轉移。」豈能與易之時義相契？

〔註 49〕程頤《伊川易傳》曰：「在卦之正中，爲得中正之義。」即使崇尚義理的宋儒，也以爻位詮釋「中正」這個充滿後人道德性修飾附麗的概念。

〔註 50〕高亨《周易大傳今注》（濟南：齊魯書社，1987）頁 85。此處的「敬義」頗易令人視之爲道德理想的實踐，高氏的詮釋卻令其繫於吉凶利害的考究。

因其時而惕，雖危無咎矣。」所謂危者，乃自從事於務的時序與位階立言。從時序來看，事物發展至中段，正應持續努力，以承先啓後，乃事物發展的中繼關鍵也。從位階來看，主人的地位隨著事物逐漸興盛，正處於貴賤之中介，他必須以不確定的權位，處理來自上位的命令，以及來自下位的期待與依賴，此所謂危也。君子進德修業的教訓，意謂著「時物」原則的實踐。

六三，陰爻在第三爻位，經曰：「含章可貞。或從王事。無成有終。」〈文言傳〉曰：「陰雖有美，含之以從王事，弗敢成也。」此第三爻位的詮釋，與乾卦的第三爻位相比，並無不同。差異只存乎象徵主體的陰爻陽爻而已。在第三位，雖有美卻含之以從事，其危懼之情不殊於其居乾卦之第三爻位。

九四，陽爻在第四爻位，經曰：「或躍在淵，無咎。」〈文言傳〉曰：「上下無常，非為邪也。進退無恆，非離群也。君子進德修業，欲及時也。」上下乃從位階立言，進退則從時序觀之，重點仍從人事立論，講究的是從事於物的行事原則。

六四，陰爻在第四爻位，經曰：「括囊。無咎無譽。」〈文言傳〉曰：「蓋言謹也。」第四爻位的屬性，不脫敬謹的原則，從人從事於物的位階與時序立言也。比較乾坤兩卦的文言，甚至無分象徵主人的陰爻陽爻，一律自其所居時位立言。

九五，陽爻在第五爻位，經曰：「飛龍在天，利見大人。」〈文言傳〉曰：「同聲相應，同氣相求。」「本乎天者親上，本乎地者親下，則各從其類也。」飛龍在天比象居上位而得到同屬性者的親附。天地如果象徵位階，飛龍在天顯示第五爻位的屬性，它是人從事於物所集聚權力的一個高峰，所以〈文言傳〉一再強調，萬物聲氣相應相從的形勢。

六五，陰爻在第五爻位，經曰：「黃裳。元吉。」〈文言傳〉曰：「君子黃中通理，正位居體，美在其中，而暢於四支，發於事業，美之至也。」第五爻位的崇高與重要，不受陰爻或陽爻的影響，而只在於其所象徵的時物之位。比較〈文言傳〉對於乾坤陰陽爻在第五位的比象，其居中領導的貴重寓意十分明白。

上九，陽爻在最上最終之爻位，經曰：「亢龍有悔。」〈文言傳〉曰：「貴而無位，高而無民，賢人在下位而無輔，是以動而有悔也。」最上之位卻非最貴之位，顯示爻位時物的特殊理則。貴賤之等並非單純對應於幾何式的層級，貴而無位所顯示的矛盾，依時物的原則觀之，「貴」指從事者主體在事物發展中積聚的權力,「無位」則說明了第六爻位的價值「非貴」,因其非貴故貴者不得位也。〈文言傳〉以「高」形容此位,卻不許其「貴」,甚至說它是「賢人在下位」,高不等於貴,賢人不在上位,說明上九之位在六位之中雖然是時序的最終,卻不是位階的最貴。〔註 51〕所以六爻之位的形構原則,不是單純地符應依違於現實,反而遵循超越現實發展的價值判準,也就是陰二陽五之中正。「二多譽」「五多功」是也。

上六,陰爻在最上位最終位,經曰:「龍戰于野,其血玄黃。」〈文言傳〉曰:「陰疑於陽必戰,爲其嫌於無陽也,故稱龍焉。尤未離其類也,故稱血焉。夫玄黃者,天地之雜也,天玄地黃。」就〈文言傳〉觀之,歷代注釋頗有歧義,其關鍵在於「疑」,以王弼爲首的解釋,陰盛乃動,見疑於陽故戰。以朱熹爲代表的解釋,以「疑」爲「擬」,謂陰盛則與陽勢均力敵,故必戰也。尚秉和《周易注釋》則據《莊子・達生》與《詩經・大雅》釋「疑」爲「凝」,陰凝陽即陰牝陽,「陰極於亥,與伏乾相遇」,陰陽交合而生生也。

其實無論那一種詮釋,都可以說是建立在「時物」的原則之上。其中所謂陰乃坤卦的陰爻,它在事物發展的時序裡象徵最終的階段。在這個階段,「龍戰于野」,相對於六五的「黃裳,元吉。」象徵血腥的戰亂。兵凶戰危,可以對應六五的大吉。如此說來,上六之位同於上九之位,高而不貴。

比較乾坤〈文言傳〉,六爻之位顯示兩種理則。其一,爲依順現實形勢發展的「時物」原則。其二,爲超越序數一至六的幾何式層級,另定奇陽偶陰的爻位屬性,並將六爻分爲上下兩群,各以其中爻主貴。第五爻位屬陽,第二爻位屬陰,五貴于二,陽貴於陰,但是吉凶卻不如此簡單確定,又需視陰爻陽爻之當位與否而定。當位(中正)與否的判準,可以從《周易・象傳》窺之。〔註 52〕

〔註 51〕程頤《伊川易傳》曰:「九居上而不當尊位,是以無民無輔,動則有悔也。」「上」不等於「尊」,所以六爻位的敘位原則不是什麼封建社會的階級秩序,而是從事於務的時序也。李鼎祚《周易集解》引荀爽言:「在上故貴,失正故無位。」從德與位的符應與否著眼,則將六位視爲貴賤之位,並另立一道德性標準,以判斷得失。君子德位的考究,見於下章。

〔註 52〕陳鼓應《易傳與道家思想》(臺北:臺灣商務印書館,1994)頁 77~84。陳氏將六爻敘位的敬慎從事,說成老子的「反者道之動。」陳氏忽略了老子所謂道之動的形上學意涵,與六爻敘位的現實評估,層次不同。其次陳氏又將易傳的「知進退存亡而不失其正者」附會於老子「知足不辱,知止不殆」。殊不知易傳的知,乃知進退也,非有退無進,一味知止也。六爻敘位反而強調著動靜變由《周易・象傳》我們可充分觀察到，「時物」原則的眞實性，以及一個更高的秩序理想的存在。首先我們比較個別觀之同樣的初九爻（陽爻當陽位），在不同的六爻序列中，評價的差異。

#期待當爻之主體的自我反省（#正常）

隨卦初九，以「從正」釋所以吉，「不失」釋「有功」，從正不失即其評價原則，但未進一步釋「正」。〔註 53〕

臨卦初九，以「志行正」說明此爻之吉。但未進一步釋「正」。

震卦初九，以「恐致福」「後有則」明其吉。

復卦初九，以「脩身」說明「無祇悔，元吉」的原因。

小畜卦初九，以「義」明「吉」。義或不義的判準不明。

賁卦初九，〈象傳〉曰：「義弗乘也。」詮釋行動。義或不義亦不明。

明夷卦初九，再以「義」相期。

#從時物原則立言（#自志向與得志立言#消極不作為）

大有卦初九，亦只以經文「無交」釋「無害」。

噬嗑卦初九，以「不行」釋無咎。消極不行方能無咎。

大畜卦初九，則以消極的「不犯災」說明其得利之因。

履卦初九，以「獨行願」說明其無咎，義亦不明。

泰卦初九，以「志在外」說明「征吉」，內外之分印證時物之序位。

同人卦初九，以「出門同人」說明「無咎」，是從經文引申而來。

無妄卦初九，以「得志」釋「往吉」。

化的活潑也。陳氏僅從相似的用語說易傳與老子的思想相通，似嫌草率。例如文言傳曰「與天地合其德」，陳氏即以之比附於莊子「天道」篇相似的語句。需知《莊子》內篇明言：「天地與我並生，而萬物與我爲一。」（〈齊物論〉）如不能回歸「天地」在兩家哲學中之意義脈絡，而斷章取義，游談無根，實在非常危險。「合德」與「合一」更需辨明其意義上，毫釐千里的差失。

〔註 53〕其實正或不正，在於其當位與否，未有後世所衍繹的道德性。如果人們行事的準則在於趨時當位，並不足以說明其儒學內涵。儒家義理的判準應見於生死交關，以及善惡交戰的臨界情境的抉擇。此所以孔子特別強調「權」的高難度：「可與共學，未可與適道。可與適道，未可與立。可與立，未可與權。」（〈子罕〉）可知孔子非常在乎抉擇的重要性，因爲「義」「利」之辨並非易事。儒學特質應在於其「擇善固執」也。所謂「守死善道」是也（〈里仁〉）。人是否能夠「見利思義」（〈憲問〉）「見得思義」（〈季氏〉）易傳自相關位序定義「二、五」之中正，雖然超越純粹從事物現實發展的思考，但未必就能像孔孟一樣，以成仁取義標示出道德理想。

家人卦初九，以「志未變」說明悔恨消亡的原因。

損卦初九，以與上位合其志，說明無咎之因。

益卦初九，以「不勝而往」明其咎。

#引申經文演繹之

頤卦初九，從經文「舍爾靈龜，觀我朵頤」引申主人行爲之「不足貴」，解明此爻之凶。

離卦初九，引經文重申敬慎以避咎。

大壯卦初九，引申經文，並未說明致「凶」之理，唯以「誠信」作爲處窮之道。

睽卦初九，引申經文說明所以無咎之道。

其次，我們可以嚐試由以下數卦所展現的吉凶判斷，推敲其間秩序的規範：

【乾卦】

乾卦初九，以「陽在下」詮釋「潛龍勿用」所提示的敬慎，足以說明陽爻在初位的形勢評估。亦即涵有「現實形勢不利」的評估。

乾卦九二，以「德施普」詮釋見大人之「利」，可知陽爻在第二位的評估乃是有利。

乾卦九三，以「反復于道」詮釋「惕厲」警戒災危的敬慎，可見陽爻在第三位是充滿警訊的。

乾卦九四，以「進無咎」說明陽爻在第四爻位的形勢評估，審慎樂觀。看不出陽爻在偶（陰）位的不利。重點或許在「進」，若不進或許有悔？

乾卦九五，以「大人造」顯示陽爻在第五位之「利」。其形勢評估顯然有利。

乾卦上九，以「盈不可久」警示陽爻在最上最終之位的「悔」。《周易·繫辭上傳》：「悔吝者，言乎小疵也。」「悔吝者，憂虞之象也。」前者說明客觀形勢，後者說明主體的反省，當「悔」出現時，可以同時意謂客觀形勢的小缺陷，以及主體對此形勢的審視與警惕，而由於主體的敬慎，也使客觀形勢不至於大凶。陽爻在最上最終之位，顯示客觀形勢的小有不利，故宜警戒反省也。至於所以致此的原因，還是在於所謂的「盈不可久」所蘊涵的警戒。盈不可久的詮釋明顯地預設了「時物」的原則，但是它並非平舖的實況，反而提示一種超越現實的考慮。適當的不足，更勝於盈滿的狀態，如此反襯了第五位的形勢得利。並未顯示其利否與陰陽奇偶的關係。

【坤卦】

坤卦初六，以「陰始凝」說明初爻位的形勢。陰當指陰爻，而非由奇偶定陽陰之位。陰始凝可以說只是描述了現實的需要，眞正的原則提示在於「馴」，《周易正義》曰：「馴，猶狎順也。」順服於由霜至冰的規律性，乃是作爲陰爻的主體應行之道。基本上這符合時物的原則。

坤卦六二，以「直以方」「地道光」詮釋陰爻在第二位的行動，得以無不利的原因。〈象傳〉顯然主張主人應有作爲，才能夠達到無有不利的客觀形勢。陰爻即使在第二位，仍然以「地道」的消極馴順爲務。

坤卦六三，「以時發」「知光大」來詮釋陰爻在第三位的形勢裡，應該遵循的行動準則。顯示這一位具有可以發揚光大的利基。

坤卦六四，以「愼」說明處此位之陰爻免於「害」的原因。仍是主體自身的敬愼，使之處於一個可能有害情境，卻能免於害。

坤卦六五，以「文在中」說明「元吉」的原因。中不中可見是吉不吉的判準。此處「中」並無進一步提示，不一定指爻位居上卦之中。

坤卦上六，以「其道窮」詮釋「龍戰于野」的形勢，窮與盈都意謂事物發展的終結，窮比盈更明白顯示負面的評價。

【屯卦】

屯卦初九，「以貴下賤，大得民」說明此爻之利。此處所謂貴下于賤，所謂貴者陽爻初九也，所謂賤者陰爻六二也，二爻位上于初爻之位。由此說明爻位上下之階不具有貴賤之分，貴賤以爻之陽陰定之，陽貴陰賤。從爻的陰陽貴賤立言（亦考慮所處上下之位）

六二，〈象傳〉以「乘剛」說明此爻之難。六二繼初九而成爻，但因其爲陰爻卻居陽爻之後之上，〈象傳〉從爻的屬性剛柔與位序上下，詮釋其難行不進。〈象傳〉又以「反常」輔助說明其難行，常或不常意謂事物的進行，所以判定其難行與否，關乎六二陰爻後于初九陽爻。

六三，〈象傳〉對於此爻的解說，著眼躁進，追逐不已造成困窮。以與六四相比，一無應輔一往應酬，遂分吝與吉利。

六四，〈象傳〉以「求而往」說明吉利的理由。陰爻之主不像六三急進強求，又居上位，事之中後階段，待有求而後應，故吉無不利。如此說明陰爻主體在不同地位，須待相呼應者求後方行。

九五，屯卦之第五位陽爻不同於乾卦之九五，〈象傳〉從「施未光」說明為何經曰:「小,貞吉。大,貞凶。」施未光故德未普,陽爻在上,二、三、四、上位皆陰爻,初九遠而難應,此所以不宜大事,宜小事吉也。

上六,〈象傳〉總結曰「何可長也。」最上終結之位少有吉利之事,處終極之位不可長久也。對於六爻陰陽上下的變化規律,並未詳明之。

【蒙卦】

初六,〈象傳〉引經文,標明最初的陰爻精神在於「正法」。正確立法的功用在最初的階段,具有靜態宣示與威嚇的價值。

九二,〈象傳〉引經文:「子克家」,以剛柔交接釋之。這裡就論及爻的屬性與爻位,陽爻在二位,陰爻在五位,陽在陰下,卻均居於整體的兩個關鍵位置。子能當家,吉也。

六三,陰爻在第三位,〈象傳〉引經文「勿用取女」,以行為不順來說明此爻不利的原因。陰爻在第三位,事物發展不順利,或許就是一個規則。

六四,〈象傳〉對於陰爻在第四位,繼前爻的不順,就經文「困蒙之吝」,指出憾恨原自「獨遠實」,孤獨地遠離實在,因此上下鄰近的兩陰爻應非實在者。

六五,〈象傳〉對此爻位之吉,以順馴釋之。陰爻即使居第五位,也還是因馴順得吉。居第五位,未必吉。陰爻居陽位,也無當位與否的議論。吉凶在於居五位之陰爻,與其他爻位的應接。可以因為六五象童蒙虛心受教,馴服地等待啓蒙,呼應了九二的「子克家」。顯然爻的屬性與上下位的接應才是關鍵。

上九,〈象傳〉對於陽爻在最終位,以上下和順來決定利或不利。最上位的陽爻與下位諸爻和順則利,不和順則不利。

【需卦】

初九,〈象傳〉以「不犯難行」釋此爻之經文。又以「未失常」說明此爻的無咎。陽爻在初位,不冒險犯難,又能持之以恆,則可以保無咎。只是行事謹慎與持之以恆,就是在這初爻位的行事原則,不關乎其陰陽。

九二,〈象傳〉以「衍在中」來解釋此爻之吉,中可以從其處於初九與九三兩陽之中,決定其所以吉也。此爻可以其相應關係論吉凶。

九三,〈象傳〉詮釋陽爻居第三爻位,有災在外,自我致寇,故應敬慎,以保不敗。此處內外乃是關鍵。

六四,〈象傳〉釋陰爻居於第四位,在三陽爻之外,「順以聽」乃其自處之道。

九五，陽爻處第五爻位，吉。〈象傳〉的解釋「以中正也」，中正是位序的現實，同時也是行事原則。就位序言，陽爻在第五陽位，居上下兩陰爻之中。

上六，〈象傳〉引經文「不速之客來，敬之終吉」，將吉否的原因歸諸「雖不當位，未大失也。」此所謂當位，應無關位之陰陽，而關乎爻之陰陽，與其居六位之終也。

【訟卦】

初六，〈象傳〉並非總在初爻即鼓吹繼續努力從事，如「訟不可長」是也。因事物性質的不同，對策也不同。此無關乎爻位屬性。

九二，〈象傳〉「自下訟上」解釋災患臨頭而又終止，以爻位上下與陰陽屬性立論，下訟上爲何能眚災呢？黃壽祺與張善文的解釋，從九二陽剛而能守中道言。此說意指〈象傳〉同時用了爻位與陰陽屬性來解釋。

六三，〈象傳〉曰：「從上吉也。」可以由位序上下解之，亦可以爻性陰陽思之，關鍵在於此爻非孤立地被理解，而與上爻有關。

九四，〈象傳〉把經文「安貞吉」解釋成「安貞不失」，所以吉祥也。隱涵守位的思想。

九五，〈象傳〉在以位序與陰陽釋之曰「中正」，中正就是價值判準。

上九，〈象傳〉因經文，以息訟爲貴。

【比卦】

初六，〈象傳〉因有它可應，故吉。

六二，〈象傳〉以不自失其位，詮釋此吉。

六三，〈象傳〉借經文「比之匪人」，判定其「傷」。或許從此爻上下皆爲陰爻立論。

六四，居第四位的陰爻，上接九五陽爻，故〈象傳〉認爲它從上故吉，所謂「外比」也。

九五，〈象傳〉再以位「中正」解釋其吉凶。

上六，〈象傳〉以「無所終」來解釋，最終位的陰爻之所以凶。暗示最終位的陰爻，無法爲達於九五的事物收尾。

【履卦】

六三，〈象傳〉以位不當解釋此爻之所以凶。陰爻居第三位，象曰不當，何也？陰爻在陽位？另一個可能是因爲，六三陰爻夾於兩陽爻之間。而三處下卦之終，界臨上卦之端，乃其客觀形勢。

九五，經文「貞厲」，〈象傳〉釋曰：「位正當也。」九五陽爻居第五位，不論「厲」所涵藏的危險性，〈象傳〉的判斷仍是「位正當」。

上九，〈象傳〉肯定第六位最終位爲吉，且是大吉。因爲此處，終位被釋爲最上位。

【否卦】

六三，〈象傳〉位不當，故包羞。上下爻六二九四，並非盡爲陽爻。

九五，〈象傳〉位正當，故大人之吉。

上九，〈象傳〉以其爲終爻說其不可長之理。

【兌卦】

六三，〈象傳〉以位不當解釋其凶。六三處九二與九四之間。陰爻處陽位，又爲下卦之終。

九五，〈象傳〉對經文「有厲」的詮釋，也是因其位正當也。好像因其位正當故應責備。

【中孚卦】

六三，〈象傳〉對經文所述「或鼓或罷」的解釋乃「位不當」。陰爻在九二六四之間。

九五，〈象傳〉以位正當釋所以無咎。

三、爻與吉凶

從六十四卦諸爻的詮釋，我們發現爻的重要性。甚至一卦之命名取義，有以某爻之義爲主，詮釋其地位者。例如：「屯卦」〈彖傳〉以陽爻陰爻始相混言「剛柔始交而難生。」又如「履」〈彖傳〉曰：「剛中正，履帝位而不疚。」此乃自九五爻言之也。又如「同人」〈彖傳〉曰：「中正而應。」從九五與六二的爻位立言：「柔得位得中而應乎乾。」又如「離」〈彖傳〉因六二爻而曰：「柔麗乎中正。」

分上下卦觀之，二爻與五爻皆謂之「中」。「小畜」〈彖傳〉曰：「剛中而志行，乃亨。」言九二、九五也。「離」〈彖傳〉曰：「柔麗乎中正，故亨。」言六二中正，六五中也。

凡陽爻居五，陰爻居二，皆日「中正」。「需」九五爻之〈象傳〉：「酒食貞吉，以中正也。」「豫」六二〈象傳〉：「不終日貞吉，以中正也。」凡中正、正中、中直者皆吉。中則多吉也。

三四爻經文多疑而不定之辭。初爻爲下、卑、本、始，又言窮極也。上爻稱其上、亢、終、末、窮。

凡爻所居曰「位」。例如：「漸」〈彖傳〉就其九五爻曰：「其位，剛得中也。」第五爻爲「尊位」。例如：「大有」〈彖傳〉言陰爻六五曰：「柔得尊位。」又謂之「天位」。例如：「需」〈彖傳〉曰：「位乎天位，以正中也。」又謂之「帝位」。例如：「履」〈彖傳〉曰：「剛中正，履帝位而不疚。」

爻位以第五爲最尊，所以《周易》經文多以天、帝、君、王等辭繫之也。故〈彖傳〉、〈象傳〉皆就經文發明其義也。此必溯及古代天帝信仰，始明其思想脈絡。

凡陽爻居陽位，陰爻居陰位日「當位」。例如：「蹇」〈彖傳〉言六二與九五曰：「當位貞吉。」又如：「既濟」〈彖傳〉言其六爻，初九、六二、九三、六四、九五、上六皆當位曰：「剛柔正而位當也。」

此亦曰「得位」，例如：「同人」〈彖傳〉言六二曰：「柔得位得中而應乎乾。」亦曰「正位」，例如：「家人」〈彖傳〉言六二、九五曰：「女正位乎內，男正位乎外。」亦曰「位正當」，例如：「履」九五〈象傳〉曰：「位正當也。」

凡陽爻居陰位，陰爻居陽位，曰「不當位」「未得位」「失位」「非其位」凡言當位者皆吉，不當位則凶。經文雖不言當位不當位之義，但案諸其辭之吉凶，彖象之詮釋無不當也。

凡初爻四爻、二爻五爻、三爻上爻，陰陽互異則日「應」。例如：「恆」〈彖傳〉言初六九四、九二六五、九三上六皆相應，曰：「剛柔皆應。」又如「未濟」〈彖傳〉言初六九四、九二六五、六三上九，六爻皆應曰：「雖不當位，剛柔應也。」「應」亦曰「與」，例如：「咸」〈彖傳〉言初六九四、六二九五、九三上六日：「柔上而剛下，二氣感應以相與。」

不應日「敵」，日「無與」，日「未有與」，日「不相與」。案諸〈彖傳〉，凡應者多吉，敵者多凶。

（1）五柔應一剛：「比」〈彖傳〉曰：「上下應也。」

（2）五剛應一柔：「小畜」〈彖傳〉曰：「柔得位而上下應之。」

（3）三雙同位爻剛柔相應：「恆」〈彖傳〉曰：「剛柔皆應。」

（4）三雙同位爻剛柔敵應：「艮」〈彖傳〉曰：「上下敵應，不相與也。」

（5）兩中爻剛柔相應：「同人」〈彖傳〉曰：「中正而應。」

一爻居另爻之上曰「乘」，柔乘剛多凶。剛乘柔則曰柔「遇」剛，剛「接」柔，剛柔「際」，剛柔「節」。凡此皆吉。

（1）剛勝柔：「夬」〈彖傳〉曰：「剛決柔也。」

（2）柔勝剛：「剝」〈彖傳〉曰：「柔變剛也。」

（3）柔乘剛：「屯」〈象傳〉曰：「六二之難，乘剛也。」

（4）柔順剛：「家人」〈象傳〉曰：「六二之吉，順以巽也。」

總之，決定吉凶的因素為：爻之陰陽與爻之位序，依時間的流轉理則，敵應順逆的加乘效應。

第九節　卦象吉凶

上述從一卦之範圍內，觀察事物變化的法則。以下將從一卦全體所展示之象，依爻位與爻性形構的生存境遇，試論事物存在的各種形態。

首先，以陰陽爻之消長釋之。例如：「臨」〈彖傳〉曰：「剛浸而長。」言初九九二兩陽爻在下，有漸長之象也。「剝」〈彖傳〉曰：「柔變剛也。」「君子尚消息盈虛，天行也。」所謂象，乃一陽爻在五陰爻之終也。「復」〈彖傳〉曰：「剛反動而以順行。」一陽居五陰之初也。

其次，〈彖傳〉、〈象傳〉亦以六爻全體之象說卦。例如：「噬嗑」〈彖傳〉曰：「頤中有物曰噬嗑。」言卦九四在六二、六三、六五三陰爻之間，象頤中有物也。又如「小過」〈彖傳〉曰：「有飛鳥之象焉。」以初六、六二、六五、上六，四陰爻象鳥翼，而九三與九四象鳥身也。隨事取象，初無定例也。

分一卦為上下二卦，以八卦卦象詮釋序列關係。「乾」為天。「坤」為地。「震」為雷。「巽」為風、木。「坎」為水、雨、雲、泉。「離」為火、明、電、目、女。「艮」為山、男。「兌」為澤、水、女。

以卦德言之。「乾」為剛健。「坤」為柔順。「震」為動、剛。「巽」為巽、柔。「坎」為險。「離」為明、柔。「艮」為止、剛。「兌」為說、柔。

從〈彖傳〉、〈象傳〉來看，六十四卦應該以反對為序。例如：〈無妄彖傳〉「剛自外來，而為主於內。」是說「大畜」的上九爻，來為「無妄」的初九爻也。又如「泰」「否」反，「泰」卦辭曰：「小往大來。」「否」卦辭曰：「大往小來。」又如「既濟」與「未濟」反，「既濟」九三爻辭曰：「高宗伐鬼方。」「未濟」九四爻曰：「震用伐鬼方。」

總結六十四卦，以兩卦相重的卦象詮釋其所蘊涵的吉凶得失，約可得下述諸規則：

（一）以異卦相重爲外內之位。例如：「泰」〈彖傳〉曰：「內陽而外陰，內健而外順。」因其下卦皆陽爻，上卦皆陰爻也。「否」〈彖傳〉曰：「內陰而外陽，內柔而外剛。」因其上下卦相反也。又如「明夷」〈彖傳〉曰：「內文明而外柔順。」文明謂下離卦，柔順言上坤卦。〈彖傳〉〈象傳〉幾盡以內外二體說卦，以卦象釋卦，但不以卦象說爻也。

（二）以異卦相重爲上下之位。例如：「蒙」〈象傳〉曰：「山下出泉。」上艮爲山，下坎爲泉也。

（三）以異掛相重爲前後之位。例如：「需」〈彖傳〉曰：「須也，險在前也。剛健而不陷。」上卦坎象險也。下卦乾象剛健也。

（四）以異卦相重爲平列之位。例如：「屯」〈彖傳〉曰：「雷雨之動滿盈。」上卦坎象雨，下卦震象雷。

（五）以同卦相重爲重複之位。例如：「巽」〈彖傳〉曰：「重巽以申命。」

（六）以同卦相重象一體。例如：「乾」〈象傳〉曰：「天行健。」直以乾爲天也。

《易傳》以象數爲形構原則的卦爻符號系統，雖然背離天地萬物的具體形象，但是聖人設卦觀象的目的卻一逕以效法物象爲準，並基於所謂客觀的物理物象，預測未來，趨吉避凶。《易傳》縷述卦爻生成所倚的象數，無論象數皆背離存具體個別之物的表象，卻又以其內蘊的客觀規律性，建立超越性的生存基準，其與現實生命的接駁處，則在於卦爻符號所規定的吉凶也。

第二章　卦爻與吉凶

第一節　吉　凶

聖人是《易傳》裡的主角，他的任務以揭開事物的眞相，並且啓示教化人民爲主。聖人所知道的眞相，以及啓示萬民的教化內容，在於使人明白進退得失，主要是一種價値判斷，是一種建立在知識上的審判，其目的就是趨吉避凶。人們爲了在混亂的世界中存活，試圖建立各種形態的生存秩序，《易傳》的構想就代表了其中一種建構生活秩序的努力：「聖人設卦、觀象、繫辭焉，而明吉凶。」（《周易・繫辭上傳》）

一、生死存亡

《詩經》可以說是周代人心靈忠實的紀錄，如果能夠勾抉其中隱微的線索，我們應該可以說明有周一代，人心流變的一些趨勢。即使從中復原的不是全部眞相，但是由於《詩經》在東周具有相當深的影響，〔註 1〕其中隱涵的思想與欲望，應該有助於我們釐定東周時代，《易傳》思想的內涵。

人心之所憂，經常可以說明人的慾望，以及思想的基礎。《詩經・大雅》表現了人們憂思最初常有的內容：

> 憂心慇慇，念我土宇。我生不辰，逢天之怒。……天降喪亂，滅我立王。降此蟊賊，稼穡卒痒。（《詩經・大雅・桑柔》）

周人最初憂心的是生存的居所，在一方家族聚居的土地上，某一間屬於自己

〔註 1〕 裴普賢，《詩經研讀指導》（臺北：東大圖書公司，1977）頁 52～59。

的居室。中國古代居住的環境絕非單純的自然，農莊聚落的營建顯示人的抉擇：選擇接近河流湖泊的丘陵臺地，故稱人民爲「丘民」。〔註 2〕早在西元七千多年前，中國的農莊已經具備房基、窖藏坑、陶窯與墓地。

半地穴的方形房子，凹入地下不及一公尺，以坑壁作牆，上架以屋頂。。門坎是矮小的隔牆，以防雨水流入。地板與牆壁均塗以草泥，頂蓋茅草或塗草泥。穴底至屋頂約兩百八十公分，一般人可以在屋內抬頭挺胸，悠遊自在。〔註 3〕

丘民的居室不是孤立於近水臺地之上的個人，農舍以聚落的形式集結，構成相當成複雜的社會關係。杜正勝由卜辭與考古遺址，重構了古代封建城邦的形態，〔註 4〕或許足以啓發我們對古人生活的認知。

首先是城的營建。從龍山時期，歷經夏商周三代，考古發掘絕對肯定古代城牆所界劃的聚落。在詞源上來看，「囗」這個字說明了城的生活。「國」金文通作「或」，由囗與戈組成，取持戈以衛城之義。「邑」則由囗與人組成，象人居於城下。

從卜辭的紀錄來看，商代聚落不論大小，蓋均有城囗。而根據周代歷史的紀錄，囗城並非孤立於古中國的大地，城外有郊，郊外爲野，邊地爲鄙，皆爲人民聚居營生之地。杜正勝綜合卜辭資料，判斷商代的國家形態，中心是築有城牆的邑，城外郊野分布許多農莊聚落，再加上最外圍的封疆，構成一個邦國。〔註 5〕

夏商周三代之時，人的生存已非孑然一身之生事而已。人不僅生活在土階茅屋所形構的範圍裡，更生存在一張由城邑郊野共同構成的人際網絡裡。在這一張平舖大地之上的人際網絡之上，是人們對天的想像與期待。《詩經・周頌》之作，多在周初，它表達了人對天的信仰與期待。例如「維天之命，於穆不已。於乎不顯，文王之德之純。」「天作高山，大王荒之。」「時邁其邦，昊天其子之。」

天也不是一直這麼神秘，或者總是扮演擬人的角色，在鳶飛魚躍的場景裡，天淵對舉，它們構成飛鳶躍魚的場所。「鳶飛戾天，魚躍于淵。豈弟君子，

〔註 2〕杜正勝《古代社會與國家》（臺北：允晨文化實業公司，1992）頁 105。

〔註 3〕同上，頁 107～8。

〔註 4〕同上，頁 225～250。

〔註 5〕同上，頁 235。

遐不作人。」(〈旱麓〉)

天的多重性格所具有的涵意還不明確，但至少我們知道在西周中葉，人對天的看法中，有不同的選擇。當然，一個具有主宰性、造生性與載行性、啓示性與審判性的天，還是當時思想的主流。而人與天之間，猶如親子的關係，仍然決定著生命的意義。而西周晚期的《詩經・小雅》已經透露出周初所設計的天命思想的弱點，天漸漸不是人心中最初的生存根源，也不是最高的價值判準。首先我們又看到作爲生命活動場所的天：

駃彼飛隼，其飛戾天。(〈采芑〉)

鶴鳴于九皋，聲聞于天。魚在于渚，或潛在淵。(〈鶴鳴〉)

而我們也看到對於民怨的描述:「天方薦瘥，喪亂宏多。民言無嘉，憯莫懲嗟。」(節南山)天生病了，禍亂滔天。因爲這麼多禍患危及人的生存，人民不信任上天還關心人的生死存亡。民情已經反映在人民的哀怨之中了，在位者卻不在乎。

昊天不平，我王不寧。不懲其心，覆怨其正。(〈節南山〉)

上天已失去審判的公平，因爲執行天罰，代天載行的君王失職，罔顧民間的正義之聲。

上天似乎不再載行群生:「日月告凶，不用其行。」「爗爗震電，不寧不令。百川沸騰，山冢崒崩。高岸爲谷，深谷爲陵。」(〈十月之交〉)生存的根基動搖，人命微淺，無可依傍。

上天以不可恃，小民也會問:「父母生我，胡俾我瘉？不自我先，不自我後。」(〈正月〉)上天如此不公與昏瞶(視天夢夢)，人開始重新思考自己生存的根源與理由。父母爲何在這亂世生下我？人以個體的身份思考著自己的命運。

謂天蓋高，不敢不局。謂地蓋厚，不敢不蹐。維號斯言，有倫有脊。哀今之人，胡爲虺蜴。(〈正月〉)

二、孤絕憂患

天地成爲人可悲的生活情境，天漸漸失去了祂的崇高價值，人們開始撇開天的造生載行，獨自思考他的生存根基。生活條件變得十分侷促，人生匍匐其間，猶如蜥蜴虺蛇。更可憂心的是生命意義的喪失，在困窮中，卑微的生活使我們失去評價的高度。人降至單純攝食與傳種的境地，終結了人際自尊尊人的相互關懷，其結果使人陷入孤絕之中。猶如後來許多憂心孤獨的詩作：

民今之無祿，天夭是椓。哿矣富人，哀此惸獨。(〈正月〉)

人民竟敢怨恨崇高的天，認爲自己的不幸都是天禍害無辜的人。人在痛苦中，悲傷自己的孤絕無依。

「悠悠我里，亦孔之痗。四方有羨，我獨居憂。民莫不逸，我獨不敢休。天命不徹，我不敢傚，我友自逸。」(〈十月之交〉) 天命不公正，使人陷於孤絕。沒有公平的普遍性法則可以信賴，人們無法預卜未來，也無法理解過去，更不能建立安全的社會契約：

浩浩昊天，不駿其德。降喪饑饉，斬伐四國。昊天疾威，弗慮弗圖。

舍彼有罪，既伏其辜。若此無罪，淪胥以鋪。(〈雨無正〉)

「民莫不穀，我獨于罹。何辜于天，我罪伊何？心之憂矣，云如之何？」(小弁) 崩潰的天命觀無法結構人的罪疚感，只有濃重的孤絕感逼出生命價值的質問。人需要一個更高更安定的依靠，安頓當下的人生，確立永恆的理想。

「悠悠昊天，曰父母且。無罪無辜，亂如此幠。昊天已威，予愼無罪。昊天大幠，予愼無辜。」(〈巧言〉) 天本是生養我的父母，自問無罪，卻受到天的懲罰，心生不平。

在上述豐富的生存反省文辭之中，重建生存秩序的渴望，躍然紙上，此即吉凶悔吝最根本的意義。而根據《易傳》，吉凶賴聖人始得以明示。所以其次應闡明聖人何謂也。

第二節　聖　人

《周易・繫辭上》曰：「聖人設卦，觀象，繫辭焉，而明吉凶。剛柔相推而生變化。」辭的意義在於「明吉凶」，但是辭並非獨力完成明吉凶的任務，它屬於聖人設卦觀象繫辭之功的一個環節。所以我們應該從「聖人」「設卦」「觀象」的涵意，組織「辭」的意義。《周易・乾文言》曰：「同聲相應，同氣相求。水流濕，火就燥，雲從龍，風從虎，聖人作而萬物睹。」高亨《周易大傳今注》因「睹」與「著」二字同聲系，故將此句釋爲「聖人作起，則萬人皆親附之。」〔註 6〕聖人類比爲龍虎，是萬物所仰從者。聖人如何令萬

〔註 6〕 高亨，《周易大傳今注》(濟南：齊魯書社，1987) 頁 65～66。

物親附宗仰？何以萬物仰附的是「聖人」，而非君王？這些都是有待進一步闡釋。

一、聖人保康民

《周易・乾文言》又曰：「『亢』之爲言也，知進而不知退，知存而不知亡，知得而不知喪，其唯愚人乎。知進退存亡而不失其正者，其唯聖人乎。」〔註7〕聖人與愚人相對而言，聖人顯然獲得極高的評價，因爲他是一個能夠知道「進退存亡」之機，卻又不失其正的人。這一句是由經文「上九：亢龍有悔。」傳文的解釋：「貴而無位，高而無民，賢人在下位而無輔，是以動而有悔也。」所以進退存亡可以由「位」這個概念來理解，聖人的意義即在於他能知所進退，明於得失。聖人所進退者，位也。所明者，得位失位也。

《周易・彖》：「天地以順動，故日月不過，而四時不忒。聖人以順動，則刑罰清而民服。」聖人與天地並言，天地應時而動，所以日月運行無過失，四時循環無差錯。聖人應時而動，所以刑罰清明，萬民順服。聖人有責任使刑罰清明，萬民順服，所以他應是掌握治理萬民的權力者。聖人能做到刑罰清而民服，表示他不僅有治民的權力，同時也是具有應時而動智慧的人。

聖人如何可能因爲他的智慧而使刑罰清明，而萬民順服呢？這就必須闡述聖人對人民的教化。《周易・彖》曰：「觀天之神道，而四時不忒，聖人以神道設教，而天下服矣。」高亨的詮釋「神道」爲迷信，說這是統治者利用迷信，麻醉人民。〔註8〕但是我們不能忽略，《易傳》說的是「天之神道」，而「神」之一詞在《易傳》中也有許多不一樣的詮釋，未必就指迷信的對象。例如《周易・繫辭上》曰：「陰陽不測之謂神」，神作爲狀態的描述，就如其形容天之神道。

聖人與天地並稱，作爲統治者，聖人具有理解天道，以及應用天道，進而啓導教化萬民的權力。猶如《周易・彖》曰：「天地養萬物，聖人養賢以及萬民。」高亨之注，從階級社會觀之，以爲〈彖傳〉極力美化聖人。其實是萬民養聖人，而非聖人養萬民。高亨這種說法，一來必須回到先秦社會性質的論辯，其次也需通觀《易傳》所稱聖人之義，方可確認聖人是否單純指稱階級社會中的統治者。

〔註7〕同上，頁73。
〔註8〕同上，頁214。

先秦社會的性質是否如唯物史觀者所主張，尚多疑義。〔註 9〕即使確有所謂階級社會，周代統治者所扮演的角色也非唯物主義者所見如此簡單二分，與被統治者對立，剝削被統治者的剩餘價值。所以我們有以下諸議題可以討論：（一）「聖人」在兩周是否指稱統治者？（二）聖人如果是統治者，他究竟如何進行統治？除了統治的工作，聖人在《易傳》中被賦予那些內涵？

我們繼續討論（二）聖人如果是統治者，他究竟如何進行統治？除了統治的工作，聖人在《易傳》中被賦予那些內涵？

《周易・彖》曰：「天地感，而萬物化生。聖人感人心，而天下和平。」聖人再度與天地並稱，而職能互異。聖人所做的是「感人心」，感人心則天下和平。即使這是廣義的統治工作，其方法也迥異一般對統治者的概觀。爲何聖人總與天地並稱？我們需要同時理解「天地」在《易傳》中的意義，方能從這種並比中有所領悟。至於感化人心以定天下的使命，猶待進一步釐定。

《周易・彖傳》的特點之一就是往往以「天地」「聖人」爲訓：「天地之道，恆久而不已也」「聖人久于其道，而天下化成。」天地之道與聖人之道，再次並比以寓意。聖人的使命仍然是「天下化成」。

「彖曰：鼎象也，以木巽火，亨飪也。聖人亨以享上帝，而大亨以養聖賢。」根據高亨的注，亨享本爲一字，同爲煮物之義。他舉《詩經・七月》：「七月亨葵及菽」，以及《詩經・瓠葉》：「幡幡瓠葉，采之亨之。」爲例。亨又爲祭祀之義，如文之「亨以享上帝」是也。用鼎烹飪食物，不僅自食也，聖人用鼎烹飪食物，祭祀上帝，又用鼎大烹食物，以養聖賢。古代君王祀天的任務，〔註 10〕《易傳》竟賦予聖人來擔當。聖賢連言，聖人的內涵顯然超出單純的統治權位。

《周易・繫辭上傳》曰：「（一陰一陽之謂道）顯諸仁，藏諸用，鼓萬物而不與聖人同憂，盛德大業至矣哉。」陰陽交合，〔註 11〕生生不息的規律，

〔註 9〕杜正勝，《古代社會與國家》（同上）頁 971～1001。對於中國社會史研究的成就與成見，有精要的批判。

〔註 10〕李杜，《中西哲學思想中的天道與上帝》（臺北：聯經出版事業公司，1978）頁 25～26。楊寬《古史新探》頁 167～174。

〔註 11〕陳鼓應，《易傳與道家思想》（臺北：臺灣商務印書館，1994）頁 112～4，從「萬物負陰而抱陽」（老子），以及「陰陽之氣有沴」（莊子，大宗師），論斷易傳受老莊影響。究其實，在老莊原典中，陰陽絕非易傳中生存的根源的元素符號。參閱張立文《周易與儒道墨》（臺北：東大圖書公司，1991）頁 142，張氏指出老子與易傳中的道，涵意相似，而易傳的陰陽以抽象化了，但是老

顯明易見者乃其生育萬物之仁，隱藏難知的是其能生育萬物的作用。陰陽之道鼓動萬物，卻不同於聖人對這生育萬物所懷抱的憂患。聖人對於富有日新的盛德大業，心存憂患。由此我們確認，聖人的特質是參贊天地化育的憂患，是他對化育天下的德業的關心。

《周易・繫辭上傳》云：「子曰：易其至矣乎。夫易，聖人所以崇德而廣業也。知崇禮卑。崇效天，卑法地。天地設位，而易行乎其中矣。成性存存，道義之門。」這一章充分說明了聖人憂患之心，落實的化育德業。聖人始終效法天地，維繫著天地萬物的存在。天地萬物既已作生，聖人的使命在於保存萬有群生。所謂「成性存存」就是成就萬物之性，孔穎達《周易正義》曰：「能成其萬物之性，存其萬物之存。」第一個「存」是動詞，第二個「存」是名詞，作爲受詞。聖人成萬物之性，存萬物之存，憑的是易之道，所以我們還需要講明易道，以闡述聖人的內涵。

二、聖人啓示凡民

《周易・繫辭上傳》曰：「聖人有以見天下之賾，而擬諸其形容，象其物宜，是故謂之象。聖人有以見天下之動，而觀其會通，以行其典禮，繫辭焉以斷其吉凶，是故謂之爻。言天下之至賾而不可惡也，言天下之至動而不可亂也。擬之而後言，議之而後動，擬議以成其變化。」

這一章說明卦爻辭的形構，我們在此暫不詳述其內容，而只點出在《易傳》中，聖人負有重建天下秩序的使命。賾者，雜也。動者，易亂也。聖人必須在這天下的複雜與動亂中，重建論述與評價的秩序。《周易》的價值即在於，它是聖人重建天下秩序的作品。

《周易・繫辭上傳》曰：「易有聖人之道四焉，以言者尚其辭，以動者尚其變，以制器者尚其象，以卜筮者尚其占。」易道就是聖人之道，它的內容主要是，辭、變、象、占。作爲一個聖人，必須能夠通其變，極其數。聖人窮究易道，爲的是「通天下之志，成天下之務」也。上述聖人保民治民的使命，必須由聖人對天地的效法，經由易道，重建天下的秩序來達成。

聖人的工作內容包含古先王的「保康民」「啓示」「審判」：「子曰：夫易

子所謂「萬物負陰而抱陽」並未釐清，其究竟是春秋戰國時人通俗的用語，抑或是易傳中的哲學術語，未能深辯。張立文（同上）頁 140。只憑使用相同的字眼即論斷思想相通，於其本義實有未安。

何爲者也？夫易，開物成務，冒天下之道，如斯而已者也。是故聖人以通天下之志，以定天下之業，以斷天下之疑。」（《周易・繫辭上傳》）「開物」如高亨所注，乃揭開事物的眞相。「成務」則爲確定事務之辦法。「冒」者，包也。聖人藉著《周易》，揭開事物的眞相，確定辦事的方法，包舉天下的道理，這是先王對人民的啓示之功。就《易傳》而言，聖人最主要的作爲應該在於這啓示之功。

因爲聖人可以啓導萬民，所以他能感通天下萬民的心志，建立安定天下的事業，決斷天下萬民的疑慮。這是聖人實行先王的審判，因此才可說「斷天下之疑」。當然無論啓示或審判，都是爲了天下萬民，爲了能「成性存存」。〔註 12〕

三、聖人之命

聖人取代先王實行「保康民」「啓示」「審判」的功業，像先王一樣，並非毫無所據。先王與聖人同樣上承于天「是以明於天之道，而察於民之故，是興神物以前民用，聖人以此齋戒，以神明其德夫。」（《周易・繫辭上傳》）明於天之道，以及察於民之故，正如《書經・康誥》所言：「天畏棐忱，民情大可見。」所不同的是「天」的涵意有所轉變。

《易傳》裡的聖人鮮少言及天命，只強調聖人的知能：「是故天生神物，聖人則之。天地變化，聖人效之。天垂象，見吉凶，聖人象之。河出圖，洛出圖，聖人則之。易有四象，所以示也。繫辭焉，以告也。定之以吉凶，所以斷也。」（《周易・繫辭上傳》）就像〈彖傳〉，天地總是並比連言。天地並非古早降命降罰的天，所以聖人也非古代血族首領的戰將，而更像詮釋天志的祭司。周人一直相信天意天命並非不可知者，〔註 13〕易有聖人之道，聖人

〔註 12〕「成性存存，道義之門」（〈繫辭上傳〉）其蘊涵的義理，可以參閱傅佩榮，《儒家哲學新論》（臺北：業強出版社，1993）頁 97～98。儒家的人性向善與擇善固執，正可以說明此處聖人以易道教化萬民的德業。

〔註 13〕孟子曰：「口之於味也，目之於色也，耳之於聲也，鼻之於臭也，四肢之於安佚也，性也，有命焉，君子不謂性也。仁之於父子也，義之於君臣也，禮之於賓主也，知之於賢者也，聖人之於天道也，命也，有性焉，君子不謂命也。」（〈盡心下〉）充分說明了性與命的關係。孟子對於人性的界定乃以「向」說「性」，所以一般所謂「生之謂性」的感官欲求，孟子從其客觀必然命名之曰「命」，而不許其爲「性」。反之，仁義禮知這些需要人自身省思與修持的人文活動，表現了主體的意向志趣，這才是孟子對性的定義，

所遵循的道理也絕非神秘幽渺之事，他不能故弄玄虛，遂行專制獨裁。因爲聖人既然啓導萬民，其意志絕不能隱晦不明：

《周易・繫辭上傳》云：「子曰：書不盡言，言不盡意。然則聖人之意，其不可見乎？子曰：聖人立象以盡意，設卦以盡情僞，繫辭焉以盡其言，變而通之以盡利，鼓之舞之以盡神。」聖人之意端在於「繫辭以盡言」，這就是我們從聖人歸結出「辭」之涵意，這定義還不夠完整，因爲我們必須先明白立象設卦的涵意。

第三節　啓示者

《易傳》繼承周初天的啓示性格，非常明確的章句是：「天垂象，見吉凶，聖人象之。」（《周易・繫辭上傳》）上天的審判決定人生的吉凶，所以天基本上仍循著傳統的模式，以審判的效果啓示天命的確實內涵。但是我們已經從「聖人」、「吉凶」等概念，說明了天命的內涵是由象數原理構成的。所以《易傳》有關天啓示性格的論述，都不脫此一象數性格。我們所要強調的將是，天的啓示所產生的轉向。人從期求天的啓示，轉而視天爲人可以主動詮釋的符號系統。這個詮釋天象意義的人，就是聖人。

《周易・繫辭上傳》曰：「是故法象莫大夫天地，變通莫大乎四時，縣象著明莫大乎日月，崇高莫大乎富貴。備物致用，立成器以爲天下利，莫大乎聖人。探賾索隱，鉤深致遠，以定天下之吉凶，成天下之亹亹者，莫大乎蓍龜。」根據《周易尚氏學》，天地是指乾坤兩卦，四時者離坎震兌四卦，日月則亦爲離坎兩卦，艮卦象山爲崇爲貴，巽卦象風爲高爲利爲富。如此合乾坤坎離震兌艮巽，八卦之用全備，故曰「備物致用」。天只是這八卦符號系統中的一元，聖人以觀察與學習的立場，將這八卦的符號系統作爲揭露萬物眞相，成就德業的中介，其目的在於爲天下利。

《周易尚氏學》引《春秋左氏傳》「定公四年」：「會同嘖有煩言。」訓「嘖，至也。」嘖賾通，所以說「探賾即探其深至也。」言聖人能夠探索至深至隱的眞相。《周易正義》解釋「鉤深致遠」曰：「物在深處，能鉤取之。物在遠

此中蘊涵人自由意志的自覺要求。所以「人性善」須以「擇善固執」的實踐活動加以界定也。所以易傳之中，聖人之於天道，備物致用以利天下的德業，其實是孔孟一路人文精神的展現。請參傅佩榮《儒家哲學新論》（同上）頁 18～28。

方，能招致之。」聖人經由卦爻系統，法象天地，懸象著明，備物致用，是因爲他利用蓍龜卜筮，所以能夠判定天下的吉凶，助成勤勉的大業。

卜筮的蓍草與龜甲只是聖人判定吉凶的媒介，意指象數所組構的符號系統。《易傳》所謂的吉凶，其定義由卦爻象數的法則決定，聖人如此勤勉奮進的目的，在於透過卦爻象數的系統實現先王的使命。所不同的是先王明德慎罰，以「民情」爲依歸，所謂「恫瘝乃身」是也。而聖人則以卦爻象數的系統，判定天下的吉凶，建立與維持生活的秩序。

所謂「成天下之亹亹者」，《詩經・大雅・文王》：「亹亹文王，令聞不已。」高本漢《詩經注譯》說亹亹，勉也。《魯詩》訓「亹亹」爲「進」。《韓詩》訓之爲「水流進貌」，也有「向前的力量」的意思。無論這個詞的原意是什麼，在《詩經・大雅》裡，它用以表示文王「宅天命，作新民」的敬德。《書經・康誥》聖人主動地效法天地象形，設卦示象，建立詮釋的法則，判定吉凶，宣示並維持生存的秩序。天下之亹亹，豈非生命存活的最佳寫照。因爲生命並非止於存活而已，《詩經・大雅・文王》中，亹亹，翼翼，穆穆，自其甲骨金文觀之，皆與祭祀之禮有關。它們層疊連用所形構的想像，更彰顯了生動的秩序。〔註 14〕

第四節　神　明

《易傳》托於古聖王作易的傳說，很清楚地說明了統治者自己主動觀察天地萬物的象徵法則，以之作爲治理萬物的依據，《周易・繫辭下傳》曰：「古者包犧氏之王天下也，仰則觀象於天，俯則觀法於地，觀鳥獸之文，與地之宜。近取諸身，遠取諸物。於是始作八卦，以通神明之德，以類萬物之情。」什麼是神明之德呢？〔註 15〕

《周易・繫辭上傳》有云：「陰陽不測之謂神。」陰陽下文將有解析，這裡只需指明所謂「神」，乃意謂陰陽兩種記號之間的關係。這狀態的名詞，經常用作形容詞，或動詞。比如「蓍之德，圓而神。」（《周易・繫辭上傳》）即是一例。

神的另一定義：「民咸用之謂之神。」（《周易・繫辭上傳》）此處所謂神，

〔註 14〕李威熊，《中國經學發展史論》上冊（臺北：文史哲出版社，1988）頁 38。李氏從氏族結構，農業社會，動盪時局，以及天神信仰，說明群經形成的背景。尤其周公制禮作樂，建立封建禮制，孔門繼志傳經，與經學的發展具有思想的連鎖。同上，頁 67～90。

〔註 15〕徐復觀《中國人性論史》先秦篇（臺北：臺灣商務印書館，1988）頁 214～6。

也是指稱乾坤兩元見於形象，組織成一套可以為萬民利用出入所依循的法制工具。人民使用這一套由乾坤二元構成的符號系統，往往知其然而不知其所以然，因為它們所指稱的意涵超越它們假借其形象的具體事物，所以意義難以確認。

此外，神亦用以指稱一種最高的智慧，《周易・繫辭上傳》有云：「繫辭焉以盡其言，變而通之以盡利，鼓之舞之以盡神。」這種最高的智慧，其實也可以視之為一種最高的境界。如《周易・繫辭下傳》：「精義入神，以致用也。」

《易傳》中的神，還有其他的涵意。例如《周易・文言傳》：「與鬼神合其德。」神與鬼並稱，有擬人之意。這一章將「大人」「鬼」「神」並稱，神之涵意可由此種並比中得之。《周易・繫辭上傳》：「知變化之道者，其知神之所為乎。」神是能作為者，擬人之神也。神明也有涵意，指稱神祇。《周易・說卦傳》：「昔者聖人之作易也，幽贊於神明而生蓍。」

神與神明，有時也當動詞使用，《周易・繫辭上傳》：「聖人以此齋戒，以神明其德。」又如《周易・繫辭下傳》：「神農氏沒，黃帝堯舜氏作，通其變，使民不倦。神而化之，使民宜之。易窮則變，變則通，通則久，是以自天祐之，吉無不利。黃帝堯舜垂衣裳而天下治，蓋取諸乾坤。」這裡所謂神，仍然不離卦爻象數的制作，此乃聖王所以能神而化之者。

神明的意義不再局限於人格神的信仰，人自身觀察與思考，象形與創制的神而明之能力是生命的理想，也是生存之道：「子曰：書不盡言，言不盡意。然則聖人之意，其不可見乎？子曰：聖人立象以盡意，設卦以盡情偽，繫辭焉以盡其言，變而通之以盡利，鼓之舞之以盡神。」（《周易・繫辭上傳》）聖人承擔起先王保民治民的使命，不是以刑賞的審判，假吉凶利害威脅生民，而是以卦爻象數的記號系統作啓導萬民的媒介，觀乎人文以化成天下。

第五節　周　禮

一、封　建

據考訂成於周成王七年的《書經・洛誥》或許可以代表周禮的成立。這是一篇記述周公營建雒邑既成，成王至雒，命周公留守雒邑，周公受命時之典禮，及君臣問答之言。成周的營建攸關新國家的建立，〔註16〕周禮則是立

〔註16〕徐中舒《先秦史論稿》（成都：巴蜀書社，1992）頁132～9，145～8。

國理想的制度化成果。君子涵意的演變就繫在這建國運動的歷史之上。所以我們可以藉著《書經・洛誥》，闡明周代的立國精神，勾抉禮的本義，進而釐清君子的意涵：

「召公既相宅，周公往營成周，使來告卜，作洛誥。」營建成周雒邑，是有周一代建國運動的基點。在這關鍵時刻，周公占卜以告成王。周代封建的本質是一種軍事殖民運動，周初東征，建立齊魯一線的政治勢力，北伐以建立燕地的統治權。

武王克商，但殷人勢力並未崩潰。周公主持的東進運動，建立四個據點，三道戰線，而以成周雒邑爲大本營，以衛國爲中繼站，以齊魯爲前哨站，北可上燕冀，南可下徐淮江漢。第一線在齊魯，第二線在衛都，第三線爲成周。〔註 17〕

「周公拜手稽首曰：朕復子明辟。王如弗敢及天基命定命，予乃胤保，大相東土，其基作民明辟。予惟乙卯，朝至于洛師。我卜河朔黎水。我乃卜澗水東、瀍水西，惟洛食。我又卜瀍水東，亦惟洛食。伻來以圖，及獻卜。」

周公對東方的征討，上承天命，而天命最初由先祖先王所承，所以周公轉述給成王的天命，也是祖命。建國不易，這些開國英傑運用天命與占卜，堅定人民心志。

營建雒邑以利東征，所以我們不能不從古代的築城形構著手。古人作邑築城的目的，主要是爲了保衛政權，實行統治。《管子・度地》說：「聖人之處國者必於不傾之地，而擇其地形之肥饒者，鄉山左右，經水若澤，……」這就是杜正勝所說：立國建都的理想地理條件，不外乎背靠高山，前臨深谷，左右丘陵或河川。〔註 18〕《書經・洛誥》所載成周雒邑的地理環境正符合上述條件。

封建城邦是政教軍事三合一的建制，所以城邑的形構使我們可以落實對於古代思想的推測。因此我們可以將古禮的眞實意涵，建立在城的形構之上。封建既然是政教軍事合一的殖民活動，殖民必須築城以保征服的成果，城的形構自然必須實現政教軍事的目的。因此廟寢、社壇與庫臺，就成爲城的三大主要建築。

人生活的居所稱宮室，設祖先神主之處稱宗廟活人之宮室與死人之宗廟

〔註 17〕杜正勝《古代社會與國家》（同上）頁 336～7。
〔註 18〕同上，頁 612～3。

雖然有別，卻也不嚴格區分。廟寢連言不僅是名詞的通假，其實古代宗廟也是國君或貴族起居之所。〔註 19〕廟以接神，寢藏衣冠，如《詩經・大雅・崧高》：「有俶其城，寢廟既成，既成藐藐」又如《詩經・小雅・巧言》：「奕奕寢廟，君子作之。」

宮廟的屋宇堂皇，社壇則是一堆封土。城內平曠之地壘土植樹，用以連繫國人。大體上祖廟與社壇是城邦政治的舞臺，一主賞，聯絡貴族，一主罰，連繫國人。〔註 20〕古國都內，另有高亢土臺，主要功能在於維繫城邦安危的最後基地，是攻防的最後戰地，戰時居高臨下，可據險而守。平時供貴族登覽。〔註 21〕

周公向成王稟告營建已成，成王的回應：「不敢不敬天之休，來相宅，其作周匹休。公既定宅，伻來、來，使予卜休恒吉，我二人共貞，公其以予萬億年。敬天之休，拜手稽首誨言。」人間城邦宮廟的營建，遵循著天命與占卜。

「周公曰：王肇稱殷禮，祀于新邑，咸秩無文。」這是一個新城邑的建立，統治者爲了安撫東方，用東方的殷禮，在新建的城邑祭祀，建立新的秩序。這一段話說明了禮的意義，建立秩序維護政權。成王的回答也扣在禮：「公稱丕顯德，以予小子，揚文武烈，奉答天命，和恆四方民，居師。惇宗將禮，稱秩元祀，咸秩無文。」封疆建籓的軍事殖民，在於維繫一套「揚文武烈，奉答天命」的禮秩，因爲只有禮秩才能夠維政權於不墜。禮秩的價值基礎則在於天命與祖德。

即使軍事殖民，周人也無法實際統有天下。因爲廣大東土各氏族仍然錯雜布列。各族血緣，軍事，政治，經濟交融爲一，自成獨立的機體。以少數的周人，實在難以進行如此龐大與複雜的征服與統治。所以周的開國英烈必須懷柔安撫異族統治者，與他們分享政治利益。西土的周人東征的時候，已經吸納了許多異族，而建立殖民政權的同時，主要的統治手段還是結盟。所以各異氏族的神祇與祖先崇拜，一仍舊貫。

周人東征時，風偃部族仍保持原始的政治組織。西周時，不屬諸夏的東方異族，還能自相連屬，自爲君長。〔註 22〕周人允許異族君長有相對的自治

〔註 19〕同上，頁 619～620。
〔註 20〕同上，頁 624～7。
〔註 21〕同上，頁 628～9。
〔註 22〕同上，頁 365。

權，除了一些象徵順服的貢獻，面對這一時屈服的異族，周人到底該如何保證他們的忠誠呢？

另一方面，中國古代社會以氏族集團爲骨幹，其基礎是血緣，其標誌則是姓氏。有土地所有權才有姓，姓是統治權的象徵，它是被命名的權力符號，而非與生俱來的印記。〔註23〕姓與血族的結合，組成統治的基本形構。

二、親親尊尊

周人重姓分氏，目的在於尊王、敬祖、統宗、收族，藉以鞏固政權。〔註24〕姓氏與血統的組織在周人的設計裡，可以「嫡長制」與「大小宗」來概括。

昭穆制則是大小宗的前期形構，其根本精神在分別世代，使宗廟祭祀的秩序井然。〔註25〕周人基於東征的現實需要，復興「不問世之長幼，只問冑之親疏」的昭穆制，以便氏族成員利益均等，權力分享。重新分配權力，共享利益，不專重文王以下一脈相傳的世系，重伸「一親疏」的舉親政策，可以鞏固人口相對單薄的周政權。〔註26〕

因爲氏族共權，有司人人有分，由輩份決定職權，但是當政權逐漸穩固，統治階級人數漸增，周人改採嫡長制，將權力收攏，集中於長房手中，以解決政治上的首要困難：權力繼承的問題。但是宗廟獻爵燕饗大致還保存古禮。祭祀時依政治地位（也就是權力繼承的順位）而有等差，旅酬燕飲則只分輩份，不論親疏。〔註27〕即鄭玄所言：「祭時尊尊也，至燕親親也。」

禮制是基於統治的需求，建立在血族親戚關係上的，權力分配與繼承的機制。《詩經・鄭風・將仲子》：

> 將仲子兮，無踰我里，無折我樹杞。豈敢愛之？畏我父母。仲可懷也，父母之言，亦可畏也。　將仲子兮，無踰我牆，無折我樹桑。豈敢愛之？畏我諸兄。諸兄之言，亦可畏也。　將仲子兮，無踰我園，無折我樹檀。豈敢愛之？畏人之多言。仲可懷也，人之多言，亦可畏也。

充分展現了古人生存的倫理情境，由園中的自我而牆內的父母兄弟，由牆裡

〔註23〕同上，頁395。
〔註24〕同上，頁396。
〔註25〕同上，頁399。
〔註26〕同上，頁401。
〔註27〕同上，頁403～6。

牆外的區分，標示著親人與里人。里人與我的生存仍然相關，影響著我的價值抉擇。

從考古遺蹟中我們已經可以看出其中權力與宗教的關係，掌權者所居同時是祖先神主所祀之地。因此我們應該從這結合血族、權力與宗教的地方，開始我們對禮義的探討。這就是封建中的宗法。

「宗」的甲骨金文作「屋下人人示」，本義爲藏神主的居室。宗也就是廟，凡祭祀可追及始祖的稱「大宗」，相對於大宗祖廟的稱「小宗」，只祭於寢的士庶人則無宗。每一祭祀，除主祭的族長外，還有族人與祭。可以與祭者稱同宗，這套分別宗族成員的方法即「宗法」。〔註 28〕

《禮記・大傳》曰：「別子爲祖，繼別爲宗，繼禰者爲小宗。有百世不遷之宗，有五世則遷之宗。百世不遷者，別子之後也，宗其繼別子之所自出者，百世不遷者也。宗其繼高祖者，五世則遷者也。」

別子是從母族分出，殖民外地的子孫。諸侯是別子，卿大夫也可以爲別子。當然宗法的形構依於周的軍事殖民，如果不斷殖民，則子子孫孫可以不停分封下去。但是人口的繁殖與土地的佔有，無法對等成長，軍事殖民有時而窮，統治者的子孫不能別立封地，於是淪落「繼禰者爲小宗」。繼禰小宗五世之外，不在繼高祖的範圍內，祖遷於上，其宗自然易於下了。〔註 29〕

原來有土有權，人們稱之爲君子的統治者，在宗法的價值標準下，他們算是有德有位。當殖民擴張停止，原本憑著血族身份可以分享政權的貴族子孫，仍然是血統上的貴胄，卻喪失了分享權位可能。貴族子弟在教育資源稀有的時代，比平民較可能有賢能之德，因此當貴介子弟不再分得到權位，就造成了德位不一致的情形。以上就是「君子」一詞內涵分歧的歷史背景。

第六節　權力繼承的危機

德與位皆爲生存秩序的準則，欲明《易傳》所謂之吉凶，必須先說明生存權力的正當性基礎。《春秋左氏傳》紀錄著春秋時代權力遞嬗的軌跡。

「隱公元年」《左氏傳》論述一個國君權力危機：鄭武公娶於申的女人「武姜」，爲他生了兩個兒子「寤生」與「段」。母親雖然對兩個兒子情感不同，

〔註 28〕同上，頁 406。
〔註 29〕同上，頁 408。

偏愛晚生的段，而討厭長子寤生，但是卻無法改變權位繼承的次序。由此可知，當時城邦，仍然盡量遵照出生的順序，來決定權力繼承的秩序。但是繼承權權力的來源，似乎有些混淆。權力繼承的法則藉著父母的形象，賦予子嗣。因此作爲權力傳承媒介的父母似乎因爲監管這權力，所以分享了權力屬誰的決定權。因爲在這一層次產生的模糊，「武姜」想影響武公，將權位傳給共叔段。當這個企圖失敗之後，她還是試著讓所愛的兒子獲得實質的權力。

城邑是權力的樞紐，所以武姜希望鄭莊公將「制」城封給段。莊公很明確地說「制，巖邑也。虢叔死之。」從古代建都原則「嚮山左右，經水若澤」來看，〔註 30〕應該是一座十分足以鞏固權力的城邑，因此易於誘發城主的叛亂的慾望。莊公憂慮一旦段被封於制邑，會因背叛國君而生戰亂，所以拒絕了母親的請求。如此說明了城邑的關鍵地位，以及權力繼承的原則與實際。

共叔段的不臣之心，就由他築城的規模顯示出來。所以莊公的臣子會以共叔段建都的規制，警告莊公。莊公固然明知共叔段的野心，但是卻只能以「多行不義，必自斃」的心態，無所作爲。父母中介權力的繼承，因此也獲得權威，使得莊公不願忤逆母親的意志，但是也造成了鄭國的分裂危機。

莊公不願背負不孝不友的罪名，所以寧可等叛亂的徵候擴大到分裂的危機一觸即發，他才征逆討叛。「左傳」因爲莊公縱容共叔段的坐大，不能適時告誡親弟弟的不義，以致共叔終因自己的罪行而喪亡，「譏其失教」。但是，「左傳」又肯定莊公原諒其母的孝行。孝友作爲評價當權者的標準，可見權力繼承中倫理的因素。然而究其根本，仍不脫天命的統緒。《春秋左氏傳》引《詩經・大雅・既醉》：「孝子不匱，永錫爾類。」這句詩所祝福的「君子萬年」，重點在於祈求天祐族姓的存續繁衍。天命既然是周初以來的權力的根據，向天祈求孝子，目的在族姓的成長，以及權力的繼承。

《春秋左氏傳》「隱公三年」述及「周鄭交質」。周王東遷之後，政權漸衰，竟淪落到與其「卿士」交換人質的地步。「左傳」所議的「信不由中，質無益也」，意義在於檢討周王朝的建國理想已經隳壞了，所以出現天王與其卿士交換人質，互相要脅的難堪場面。

周王朝的建國理想寄託於周禮之上，周禮的精神則在「明恕而行」。周禮原本於親族人倫的情感，是以情志感通作爲權力規範的基礎。所以只要這種情分還在，雖然沒有豐盛的禮物，仍然可以達到禮的目的。情感融洽，沒有

〔註 30〕同上，頁 612～9。

隔閡，故可互信。

然而隨著人口的繁衍，土地的分割，親族的情感漸疏，政權的系絡開始鬆動。原本是親族的統治者之間，逐漸有了隔閡。這時只憑著幾世之前血族的記憶，不足以使爭奪土地財貨的城邦統治者休戰。因爲血濃於水的情感趨於淡薄，無法互相信任，最後演變成必須交換人質，才能夠保證約定之可信。其實交質已經證明了信約的崩潰，即使互相要脅也無法確保彼此的約定。

關於權力繼成法則的討論，〔註31〕持續出現在《春秋左氏傳》「隱公三年八月」。宋穆公病危，對大司馬孔父交待繼承權，他依據「傳賢不傳子」的原則，得授君位，所以堅持要把君位傳給先君的兒子「與夷」，「光昭先君之令德」。宋穆公的權位來自宋宣公傳賢不傳子的決定，但是顯然後人對這一賢德的判準無法持守，所以穆公要把君位傳給宣公子與夷，群臣則擁護穆公子「馮」。他們所考慮的權力繼承原則，仍然是嫡系的血統。

權力繼承的問題顯然經常困擾著個城邦的統治者，所以衛莊公也遭遇其臣石碏的勸諫。《左傳》隱公三年，衛莊公寵愛「嬖人之子」州吁，影響到桓公的接班形勢。石碏提出六逆六順的權力繼承原則，勸諫莊公，不要因一己之私的愛好，打亂了繼承的法則。

所謂「六逆」：賤妨貴，少陵長，遠間親，新間舊，小加大，淫破義。貴賤、淫義，意義還有待釐清。長幼、親疏、舊新、大小則相當明確地遵循著親族倫理的系譜。如果不順著倫理系譜就是「逆」，所以六順的內涵完全依據倫理關係：君義、臣行、父慈、子孝、兄愛、弟敬。

《春秋左氏傳》「隱公八年」曰：「天子建德，因生以賜姓，胙之土而命之氏，諸侯以字爲諡，因以爲族。官有世功則有官族，邑亦如之。」

齊桓公繼位的過程，可以說明當時權力繼承的普遍性危機。《春秋左氏傳》「莊公八年」所記，齊襄公派遣「連稱」與「管至父」到葵丘駐守，並且說「及瓜而代」。但是時間到了之後，襄公卻一直沒有派人代替他們。這兩個齊國的大夫因此開始策劃叛亂。

亂源仍然是因爲違背了權力傳承的倫理原則。齊僖公的同母兄弟「夷仲年」生了公孫無知，甚得僖公的寵愛。公孫無知恃寵而驕，「衣服禮秩」猶如太子一樣。衣服禮秩是權位的象徵符號，公孫無知僭用衣服禮秩，意謂著權力位階的失序。齊襄公當然不能容忍公孫無知威脅到他的權力，因此減損了

〔註31〕同上，頁412～9。

他的待遇。這兩個齊國的大夫，就利用這個權力結構鬆動與悖亂的機會，圖謀叛亂。

他們叛亂成功，立了公孫無知爲君。而鮑叔牙在襄公即位時，預言：「君使民慢，亂將作矣。」於是奉公子小白出奔莒城。當叛亂發生，管夷吾與召忽才奉公子糾，逃到魯國。

齊大夫雍廩因爲公孫無知虐待過他，所以乘機又謀害了公孫無知。齊國陷於無主的混亂中，魯國派軍隊護送公子糾回齊國繼承君位。但是公子小白搶先回到齊國就位。魯莊公仍然堅持送公子糾回國，於是發生齊魯之間的戰爭。魯軍大敗，所以無法在堅定地保護公子糾。最後並在齊國的要求之下，殺死了公子糾。管夷吾沒有像召乎一樣，陪公子糾死，反而歸順了齊桓公。

以上權力繼承的戰爭，說明了東周初期權力繼承的情形。齊魯雖然不同國，但沒有人質疑魯國對齊國君位繼承的干預。無論是得君位的公子小白一派，或失勢的公子糾一派，都允許魯國的干政。因爲依據倫理的原則，魯君與齊君的關係，應該比他們與人民的關係更親密。所以對於權力的繼承，鄰國貴族比本國平民更有影響力。

東周天子失去統領天下的盟主地位，當時的國際秩序由後世所謂的霸主來維持。其實五霸維持國際秩序的原則，仍然依於周禮所蘊涵的倫理。就如《春秋左氏傳》「僖公七年」，齊桓公與諸侯會盟，策劃攻打鄭國。管仲對齊桓公說：「招攜以禮，懷遠以德，德禮不易，無人不懷。」於是齊桓公脩禮於諸侯。

鄭伯派太子華與會，希望和齊桓公達成協議。如果齊侯除掉洩氏、孔氏、子人氏三族，鄭國太子華願意以鄭國作齊的內臣，服屬於齊國，以求與齊桓公媾合。齊桓公不覺心動，想要答應鄭國的條件。管仲卻對齊桓公說：

> 君以禮與信屬諸侯，而以姦終之，毋乃不可乎？父子不干之謂禮，守命供時之謂信，違此二者，姦莫大焉。

即使動亂的春秋時代，霸業仍然建立在禮的理想之上。根據管仲的詮釋，禮的原則「父子不干」顯然與倫理秩序有關。齊桓公則質疑，諸侯會盟討伐鄭國，還沒有得勝，如今有機可乘，爲什麼不利用呢？管仲的回答還是富於周禮的理想。他認爲齊桓公若能對諸侯「綏之以德，加之以訓辭」，鄭國的覆亡指日可待。

如果不合乎「父子不相干犯」的禮，帶領違背父命的鄭國罪人「太子華」，去討伐鄭國，只會使鄭國有話說（鄭有辭矣）。因爲會盟的意義在於「崇德」，如果讓奸邪之人列君位，這崇德的會盟如何能垂示後人呢？

崇禮以垂示後嗣，對於齊桓公這次會盟具有重要意義。因爲管仲提醒齊桓公：「夫諸侯之會，其德刑禮義，無國不記。記姦之位，君盟替矣。作而不記，非盛德也。」政權的重要元素不是軍事上的勝利，而是合乎禮的言辭，與足以傳諸後世的記載。這才是判斷成敗的標準。

周天子猶存，國際秩序卻由所謂的霸主維護。實質上的領袖與名義上的共主應該如何相處？《春秋左氏傳》「僖公九年」：

> 會于葵丘，尋盟，且休好，禮也。王使宰孔賜齊侯胙，曰：天子有事于文武，使孔賜伯舅胙。齊侯將下拜，孔曰：且有後命。天子使孔曰，以伯舅耋老，加勞賜一級，無下拜。對曰：天威不違顏咫尺，小白余敢貪天子之命，無下拜，恐隕越于下，以遺天子之羞，敢不下拜。

葵丘之會，周天子賜祭文王武王的祭肉給齊桓公。齊桓公要跪拜受賜，天子卻特許他不用下階跪拜。周天子稱齊桓公這個會盟的霸主「伯舅」，李宗侗的《春秋左傳今註今譯》說天子稱異姓諸侯，見於禮記。稱異姓諸侯而用倫理關係的稱謂，權力關係中的倫理原則可知矣。

春秋時代經常見到大夫作亂，尤其與國君的寵愛信用有關時，信用之人侵犯倫理關係，造成權力繼承的危機。權力的佔有者是當政者，他要依據倫理的秩序，又根據對自己有沒有價值來決定權力的傳承，於是造成國內的衝突與戰爭。即使一代霸主齊桓公身後，也不免遭遇同樣的危機。《春秋左氏傳》「僖公十七年」：「齊侯好內，多內寵，內嬖如夫人者六人。」內寵是自己所信用的人，也就是從自身好惡認爲有利用價值的人。而像易牙這樣的人，以所作美食取悅齊桓公，更加說明了「利用價值」這個權力繼承的取向。「雍巫有寵於衛共姬，因寺人貂以薦羞於公，亦有寵。」管仲一直以周禮爲權力的依據「管仲卒，五公子皆求立。」「齊桓公卒，易牙入，與寺人貂因內寵以殺群吏，而立公子無虧。孝公奔宋。」最後還是宋襄公以諸侯兵伐齊，滅了四公子之徒，立了齊孝公。

第七節　君子涵意的轉變，解脫憂患的新啓示

《詩經．周南樛木》云：「南有樛木，葛藟從之。樂只君子，福履綏之。」裴普賢《詩經評注讀本》說這是原始的祝福詩，並沒有明確界定「君子」的

涵意。王靜芝《詩經通釋》不同意「詩序」的解釋：「言（后妃）能逮下而無嫉妒之心焉。」他也不以朱熹傳謂「眾妾之頌后妃」爲然。因觀其樛木起興，有婦人依附丈夫之義，所以君子應指婦人之夫。陳奐《詩毛氏傳疏》與高本漢《詩經注釋》皆同意「樛木」表現了「彎曲纏繞」的意義，所以可以支持王靜芝的說法。而《詩序》的說法，從后妃的權力位階上思考君子的身份，雖然得不到學者的認同，但是陳子展《詩經直解》認爲，「樛木惡木，葛藟甜茶」，所以主張君子是指奴隸社會裡的主人，也是一種從政治寓意推敲的說法。這牽涉中國古代社會的性質，根據杜正勝《古代社會與國家》的論斷，我們無法遽然同意陳子展的引申。因此，「君子」在周朝初年就已經可以脫出政權的層級結構，指謂更豐富的意義，譬如此詩裡，指的可以是婦人的丈夫，是人倫情意寄託的對象。

其它如《詩經・周南》的〈汝墳〉：「未見君子，惄如調飢。」陳子展《詩經直解》甚至以爲隱喻男女性愛的需求，則「君子」之意明矣。王靜芝《詩經通釋》由後章「王室如燬」推測此詩作於西周末東周初，所以我們可以說「君子」一詞的涵意確實不可限定在狹義的政治性框架裡。《詩經・召南》的〈草蟲〉：「陟彼南山，言采其薇。未見君子，我心傷悲。」也是很好的證明。

《詩經・大雅》的〈抑〉：「視爾友君子，輯柔爾顏，不遐有愆。相在爾室，尚不愧于屋漏。無曰不顯，莫予云覯。神之格思，不可度思，矧可射思。」王靜芝《詩經通釋》直接把「君子」當成人品的評價，所以這句詩譯爲：「看你那君子友人，你要容顏柔和，不要有什麼過失。發現你自己獨處內室時，不要在陰暗的角落作出可恥的事。別以爲那陰暗處，就沒人瞧見你幹的好事。神的到來，人難測度，你豈可稍有不敬。」君子是敬畏那不測之神的人，神所喜愛的，也是我們應該敬重的人。因爲君子值得人尊敬，所以我們視他爲寶貴的朋友。

大約成於西周中葉以後的《詩經・小雅》，君子與小人對比而言，指在上位的統治者。但是在〈小雅・南有嘉魚〉看到：「君子有酒，嘉賓式燕以樂。」在〈小雅・南山有臺〉看到：「南山有臺，北山有萊。樂只君子，邦家之基。樂只君子，萬壽無期。」傳統的解釋，如裴普賢《詩經評註讀本》，以及王靜芝《詩經通釋》，都視之爲貴族之間燕饗通用的樂歌。但是像陳子展《詩經直解》則分別將它們解釋爲下對上的諷刺或祝賀，而非平行的應酬。形成這種歧見的關鍵也許在於，對於「小雅」不同的看法。

傳統說法多原「詩序」:「雅者，政也。言王政之所由興廢。」朱熹《詩集傳》:「雅者，正也，正樂之歌也。以今考之，正小雅，燕饗之樂也。」陳子展所代表的看法則基於他對周代社會性質的觀點。在一個階級社會裡，詩意中何處不是效忠與背叛，征服與屈服。

顧頡剛《史林雜識》論風雅頌之別，他引鄭樵《通志》:「樂以詩爲本，詩以聲爲用。……樂府之作，宛同風雅。」主張以樂言詩乃直探其本，足掃一切附會之說。他又藉《詩經・大雅》〈崧高〉:「吉甫作誦，其詩孔碩，其風肆好，以贈申伯。」說明「風」是樂調的公名，而非鄉樂的專名。雅亦風也。《樂記》:「訊疾以雅」，鄭玄注曰:「雅，亦樂器名也，狀如漆筩，中有椎。」孔穎達疏:「舞者訊疾，奏此雅器以節之。」所謂「雅」者，重點在於以雅琴伴奏。歌一種詩用一種樂器，非關義理。風雅頌之別，實爲樂器與聲調之別，「國風」猶如今之小曲，「雅」「頌」略等於樂劇。至於詩的內涵並不足以劃分其別異。「風」未必盡出於平民，「雅」「頌」也不必是廟堂之音。

藉著顧頡剛的推敲考究，我們可以達到一種詮釋的解放，不需固守某種一元的解釋。「君子」在《詩經・小雅》中的意義，不必拘泥於貴族或統治者的身份，我們也不必矜持著奴隸與臣下的恨意。儘從上兩首詩的表層，我們應該可以確定「君子」的稱呼，既可以是主人對佳賓，亦可以是客人對賢東主。

《詩經・小雅》的〈頍弁〉:「有頍者弁，實維在首？爾酒既旨，爾殽既阜。豈伊異人？兄弟甥舅。如彼雨雪，先集維霰。死喪無日，無幾相見。樂酒今夕，君子維宴。」君子是王靜芝所說的，指詩中的兄弟甥舅呢？抑或是陳子展所說的「王」呢？從詩文來看，這是一首寫兄弟親族聚會的詩。揆諸周的封建體制，即使「君子」指周天子，周王也是以兄弟甥舅的親族身份出現，君子因此也成了具有親族身份者的稱呼，是令親人思念與關心的對象，甚至是在面臨死亡時，最想見到的親人。

一個人在死亡焦慮中最想見到君子，「未見君子，憂心奕奕。既見君子，庶幾說懌。」這樣的慕情亦可見於《詩經・小雅》的〈隰桑〉:

隰桑有阿，其葉有難。既見君子，其樂如何？
隰原有阿，其葉有沃。既見君子，云何不樂？
隰原有阿，其葉有幽。既見君子，德音孔膠。
心乎愛矣，遐不謂矣？中心藏之，何日忘之？

王靜芝《詩經通釋》曰:「此逕是男女期會之詩耳。……言心之愛矣，何不逕告之乎？今日相會之樂，藏於心中，何日能忘之邪？」連多持異議的陳子展也不強解這「君子」爲君王了。

《書經・酒誥》：「庶士、有正，越庶伯君子，其爾典聽朕教。」「君子」與諸官員，眾諸侯並列稱之，所以君子應指在官位者。這是從王的地位發言，稱臣下爲君子。《書經・召誥》：「予小臣，敢以王之讎民、百君子、越友民，保受王威命明德。」臣子向王稟告，自稱小臣，而稱其他的官員爲君子。《書經・無逸》：「周公曰：嗚呼，君子所其無逸。先知稼穡之艱難，乃逸，則知小人之依。」君子與小人對舉，並非道德或價値的判斷，而是政治地位的分別。君子不比小人更好或更壞，而只是分位的不同。周公告誡作官者不可貪圖安逸，必須爲人民前鋒表率，體察人民的疾苦。這種君子與小人關係不僅不具道德意義，甚至在社會分工的角度上，也預設了一種對等的關係。君子只是政治角色分配上的某一種人。

《春秋左氏傳・隱公三年》：「鄭武公、莊公爲平王卿士。王貳于虢。鄭伯怨王，曰無之。故周鄭交質。王子狐爲質於鄭，公子忽爲質於周。王崩，周人將畀虢公政。四月，鄭祭足帥師取溫之麥。秋，又取成周之禾。周鄭交惡。

君子曰：信不由中，質無益也。明恕而行，要之以禮，雖無有質，誰能間之。苟有明信，澗谿沼沚之毛，蘋蘩蘊藻之菜，筐筥錡釜之器，潢汙行潦之水，可薦於鬼神，可羞於王公，而況君子結二國之信，行之以禮，又焉用質。風有采蘩、采蘋，雅有行葦、泂酌，昭忠信也。」

周平王與鄭伯的關係，原本是君臣，都是所謂在位的君子。當鄭伯怨王，竟然必須交換人質以取信對方。但是最後，周鄭仍然交惡。傳文至此，有一段「君子曰」的評論，這裡的君子是一個讀史與作史評的人。他當然有可能是官員，即使是一個官員，也必須是一個能說出那一番高明論評的官員，所以這君子的涵意，應該不同於他評述的「結二國之信」的君子。結二國之信的君子，在作史評的君子口中，應該是「行之以禮」的人，但事實上卻作了「以質取信」的事。

這是有關君子的「德」與「位」的論題。從西周的政治與社會建制來看，最初君子德位同一。但是隨著封建體制的隳壞，君子在位未必有德，君子有德而未必在位。君子的涵意產生分歧，必須回歸到周代史。《左傳》評史的君子，對於「君子」有一個用以批判現實的理想：「君子應該行之以禮」。「禮」的成毀正足以說明「君子」內涵的變化。

第八節　君子涵意的純化

所以從《論語》中「君子」的意涵，我們可以釐清春秋以降「君子」之義的演變。首先由《論語・學而》:「子曰：學而時習之，不亦說乎。有朋自遠方來，不亦樂乎。人不知而不慍，不亦君子乎。」這一章來看，君子的內涵是「人不知而不慍」，不管我們對於這種不慍的評價如何，說這句話的人確實把君子當作一個價值的符號，給予這種修養高度評價。

君子是在學習與修養上，能夠自省自得的人，他之不慍正因爲他能「反身而誠」「反求諸己」。由《論語・里仁》:「君子去仁，惡乎成名？君子無終食之間違仁，造次必於是，顚沛必於是。」這一章對君子的期許，我們知道孔門所謂的「君子」具有高度的評價意涵。而君子的內涵也與「仁」密切相關。

仁的意義不易確知，但是我們至少可以肯定君子極高的正面評價。所以透過《論語・顏淵》:「君子不憂不懼。」「內省不疚，夫何憂何懼。」可知君子的素養在乎內省不疚。一個人可以作到內省不疚，其人品高潔可以想見。因此君子不是指稱他的政治地位，無關血族身份，而是一種價值判斷。

君子的道德評價在孔門得到無限上綱，《論語・憲問》:「君子之道三，……仁者不憂，知者不惑，勇者不懼。」君子不僅不關乎政治與血統，還必須具備智仁勇的涵養。智仁勇可以說側重內在修養，而《論語・憲問》的另一章：

> 子路問君子。
>
> 子曰：脩己以敬。
>
> 曰：如斯而已乎？
>
> 曰：脩己以安人。
>
> 曰：如斯而已乎？
>
> 曰：脩己以安百姓。脩己以安百姓，堯舜其猶病諸。

君子之道固然不離「脩己」的內省功夫，但是君子的極致竟然無限上綱至於，堯舜都難以達到的境界，不僅敬愼此身，不爲不義，安頓自己，而且要能安頓親友近人，進而安頓不認識的其他一切的人。所以我們在孔子思想中，再度發現君子德與位兩重內涵的合一。君子必須有德有位，但因爲歷史的條件變遷，有德者未必在位，在位者不必有德。而且「德」的意涵在春秋以後，與周初也有所不同。

孔子的理想則志在實現，君子德位一致的夢想。君子德位一致象徵政治秩序的重建，周公制禮的理想重現。甚至這一次還超過了周公的理想，因爲君子之德不是血族中親親尊尊而致，其在位與否更無關乎宗族的嫡庶親疏，而依存於發乎內省的道德。〔註32〕

一、孔子革命：君子，天命與道

一般人民生存的焦慮，從當下生活的秩序失調開始，無所錯手足正說明了這種秩序的渴望，以及失序的焦慮。子路問孔子爲政最優先的事項，透露出孔子對人民生活的關懷與瞭解，以及他的對策，《論語・子路》曰：「子路曰：衛君待子而爲政，子將奚先？子曰：必也正名乎。…名不正則言不順。言不順則事不成。事不成則禮樂不興。禮樂不興則刑罰不中。刑罰不中則民無所錯手足。故君子名之必可言也。言之必可行也。君子於其言，無所苟而已矣。」手足無措說明了，一般人對自己孑然一身的關懷。因爲被統治者的行爲受到刑罰的約束，如果犯了錯將受到砍手斷足的懲罰。

孔子解消人民生存焦慮的方法就是「正名」，名正，言順，事成，禮樂興，刑罰中，這一切要項包涵了施政的重點，而且皆與君子有關。孔子雖然自謙，無能作到君子，但子貢仍然說出了人們對孔子的評價，認定孔子足爲君子的典型。(《論語・憲問》) 所以我們可以從孔子的畏懼中，摸索出超離畏懼的途徑。

《論語・爲政》曰：「吾十有五而志學，三十而立，四十而不惑，五十而知天命，六十而（耳）順，七十而從心所欲不踰矩。」從十五歲的少年，一直到七十歲的老翁，孔子自述了一生修道的證悟。這段自述，令人注目的是孔子所志與所學爲何？孔子之所立爲何？四十所不惑者爲何？五十而知天命，天命爲何？至於六十而順，所順者又爲何？〔註33〕

孔子所志之學，對於他的人生深具意義，因爲「不學」是他深切關懷的項目之一。《論語・述而》：「子曰：德之不脩，學之不講，聞義不能徙，不善不能改，是吾憂也。」孔子所關切的，不是此身的安樂，而是修德、講學、遵義、行善。他一生所懸念的，不是一般人所在乎的，此身的安樂。那麼孔子是否能眞正解消小民的焦慮？《論語・述而》：「子曰：默而識之，學而不厭，誨人不倦，何有於我哉。」孔子如此安頓生命的意義，如何保證一般人也可以由其中得到平安？

〔註32〕傅佩榮，《儒家哲學新論》（臺北：業強出版社，1993）頁131。
〔註33〕傅佩榮，《儒家哲學新論》（同上）頁327～9。

孔子以一種超越此身安樂的生命構想，絕非僅止於平常的生活。孔子把「學」甚至推到足以面對死亡的極限，《論語・泰伯》:「子曰：篤信好學，守死善道。」孔子修德講學並非以抽象的理念，取代現實的生活，壓抑生存的慾望。而是因爲他把生存的基礎建立在「學道」之上，《論語・衛靈公》曰：

> 君子謀道不謀食。耕也，餒在其中矣。學也，祿在其中矣。君子憂道不憂貧。

學道使人可以安頓生命，似乎仍然無法說服我們。我們只知道，學道與謀食是不同的，但「道」是什麼？仍然未解。

> 君子學道則愛人，小人學道則易使也。(《論語・陽貨》)

> 樊遲請學稼，子曰：吾不如老農。請學爲圃，曰：吾不如老圃。樊遲出，子曰：小人哉，樊須也。上好禮，則民莫敢不敬。上好義，則民莫敢不服。上好信，則民莫敢不用情。夫如是，則四方之民襁負其子至矣。焉用稼。(《論語・子路》)

二、君子的啓示：如何面對臨界情境

當孔子遭遇生存的危機，他的反應如何？「子曰：天生德於予，桓魋其如予何。」(《論語・述而》)孔子相信天賦予他生存的意義，他不畏別人對他生命的威脅。這是君子自貽哲命的天命觀。

「子畏於匡。曰：文王既沒，文不在茲乎。天之將喪斯文也，後死者不得與於斯文也。天之未喪斯文也，匡人其如予何？」(《論語・子罕》)孔子在自身所見的天命，是文化傳承的使命。超越此身的生死。而且這天命上溯文王，文王的天命與孔子的天命如果有共通與繼承之處，我們必須超越歷史中特定的社會背景，以及特定的政治地位，方能確認孔子天命的內涵。

天命是孔子無畏死亡的原因，所以他說：

> 孔子曰：君子有三畏，畏天命，畏大人，畏聖人之言。小人不知天命而不畏也。狎大人，侮聖人之言。(《論語・季氏》)

天命可畏，但君已失德，人只能從聖人之言，一揆天命。「五十而知天命」是孔子人生的一大節目，天命又溯及文王之命，並且關乎君子與小人之分。所以我們必須回到這兩個主題。

「子疾病。…吾誰欺？欺天乎？…且予縱不得大喪，予死於道路乎？」《論語・子罕》孔子相信天的審判是高明與公平的，所以他的生死可以付諸天命。

《論語・先進》云：「顏淵死，子曰：噫，天喪予，天喪予。」孔子爲什麼在顏淵死後，喟歎生命的喪亡？孔子憾恨的不是自身生命的終結，而是維斯文於不墜的天命產生絕續的危機。

《論語・爲政》：「孟懿子問孝。子曰：無違。…樊遲曰：何謂也？子曰：生，事之以禮。死，葬之以禮，祭之以禮。」解消此身懸在生死兩端的憂懼：親子的禮。《論語・八佾》：「獲罪於天，無所禱也。」天還是最高的審判者。

《論語・里仁》：「子曰：富與貴是人之所欲也，不以其道，得之不處也。貧與賤是人之所惡也，不以其道，得之不去也。君子去仁，惡乎成名？君子無終食之間違仁，造次必於是，顛沛必於是。」道是什麼？超越此身的貧富，與身份的貴賤。仁是生存的主要脈絡，而且超越了此身的安樂。《論語・里仁》：「士志於道而恥惡衣惡食者，未足與議也。」「子曰：不仁者不可以久處約，不可以常處樂。仁者安仁，知者利仁。」仁者不僅超越了此身的安樂，而且回頭來安頓此身。

《論語・里仁》：「子曰：唯仁者能好人，能惡人。」「苟志於仁矣，無惡也。」人活著不只是爲了營謀此身的飽暖，還繫於一份生命的評價，仁者表現了他的評價能力。

《論語・雍也》：「子見南子。子路不說。夫子矢之曰：予所否者，天厭之，天厭之。」天是審判者，具有擬人的好惡。

《論語・憲問》：「（莫我知也夫）子曰：不怨天，不尤人，下學而上達，知我者其天乎。」超越生命受制於此身的框限，我們求心情的感通。但是人的際遇難料，而且常不受人掌控，一旦困厄，常怨天尤人。孔子以天命自立，因爲相信天對他的知遇，使他超越了此身的困窘，甚至不在乎情志的閉塞不通。

第九節　期待統一的生存秩序

有學者認爲「城濮之戰」或許是中國文化變秦，或變楚的關鍵。〔註 34〕晉楚城濮之戰無論如何都是一場決定性的戰爭，它關係著幾個邦國的興亡。從城濮之戰的過程與結果，我們可以明瞭當時權力運作的規範。《春秋左氏傳》「僖公二十八年」記載：晉侯包圍曹國，晉軍攻城死傷累累。曹軍把晉軍的屍體陳列在城上，令晉侯很擔心。爲了反制曹軍，晉軍就作勢移師曹人的墓

〔註 34〕李宗侗，《春秋左傳今註今譯》（臺北：臺灣商務印書館，1995）頁 379～382。

地。以死去的人作武器，互相威脅，一方面說明周人對死者的重視，但是另一方面也說明傳統已經開始隳壞。

奪得曹國，但與晉結盟的宋國正遭到楚軍的圍攻。晉侯不即救宋，反先伐曹衛。晉人以爲楚人必移師救曹與衛。但楚軍元帥子玉，仍舊圍宋不退。晉雖然與齊秦結盟，但是齊與秦並不積極與戰，所以晉文公必須用利害關係造勢。因爲子玉圍宋都而不戰，想兵不血刃而下宋國。晉文公以賄賂與齊秦結盟，又以曹衛之田賜宋人，安定宋人之心。「喜賂怒頑，能無戰乎？」希望會逼得子玉沉不住氣出戰。

楚王則希望子玉不要再戰，因爲他相信飽歷憂患的晉文公，在外流亡十九年，還能得到晉國，「險阻艱難備嘗之矣，民之情僞盡知之矣」。晉侯能有今天的局面，蓋非人力，而是「天假之年」。這時天的內涵由重耳的存活來定義，因爲他存活下來，所以應有天命在其身。這是天意，天命不可違，「天之所置，其可廢乎？」楚王甚至說晉文公「有德不可敵」，堅持子玉退兵。

子玉堅不退兵，還與晉君談條件「請復衛侯而封曹，臣亦釋宋之圍。」晉國的子犯認爲子玉無禮，先軫則持反論「定人之謂禮」，在春秋亂世，先軫對禮的界定極有特色。能安定他人就叫作禮，可見安定的重要性。所以說「楚一言而定三國，我一言而亡之。我則無禮，何以戰乎。」

先軫雖然主張定人之爲禮，卻並非復興傳統的倫理關係，而是以利害離間敵方陣營：「不如私許復曹衛以攜之，執宛春以怒楚，既戰而後圖之。」私下答應讓曹衛復國，以離間他們與楚國的關係。再捉住楚的使者宛春，激怒楚軍。

子玉發怒，追逐晉軍，晉軍退走，晉軍吏質疑：「以君辟臣，辱也。且楚師老矣，何故退？」子犯則提出一套曲直之說，強調決定勝負的不是在時間裡延久的體力，而是對敵時的心態，理直則氣壯，理曲則氣衰。以晉君而退避楚臣三舍，可以造就有利於晉軍的心態。子犯玩弄的仍然是謀略。

晉侯與楚軍對抗時，還掛念著是否背負忘恩負義的罵名，他的臣子則從族姓的存亡勸說晉侯：「漢陽諸姬，楚實盡之。思小惠而忘大恥，不如戰也。」族姓的存亡比晉侯一人身受的恩惠更重要。所以無論時代所流行的評價標準是什麼，生存還是最重要的，而族姓更廣大的生存則尤甚於一己有限的生命。

晉侯在決戰前作了一個可怕的夢，他夢見與楚王搏鬥，被楚王壓住，啃噬晉侯的腦子。子犯解夢：「吉。我得天，楚伏其罪，吾且柔之矣。」因爲晉侯仰望見天，所以說得天照顧。楚君趴在晉侯身上，所以說他匍匐認罪了。古人相信「腦所以柔物也」，〔註35〕所以晉侯會使楚王柔順。晉侯在決戰前夕作了惡夢，還是要靠臣下搬出「天」來安他的心。只是這個天背後的規律，是解夢者的自由聯想。

一、禮的軍法化

《春秋左氏傳》所推崇晉文公「一戰而霸，文之教也」的究竟，其實重點只是將組織貴族的紀律，延伸到民間以組織社會。子犯說：「民未知禮，未生其共。」而晉侯的作法則是「於是乎大蒐以示之禮」。（僖公二十七年）晉侯所能講的不過是「大蒐禮」，根據楊寬的說法：

大蒐禮原始的禮節具有檢閱軍隊，以及借田獵來進行軍事演習，用以訓練戰士。最初大蒐禮沿襲集體狩獵的習慣，按季節舉行，以冬季農隙時舉行較重要。春秋時代，按季節舉行的大蒐禮已衰落，只有為政治與軍事目的才舉行。多已不用田獵，而純粹為軍事檢閱與演習。〔註36〕

根據《春秋左氏傳》所載，晉國在春秋時代共舉行四次。綜合《春秋左氏傳》所見，楊氏歸納大搜有五點功能：〔註37〕

（一）建置與變更軍制。一般說來，晉國軍隊的重大變革，都是透過大蒐禮而定。

（二）選定與任命將帥及執政。春秋時代，貴族的軍權與政權合一，軍隊中的將帥就是政府中的卿大夫。大蒐禮中的選將，也就是執政卿大夫的任命。

（三）制定與頒布法律。春秋時代，貴族的軍權與政權合一，將帥軍中的軍法就是平時治民的常法。

（四）對違法者處刑。《春秋左氏傳》「僖公二十七年」：「楚子將圍宋，使子文治兵於睽，終朝而畢，不戮一人。子玉復治兵於蒍，終日而畢，鞭七人，貫三人耳。」所謂「鞭」與「貫耳」，都是「治兵」禮中，因違反軍令而受到的軍刑。

（五）救濟貧窮與選拔人才，並處理大政。其實況如《春秋左氏傳》「昭

〔註35〕竹添光鴻，《左傳會箋》。
〔註36〕楊寬《古史新探》（同上）頁267～8。
〔註37〕同上，頁270～8。

公十四年」：「楚子使然丹簡上國之兵於宗丘，且撫其民，分貧振窮，長孤幼，養老疾，收介特，救災患，宥孤寡，赦罪戾，詰姦慝，舉淹滯，禮新敘舊，祿勳合親，任良物官。」「好於邊疆，息民五年，而後用師，禮也。」這裡禮的功用，在於安撫人民，分財於貧，長養孤幼，等等社會福利。同時又能甄補人才。任用有才能的人。安撫教養人民五年之後，目的還是用兵，但如此是合禮的。

春秋時代，晉楚之強，不能說與此無關。但是其禮並非周文彬彬之禮，而是頗具原始軍事殖民時代精神的禮。尤其他們的禮向下延伸，不僅用以聯絡貴族，也藉以組織人民。

二、超越而統一的法制

針對內憂外患的生存情境，吉凶的意義似乎變得很單純，那就是需要一個超越私情私利的統一法制。著作時代略早於《易傳》的商君書，〔註38〕或許可以幫助我們進一步掌握吉凶的判準。《商君書・修權》：「世之爲治者，多釋法而任私議，此國之所以亂也。」這是春秋以下，東周政局的實況。各國國君常因私情而壞了權力繼承的規範，誘發繼承權的爭奪戰。透過倫理關係建立起來的權力繼承法則，在開國以來的軍事殖民運動終結之後，親情漸疏，權力網絡漸弛。各國國君逐漸任由自己的愛惡來主導用人的政策，因此造成權力隨個人好惡轉移，政局缺乏穩定性的內亂與外患。《商君書》的思想一方面針對時弊，提出批判，另一方面它所提出的新政構想，也可以說明強秦的某些史實。

《商君書・修權》接著提出一個超越個人偏好，並且取代早已隳壞的權力繼承禮制的「法」。法具有超越個人生命局限，超越時代與地域的特質，尊法則可以重新穩定，受到不確定因素影響的權力繼承體制。

《商君書・修權》：「夫釋權衡而斷輕重，廢尺寸而意長短，雖察，商賈不用，爲其不必也。」權衡法度的價值在於可以預測未來，掌握不確定的情勢，營建安定的人生。「故法者，國之權衡也，夫倍法度而任私議，皆不知類者也。」不知類推是因爲無法可守，無從預測未來。法是超越個人生命之上的規律，如果沒有這種規律，一般人會受到個人偏見的蒙蔽與誤導，作出錯誤的判斷，把權力傳給不適當的人。而其他人因爲無法預知權力繼承的規則，

〔註38〕賀凌虛，《商君書今註今譯》（臺北：臺灣商務印書館，1987）頁218～221。

將造成爭權奪位的血腥鬥爭。《商君書・修權》的立法精神就在於：「賞誅之法，不失其義，故民不爭。授官予爵，不以其勞，則忠臣不進。行賞賦祿，不稱其功，則戰士不用。」統治者希望維持政治安定，獲得臣下的效忠，以及發揮軍力，首先必須使權力授予和剝奪，具有公平客觀的法度規範。

立法的精義在於公私分明，建立權力繼承的秩序：「公私之分明，則小人不疾賢，而不肖者不妒功。故堯舜之位天下也，非私天下之利也，爲天下位天下也。論賢舉能而傳焉，非疏父子，親越人也，明於治亂之道也。」德位相稱的當權者再度出現政治舞臺，只是德的內涵產生變異。

賢能與否的標準，依據《商君書・賞刑》：「所謂壹賞者，利祿官爵，摶出於兵，無有異施者。」利祿官爵皆由軍功來決定，這和當時戰國的形勢有關。一時權宜的立法，其極至則爲「至於無賞」。「所謂壹刑者，刑無等級。自卿相將軍以至大夫庶人，有不從王令，犯國禁，亂上制者，罪死不赦。」刑無等級只消極地說明了法的公平性，但是刑法的內容並不明確。「所謂壹教者，博聞辯慧，信廉禮樂，修行群黨，任譽清濁，不可以富貴，不可以評刑，不可獨立私議以陳其上。」齊一教化的內容，漸漸可以說明法的內涵是什麼。第一就是不允許「獨立私議」，使價值觀可以統一於君王之手。第二則是「務之所加，存戰而已矣。」因爲富貴之門，在戰而已，所以教化的內容以軍訓教練爲主。以軍功爲賞罰之法的基準，其實也只是春秋戰國特定的形勢下所產生的需求。所以總結立法的準則，應該是：「夫利天下之民者，莫大於治。而治莫康於立君。立君之道，莫廣於勝法。勝法之務，莫急於去姦。去姦之本，莫深於嚴刑。」刑法的根本在於立君，樹立君主的權威則在於天下大治以利萬民。（《商君書・開塞》）

秦晉之強盛，對於戰國諸子應該很有啓示，所以一套具有超越性，利於統一天下，重定生存秩序的律法，可以說是對哲學的最低要求。由此我們可以明確掌握聖人爲何以「繫辭焉而明吉凶」爲志趣，而吉凶又是如何緊扣著生存的焦慮。

第十節　說立象之道

「象」的意義如果象形連言，在約定俗成的中文裡，一般說來指「描摹實物形狀」。《漢書・藝文志》云：「古者八歲入小學，故『周官』保氏掌養國子，教之六書，謂象形，象事，象意，象聲，轉注，假借，造字之本也。」注曰：「象形，謂畫成其物，隨體詰屈，日月是也。」從語言符號的製作原則來說「象」，意在確立它的符號意涵。它的意義從古代的巨獸，轉變爲符號代表原物原意的用意。或者當作動詞，指謂以符號代表某物某事的活動。《易傳》中的「象」，基本上不脫這個範圍，以下我們將一一分說「象」的內涵層次。

在《左傳》中，我們可以發現「象」具有豐富的涵意。例如《左氏春秋傳》「襄公二十四年」：「象有齒以焚其身」，象是動物分類中的一種獸。根據甲骨金文，我們可以看見，在古人眼中，「象」眞的很巨大而顯著。因爲這種顯著性，我們看到與象有關的論述，透露彰顯啓示的功能。

《左傳》「桓公二年」：「君人者將昭德塞違，以臨照百官。猶懼或失之，故昭令德以示子孫。」竹添光鴻《左傳會箋》曰：「在心爲德，施之爲行。德是行之未發者，而不可聞見。故聖王設法以外物表之，其儉，其度，其數，其文，其物，其聲，其明，皆是昭德之事也。」統治者不能靠暴力治理臣民，所以春秋之時，分享治權的貴族能有這樣的智慧，對統治的正當性提出這樣的看法。統治者籠絡臣民的好意，如果相私有財產一樣收藏著，無法達成統治的效果（從甲骨金文來看，「德」由大路上一隻特別強調的眼睛，注視著一顆心形構而成。「得」則是由大路上，一隻撿到大寶貝的手形構而成）。

爲了昭示君德，成就可以超越個人生存界限的客觀教訓，統治者必須藉助禮儀：「是以清廟茅屋，大路越席，大羹不致，粢食不鑿，昭其儉也。」先民住所原本即爲穴居茅屋，肅然清靜的廟宇形制如先祖所居的茅屋，爲了昭示統治者欲望上的節制，以及對祖先的懷念尊崇。大路據竹添光鴻爲祭天的禮車，車上只舖上蒲席。祭禮的肉羹，不講究五味調和。祭祀的穀實也不椿之使精，都是爲了顯示節制與不忘本之意。而這一切又都是祭禮的內涵。

「袞冕黼珽，帶裳幅舄，衡紞紘綖，昭其度也。」禮服，禮帽，蔽膝，大圭，大帶，裙子，綁腿，鞋子，橫簪，瑱繩，以及禮冠的形制，都是爲了彰顯禮制的規範尺度。

「藻率鞞鞛，鞶厲游纓，昭其數也。」畫藻，佩巾，佩刀刀鞘的飾帶，紳帶與下帶，旌旗的穗子，馬胸前的五彩纓絡，尊卑各有定數。竹添氏曰：「數之登降則繫乎德之大小，故昭其數即所以表明其德也。」

「火龍黼黻，昭其文也。」火，火畫也。龍，龍紋也。黼，黑白斧形之紋，黻，青黑已形紋也。此乃以文章明貴賤也。

「五色比象，昭其物也。」關於這一段話，竹添光鴻《左傳會箋》曰：「五色比象者，以五色比類象物也。昭其物也者，日月取其明，山取其鎮，龍取其變之類是也。」五色類比於實物的光彩，其實還是昭示物的存在位階。

「錫鸞和鈴，和其聲也。」這一段雖然說的是不可見的音響，其實還是指可見的形象。竹添氏箋曰：「君子之車，龍旂陽陽，和鈴央央，故錫鸞之聲是君子之德音。」所象者仍爲陽陽央央之影響也。

「三辰旂旗，昭其明也。」三辰者，日月星辰也。三辰遞運，昭民時辰。旂旗乃九旗之總稱，上繡三辰以昭顯天的光照。形象的設計仍以光的照臨，與視覺經驗爲基礎。

禮的精神即在於善用形象，以建立利於統治的禮制：「夫德儉而有度，登降有數，文物以紀之，聲明以發之，以臨照百官。百官於是乎戒懼而不敢易紀律。」禮制何以能產生權威，令百官遵守紀律呢？依照這一段話的說法，樹立權威的關鍵在於度數文聲，這些具有比類象物效能的符號。這些符號不是一般的符號，而是權力的媒介，權威的代表。因爲代表權力，所以符號具有強勢的秩序，如果違背這符號的秩序，就是違背了禮數。違背禮數即背叛權威者的統治，應該受到懲罰。

對於失禮的批判，春秋時代的貴族不從天命祖德著眼，顯示新時代的思想特質：「今滅德立違，而寘其賂器於大廟，以明示百官。百官象之，其又何誅焉。國家之敗，由官邪也。官之失德，寵賂章也。」這個對失禮威脅到國家存亡的批判，也從符號的錯置入手。郜鼎在廟，竹添氏箋曰：「廟是祭政所在。」，「鼎」象徵政權的存在，取得鼎與取得權力，有其規範與秩序，所以魯桓公將宋國賄賂他的郜鼎取來，置於大廟之中，非禮也。非禮則有國家敗亡，喪失政權之憂。

以上所言，並不把「象」的涵意局限在《易傳》所說的定義裡。但是我們在《左氏春秋傳》裡，也看到卜筮中所謂的「象」：「及惠公在秦，曰：先君若從史蘇之占，吾不及此夫。韓簡侍曰：龜，象也。筮，數也。物生而後象，而後滋，而後有數。先君之敗德，及可數乎？史蘇是占，勿從何益？詩曰：下民之孽，匪降自天。僔沓背憎，職競由人。」

杜預注曰：「占所以知吉凶，不能變吉凶，故先君敗德，非筮數所生。雖復不從史蘇，不能益禍之也。」象之吉凶與人的德否，分爲二事。換言之，天命沒有變成超越人力之上的宿命，沒有成爲不可知的命運。其中隱涵著人不僅可以知道自己的命運，也可以改變自己的命運。傳中所引《詩經・小雅・十月之交》，雖然有很強烈的人本意識，強調人的行爲決定他自身的幸與不幸。但是我們須知全詩的內容，從日月告凶，山崩地裂，洪水地震等天地異象，憬悟自身存在的意義，探尋人生的價值。最後的結論，一方面以憂患之心點明了人的生命反省，一方面也表達了對上天的懷疑，對「天天命不徹」的抱怨。

象的意義不是單純地依存於造字原則上，更不僅在周禮的建制之中，它極確定的涵意繫屬於《周易》的象數形構之中。其意義在於人開始將生命的意義，建立在一套可以客觀檢驗的符號系統上。生命的吉凶善惡，不再取決於天命降災降罰，更不用擔心君王明德的不確定性。人人都有可能因他對生存規則（易道）的理解，取得詮釋的權力。這詮釋的權力從他的智慧而生，即他對生存規律的觀察與理解。

在《易傳》中，象首先是天地所呈的現象。但是此處所謂的現象，爲人所見所知所效法，其實人對這裡所謂之現象是有所期待，有其定見的。因爲天地絕非受現代西方流行的自然科學影響所形成的天地觀，而必須將那象形的來源回歸古代天信仰的墮落之路，《周易・繫辭上傳》曰：「天尊地卑，乾坤定矣。卑高以陳，貴賤位矣。方以類聚，物以群分，吉凶生矣。在天成象，在地成形，變化見矣。」此中天地的意義流變詳述於前一章，我們在這樣的天地定位之下，審視象的涵意，將是論述《易傳》立象之道的起點。

「昔者聖人之作易也，幽贊於神明而生蓍，參天兩地而倚數，觀變於陰陽而立卦，發揮於剛柔而生爻，和順於道德而理於義，窮理盡性以至於命。」（《周易・說卦》）天不是唯一啓示我們的根元，天地並稱，甚至水火山澤風雷，都是啓示的根元。這種多元的觀點從根解消了「天命：君德：民情」的詮釋連環，所以人才有可能從天地的象形，理解吉凶變化之道。

聖人依據象數作易，乃以極深的智慧贊祝神明的造化。人並非被動地接受天命，反而以人的智慮參贊神明造化。人之所以能參贊造化，乃因他依象數，創制卦爻：聖人作易的目的已不同古先哲王「宅天命，作新民」，而在於「各正性命」。

《易傳》所謂「性」「命」，從象數易理發其端，基於聖人幽贊神明之知。易理不專屬於向承天命的統治者，超越任何血胤與族類之上，象數的道理雖然深玄，但卻使詮釋權從統治者那裡解放出來。性命依理，而不依天。如何知性命之理呢？

《周易・說卦》:「昔者聖人之作易也，將以順性命之理，是以立天之道，曰陰與陽。立地之道，曰柔與剛。立人之道，曰仁與義。兼三才而兩之，故易六畫而成卦。分陰分陽，迭用柔剛，故易六位而成章。」性命之理就在三極之道，六爻成章。

第十一節　審判者的缺席

從本章對聖人的討論，我們得知《易傳》中的聖人，最主要的內涵與其聖知有關，聖人的主要工作在於啓示教化，而不是審判賞罰。所以聖人如何能夠成功地宣示眞理，是非常關鍵的一個環節，這也就是聖人設卦的意義所在，《周易・繫辭上傳》:「聖人立象以盡意，設卦以盡情僞，繫辭焉以盡其言，變而通之以盡利，鼓之舞之以盡神。」聖人立象以求彰顯意志，設卦以求彰顯萬物的虛實，繫辭於卦下以充分演繹卦象，變化會通三百八十四爻開發萬物之利，竭盡啓發開導之能事以實現卦爻象數神妙不測。

易理如此之廣大神妙，然而其基本要元僅乾坤二象，《周易・繫辭上傳》:「乾坤其易之蘊邪：乾坤成列，而易立乎其中矣。乾坤毀則無以見易。易不可見，則乾坤或幾乎息矣。」下文將從乾坤兩元開始，依次敘述六爻，八卦，六十四卦的形構。

我們在《易傳》裡發現傳統的信仰逐漸變化：「自天祐之，吉無不利」這句話，它在《周易・繫辭傳》中出現三次，三次都與設卦的目的有關。上天授命君王保康民的傳統信仰，君王治民的主要工作是刑賞，尤其是刑罰，所以先王總諄諄告誡子弟「明德慎罰」。人民生活中的吉凶繫於君長的賞罰，也就是繫於莫測的君德與天威。但是在《易傳》中，天對人的「保祐」轉變爲人因爲明白易理，依循易道而行，生存之道乃能窮則變，變則通，通則久。

爲什麼明白易理即掌握生存之道？「夫易，廣矣，大矣。以言乎遠則不禦，以言乎邇則靜而正，以言乎天地之間則備矣。」(《周易・繫辭上傳》)「易」蘊涵了大生廣生的原理，而易的內涵不再獨尊上天爲作生的根源，而是寄託於多元的生生根源，其要則爲：「天地感而萬物生」(《周易・彖傳》)「天地之大德曰生」(《周易・繫辭上傳》)。

所謂天地只是符號，它們也以乾坤爲名：「大哉乾元，萬物資始，乃統天。

雲行雨施，品物流形。大明終始，六位時成，時承六龍以御天。乾道變化，各正性命，保合太和，乃利貞。」「至哉坤元，萬物資生，乃順承天。坤厚載物，德合無疆。含弘光大，品物咸亨。牝馬地類，行地無疆，柔順利貞。」（《周易・彖傳》）天成爲乾坤「統御與順承」的對象，乾坤兩元才是更根本的勢力。

《周易・繫辭下傳》:「子曰：乾坤其易之門邪？乾，陽物也。坤，陰物也。陰陽合德，而剛柔有體，以體天地之撰，以通神明之德。」易理說出作生萬物與保康萬民的根源，它的構成元即爲乾坤：「乾坤其易之蘊邪：乾坤成列，而易立乎其中矣。乾坤毀則無以見易。易不可見，則乾坤或幾乎息矣。是故形而上者謂之道，形而下者謂之器，化而裁之謂之變，推而行之謂之通，舉而措之天下之民謂之事業。」（《周易・繫辭上傳》）易是那形而上的道，乾坤就是形而上之道，得以具象化的媒介。因此乾坤構成形上世界與形下世界的媒介。我們可以說，以乾坤爲根元的卦爻象數系統，重新界定了作生與保養萬物群生的根源。

《易傳》思想的意義即在於超越傳統以天爲核心的詮釋模式，消除人民的生存必須仰賴君王明德的不安。天命已經有了新的判斷標準，而且這標準終於可以確定下來，不虞君王不能明其明德，也不必在天降喪亂時詛咒昊天不愍，因爲只要能明白卦爻之變，掌握其時位，就可以順天應人，得天之祐。

「昔者聖人之作易也，將以順性命之理，是以立天之道，曰陰與陽。立地之道，曰柔與剛。立人之道，曰仁與義。兼三才而兩之，故易六畫而成卦。分陰分陽，迭用柔剛，故易六位而成章。」（《周易・説卦》）性命之理就在三極之道，六爻成章。它們涵蓋了生存的各個層面，完全取代了傳統天帝信仰的地位，而提示了一套繫於人的聖知的符號系統，讓人自行掌握生存與價值的根基。

因此我們接著必須開始解明「乾元」與「坤元」:「子曰：乾坤其易之門邪？乾，陽物也。坤，陰物也。陰陽合德，而剛柔有體，以體天地之撰，以通神明之德。」（《周易・繫辭下傳》）

乾坤用以表示吉凶，以陽物與陰物爲象形的基礎。乾坤類比男女的生殖器，所以剛柔的寓意也寄託於此兩器官之體質。《易傳》思想用陰物陽物明示吉凶，並沒有淪爲生殖器崇拜，是因爲乾坤作爲符號，背離具體實物的存在，不是實物之親自臨在。乾坤的符號性由它們的象數內涵，得到進一步的說明。吉凶的判準因此具有革命性的轉變。

預測吉凶禍福的筮法，其實是取餘數的演算法：十有八變而成六爻。由陰陽兩爻構成的二元，如何排列組合，將有二的六次方種組合。加入六爻序位的條件，六十四種可能的組合即成六十四卦。

吉凶就是六十四卦所啓示的六十四種生存處境，《易經》以之預測人的未來，進而尋求自處之道而言。但是吉凶無法只由二的六次方的數字獲得實質的啓示。如果遵循陰陽兩爻與六爻序位的原則，前述的公式或許才能夠幫助人測定未來可能的遭遇。其實可能存在許多其它的演算法，〔註 39〕重點則在於存亡吉凶不再那麼不確定，生存秩序庶幾乎定於一。

〔註 39〕薛學潛，《易與物質波量子力學》收於蔡尚思《十家論易》（長沙：岳麓書社，1993）頁 1035～1340。

第三章　吉凶之辭

第一節　自天祐之，吉無不利

《周易・繫辭上傳》曰：「聖人設卦、觀象、繫辭焉，而明吉凶。」這一句的句讀歷來有不同的斷法，在此首先將「設卦」「觀象」「繫辭」分別以疏其義，匯歸於「明吉凶」。李鼎祚《周易集解》以爲聖人始爲八卦，重之爲六十四卦。此之謂設卦。因觀六十四卦，三百八十四爻之象，繫屬以辭，闡明其所象之吉凶。所觀之象是卦爻之象。

司馬光《溫公易說》曰「聖人窮理盡性以至于命，欲立有于無，統眾于寡，故設卦以觀萬物之象。」所觀之象非僅卦爻之象，而是萬物之象。聖人立有于無以設卦，因卦爻形構以觀察萬物之象所蘊之吉凶。

孔穎達《周易正義》則將設卦的依據歸諸「聖人設畫其卦之時，莫不瞻觀物象。法其物象，然後設之卦象，則有吉有凶。」此處觀象乃所以成就卦爻，而非由所設之卦爻，觀其所象以明吉凶也。

無論由象設卦，由卦觀卦象，或由卦爻而觀萬物之象，都必須繫屬足以判明吉凶的「辭」於其下，這就是辭的主要涵意。《易傳》所謂之辭儘管有多種涵意，但作爲繫屬於卦爻之下，解明其所示之吉凶，當爲辭之首要內涵。

《易傳》所謂「辭」，不能僅以通俗定義視之，更不可以現代慣常用語推定其義。《易傳》所謂之辭，由聖人設卦觀象而獲得定義，其目的則歸結於明吉凶。本章將先討論「辭」之「各指其所之」，亦即辭所欲明的吉凶，由吉凶的涵意可以引導我們確立《易傳》中所謂之辭。

吉凶是什麼？《易傳》直接以得失來詮釋，所謂得失，可以是一般所說財物上的獲得或損失。《易傳》的得失又特別從六爻時位的變化進退來說吉凶，所以得失的意義比一般財貨的得失更深刻。

「是故吉凶者，失得之象也。」（《周易・繫辭上傳》）吉凶所象的得失是人安立天地之間的終極之道，明吉凶所以明安身立命之道也。所以具有政治地位，或具有人品價值的「君子」以吉凶之象，探知進退之道，得以安居樂業。

《周易・繫辭上傳》曰：「六爻之動，三極之道也。是故君子所居而安者，易之序也。所樂而玩者，爻之辭也。是故君子居則觀其象，而玩其辭。動則觀其變，而玩其占。是以自天祐之，吉無不利」

吉凶所意謂的得失，依這一章的上下文，可知依於六爻的變化而言。剛柔在此應如《周易・蒙九二象》：「『子克家』剛柔接也。」所指，表示陽爻與陰爻。孔穎達《周易正義》：「以陽居於卦內，接待群陰，是剛柔相接。」高亨《周易大傳今注》曰：「九二爲陽爻、爲剛，六三爲陰爻、爲柔。九二在六三之下，是爲『剛接柔』，象男女相配。」陽爻陰爻之間「位」的關係，下一節將有詳述。目前我們可以確定吉凶意指「得位失位」，如《周易集解》引虞翻之言，「得正言吉，失位言凶也。」「得位」指陽爻處陽位（一、三、五），陰爻處陰位（二、四、六）。陰陽與偶數奇數的關係如《周易・繫辭下傳》所言「陽卦多陰，陰卦多陽。其故何也？陽卦奇，陰卦耦。其德行何也？陽一君而二民，君子之道也。陰二君而一民，小人之道也。」陰爻陽爻與陰位陽位，對應與否的關係，決定了得失的實際意義。

得位失位爲何成就了吉凶的判決呢？陰陽奇偶在六爻中構成的秩序，不僅是存在的地位，更是一種正當與否的判斷。所以吉凶不僅是一般所謂身家性命所有權的得失，而是包涵了正不正當涵意的價值判斷。設卦觀象，繫辭焉而明吉凶者乃聖人，所以吉凶的確定意義不能離開聖人的德業。

聖人如何能夠保民治民，以至於安天下之民呢？從《易傳》的觀點來看，「設卦」就是聖人啓示教化萬民，以及保民治民盛德大業的起點。因爲聖人設卦的目的在明吉凶，將生存的吉凶得失彰顯出來，使人民知所措手足。吉凶之於凡民，意謂存亡得失，事關生存的焦慮。明吉凶之於聖人，則是盛德大業的基礎。

所以聖人揭露萬物的眞相，其目的並非一般人所謂的趨吉避凶，而蘊涵了一個價值判斷。就如同古先王的明德愼罰一樣，聖人判斷吉凶的終極價值應該不是瑣碎的現實利害，而是「開物成務，冒天下之道」的盛德大業。《易傳》將聖人的理想寄託於遠古傳說，或許可以幫助我們更瞭解聖人設卦的用心，如《周易・繫辭下傳》:「古者包犧氏之王天下也，仰則觀象於天，俯則觀法於地，觀鳥獸之文，與地之宜。近取諸身，遠取諸物。於是始作八卦，以通神明之德，以類萬物之情。」「神農氏沒，黃帝堯舜氏作，通其變，使民不倦。神而化之，使民宜之。易窮則變，變則通，通則久，是以自天祐之，吉無不利。黃帝堯舜垂衣裳而天下治，蓋取諸乾坤。」

爲了說明設卦的目的《易傳》從包犧氏，神農氏，以至黃帝堯舜，諸代先王的啓示教化，乃至於保民治民，說明卦的創制涵有「安天下之民」的宏願。特別耐人尋味的部份應屬「自天祐之，吉無不利」在《周易・繫辭傳》中出現三次，三次都與設卦的目的有關。我們才說過吉凶並非瑣碎的利害，這裡又說吉凶關乎天祐與否？好像聖人的英明睿智又不算什麼了。但是《易傳》如此推崇天祐，是否意謂古代信仰的復興？抑或另有一番設想？

《周易・繫辭下傳》曰:「易之興也，其當殷之末世，周之盛德邪？當文王與紂之事耶？是故其辭危。危者使平，易者使傾。其道甚大，百物不廢。懼以終始，其要無咎，此之謂易之道也。」

所謂文王與紂之事，可參照東周初年，殷人述古的《書經・西伯戡黎》中，出現的君王驕矜自恃的論調：

> (祖伊)曰：天子，天既訖我殷命，格人元龜，罔敢知吉。非先王不相我後人，惟王淫戲用自絕。故天棄我，不有康食，不虞天性，不迪率典。今我民罔弗欲喪，曰：天曷不降威？大命不摯，今王其如台。

祖伊是紂的大臣，因爲西伯戰勝了黎國，他覺得威脅到殷王朝的生存，所以他去警告紂王。天命已經隨著民心的轉變而改易，殷人已經無法得到天的啓示，天已經棄絕了殷政權。祖伊的言論代表自省的人文思想，將人的遭遇歸因於人自身的作爲。所以他對殷的衰亡作出「惟王淫戲用自絕」的判斷。他也試圖喚醒君王對民情的重視，因爲他相信天棄絕殷，是因爲殷王自己失德。但是他的呼喚，對於不克明德的君王，顯得薄弱無力。誰能禁止君王像小民一樣，相信神祇會獨私於他呢？無怪乎另一種自以爲是的思想出於一個君王的口中：

> 嗚呼，我生不有命在天！

紂王自信他存在的價値由天來決定，而且我們也可以說，他肯定自己存在的價値，因爲他的存在根源來自超越的天命。由此我們發現周人設計的天命觀的特色，它與紂王所言天命的最大不同在於詮釋權屬誰。祖伊認爲天命的內容由民情而顯，民情則由人民自我來詮釋。所以當人民呼求上天說：「老天爲何不降罰給君王！」祖伊非常緊張，視之爲天命改易的徵兆。紂王認爲自己的存在（我生）給予他詮釋天命（有命）的權力，他又何必關心民生的疾苦呢。周武王的後代子孫在位日久，難免漸漸產生這種驕矜自大的心理。上有這種失職君王，下民生計自然艱困。

一、天畏棐忱，民情可見

「天」的涵意，根據傅佩榮先生的研究，由周初的文獻看來，天是至高的主宰者，祂扮演了「啓示者」與「審判者」的角色。同時，天還展現了「造生者」與「載行者」的作用。〔註1〕這些字眼提出來的時候，或許會引起西洋化的誤解，其實它們都是案諸古代經典的原字原義，形構成的本土化思想元素。〔註2〕以下分述天的這些涵意：

（一）作生者與保康者

由「天生烝民，有物有則」、〔註3〕「天生烝民，其命匪諶」，〔註4〕以及「天作高山，大王荒之」，〔註5〕這些出自西周中葉以前的詩句，確定天生出人之生命，天也作成這大地。這裡用「作」而不用「造」，是因爲牽就古典。根據甲骨金文既有的資料，還不易找到「造」在殷商時代的字形，而「作」字在殷商與兩周的甲骨金文紀錄中則屢見。〔註6〕而且「作」的字形較易看出一手持物針對一物，有所作爲的象形。「造」的字形則可見三趾指向一穹廬之內，或許更接近往訪抵達之意。〔註7〕

總之，天是生出人的生命，並且作了這人生存其上之大地者。人與其生存之大地，並非無根無由，而有一作生者，這是我們根據有限的文字紀錄，可以初步確定者。至於進一步的推敲，則有待進入詩書的情節之中，方能窺其全豹。

〔註1〕傅佩榮《儒道天論發微》（臺北：學生書局，1988）頁27。
〔註2〕傅佩榮《儒家哲學新論》（臺北：業強出版社，1993）頁298～317。
〔註3〕《詩經・大雅・烝民》。
〔註4〕《詩經・大雅・蕩》。
〔註5〕《詩經・周頌・天作》。
〔註6〕文史哲出版社（編）《漢語古文字字形表》（臺北：文史哲出版社，1988）頁58，316。
〔註7〕朱駿聲，《說文通訓定聲》（臺北：藝文印書館，1975）頁486，328。

其次，由《書經．康誥》隨處可見的「用康保民，弘于天若」「應保殷民，亦惟助王宅天命，作新民。」以及《書經．多士》之「亦惟天丕建，保乂殷民」，《詩經．周頌》：「天作高山，大王荒之。彼作矣，文王康之。彼徂矣，岐有夷之行，子孫保之。」天命君王保民康民，可以說是天的保康人民。

不用「載行」並非排除天的載行角色，而是因為《詩經》《書經》中，可信的周初記載顯示，天對人與大地，多在上監臨，而非在下承載。代天保民治民的君王，相對於受保受治之民，也居於監臨照顧的高位。「保康者」的本意同於「載行者」的「代天行道」，以及「領導人民走上幸福人生」。〔註8〕

（二）天的啟示與審判

天降命、降罰、與彝（法），天也能監臨聽聞民情，這就是可以明審與判斷的天。例如《書經．康誥》：「天乃大命文王，殪戎殷，誕受厥命。」「天惟與我民彝大泯亂。」「爽惟天其罰殛我，我其不怨。惟厥罪無在大亦無在多，矧曰其尚顯聞於天。」天能夠聞知民情，依據法則降下天命，人違天命則受天罰。這就是天的審判。

同樣地，我們可以自周初最早的紀錄，而且也是《書經》最早的記錄《書經．康誥》看到天對人的啓示：「天畏棐忱，民情大可見。」其次我們在《書經．大誥》看到：「今天其相民，矧亦惟卜用。嗚呼，天明畏，弼我丕丕基。」上天助佑下民，所以我們可以由貞卜知天意。上天賞罰的審判，更助我王建立大業。天的啓示界定在對君王保民康民的治績上，啓示的方法主要是賞罰的審判，對君王而言就是天命的得失存廢。所以「審判」與「啓示」在這裡不應引起過多的聯想，而只應限定在《詩經》與《書經》相關的上下文裡。

天是人生的根源，天子愛眾人，所以祂使人可以在這大地安居。然而天如此的遙遠難明，天如何親愛與照看斯土眾民呢？周人相信，君王就是天命照應眾生的人。天意如何端看君王是否稱職，如果人民生活可以安居，則顯示天命君王照顧眾生。如果君王失德，生靈塗炭，則顯示上天棄絕生民。作於西周中葉的《詩經．大雅．文王》：

> 文王在上，於昭于天。周雖舊邦，其命維新。有周不顯，帝命不時。文王陟降，在帝左右。……上天之載，無聲無臭。儀刑文王，萬邦作孚。

〔註8〕傅佩榮，《儒道天論發微》（同上）頁34～35。

第二節 怨憤之辭

君王是上天與下民之間的中保，他固然是上天載行眾生的代理者，同時也是下民辨識天命的依據。如果人民生活的不好，人民會如何想呢？人民首先懷疑上天的意旨，在喪亂的生活裡不明白上天為何不再照顧祂的子民？

> 不弔昊天，亂靡有定。式月斯生，俾民不寧。憂心如酲，誰秉國成？不自唯政，卒勞百姓。（《詩經‧小雅‧節南山》）

人民的憂疑來自生活中的騷亂，執政者的失職則是造成人民生活不安的原因。人民不直接怨恨執政者，反而說是上天不憐憫下民，造成生活動亂，無法安生。由此可見人民相信，上天主管著我們的生活，保佑著我們的安寧繁榮。

人民期待上天能挑選稱職的執政者，使人民的生活安定下來。所以我們得知，人們相信上天生養下民，但是祂並不直接載行眾生，而是透過君王仰承天命，代行天罰。所以人民生活不好就怨天，怨天意不明。天意不明是因為人民不知道，上天為什麼讓昏亂的暴君統治人民，因而造成生民的喪亂。

所以生民最初的憂怨，乃針對上天而發。但是人還是相信上天，只要上天願意，人民一定會得到一個好的統治者。人民如今的不幸，只是因為上天難明的心意所致。因此，人的憂思乃從天的啓示不明發其端。

> 瞻彼中林，侯薪侯蒸。民今方殆，視天夢夢。既克有定，靡人弗勝。有皇上帝，伊誰云憎？（《詩經‧小雅‧正月》）

人由生存處境的艱難，產生無法理解上天意的困惑，天的載生性格動搖造成天的啓示性格不彰。人相信上天藉審判下民，啓示天命，如今天命的啓示不明，表示人懷疑上天審判的公平性。人民自生活的不安發端，逐步鬆動了對上天的信仰。

人民所憂心的事情，並不局限在生計的考慮之中。《詩經‧小雅》詩人已經顯示出超乎現實生活之上的憂慮，孤絕感才是人對天主要的怨怒。人怨憤上天的不公平，固然出之於對自生活中苦難的不滿，但是一種對公平的共通的命運的要求，呼之欲出。

「四方有羨，我獨居憂。民莫不逸，我獨不敢休。天命不徹。我不敢傚，我友自逸。」（《詩經‧小雅‧十月之交》）我對天命的怨懟，在於上天為何只讓我一人陷於這種艱困之中？尤其當我自問行為並無該受天罰的理由時，其不平更甚。

浩浩昊天，不駿其德。降喪饑饉，斬伐四國。昊天疾威，弗慮弗圖。舍彼有罪，既伏其辜。若此無罪，淪胥以鋪。(《詩經・小雅・雨無正》)

周人十分重視道理，所以他們所信仰的上天必須講理。由於上天透過祂對人的審判，把天理啓示給人。而祂又是透過對人生的載行，宣示祂的審判。所以當我受到生活的艱困時，而別人卻沒有一體受到天罰，我會問自己是否做錯了什麼？一旦我發現我的遭遇並非因爲我做錯了什麼，我是無辜的，我會懷疑自己生命的意義何在？「小弁」詩人因此發出了極深的怨憤與懷疑。

維桑與梓，必恭敬止。民莫不穀，我獨于罹。何辜于天，我罪伊何？心之憂矣，云如之何？……靡瞻匪父，靡依匪母。不屬于毛？不罹于裏？天之生我，我辰安在？（《詩經・小雅・小弁》)

桑樹是養蠶所需，梓木質堅可以製器，兩者爲民生所依。〔註 9〕父母猶如民生必需的桑梓，生長在黃土地上，是眾民的依恃與怙佑。詩人懷念那給他生存依靠的父母桑梓，感懷這生命的意義，但是如今那由父母所生，桑梓所存的生命遭逢厄運，而且這困厄竟然只降臨到無辜的我身上，憂心如擣的詩人遂質問上天既然生我，爲何又讓無罪的我遭遇這些莫明所以的災厄？詩人憂心的天問，焦點不在生計的營謀，而在追尋一個生命存在的道理。如果上天造生與載行的原則透過天罰的審判啓示給人，則其中應該有一個周人相信與認同的判準。

周人相信上天之命是要人生息繁衍於大地之上，〔註 10〕這就是天的造生與載行所具有的意義。周人一直從生命的繁興去理解生命的意義，所以一旦生命斷滅就意謂著天命的終結或改易。在《詩經・小雅》詩人的憂怨裡，不只一次地提到「罪」與「無罪」的質疑，如果有罪無罪的判準只在於生死存亡，詩人對於遭逢的不幸應該不會有怨言。然而詩人卻深怨上天的不公，天命的不均。由此可知，周人原來相信人對自己的命運負有責任。如果人對自己所承的天命有責任，才會產生有罪無罪的判斷：

民莫不穀，我獨于罹。何辜于天，我罪伊何？心之憂矣，云如之何。（《詩經・小雅・小弁》)

這樣的反省迥異於「我生不有命在天？」的驕矜與自傲。如果自此人類開始

〔註 9〕 王靜芝，《詩經通釋》(臺北：輔仁大學文學院，1978) 頁 422。

〔註 10〕 《書經・盤庚》:「往哉生生。」「生生自庸。」

放棄對天的信仰，否定天命的決定性，他可能產生一種奚遑死後？且趣當生的結論。活著要及時行樂，不必寄望超越此身以上的天命，或族群的繁衍。生命的意義局現於這一身所繫的生死兩端而已。就好像《詩經．邶風》所云：

毋逝我梁，毋發我笱。我躬不閱，遑恤我後。(〈谷風〉)

雖然極爲不捨，但已經了悟自己此身所能掌握與擁有的東西，實在有限。一旦死亡，那能顧及身後之事。所以便出現像《詩經．唐風．山有樞》的詩句：

山有樞，隰有榆。子有衣裳，弗曳弗婁。子有車馬，弗馳弗驅。宛其死矣，他人是愉。

山有栲，隰有杻。子有廷内，弗洒弗埽。子有鐘鼓，弗鼓弗考。宛其死矣，他人是保。

山有漆，隰有栗。子有酒食，何不日鼓瑟？且以喜樂，且以永日。宛其死矣，他人入室。

無論是衣裳、車馬、家宅、酒食再豐美，如果不能及時享受，一旦身死，所有的積聚皆喪失意義。人如果不再相信超越此身的生命，僅僅寄託於有限的生存之上，生命的意義勢必隨身死命絕而歸於虛無。他人繼承我的財產，享用我的衣食家宅，我絲毫無法安心。我的生命與他人的生命以私有財產爲界，區分爲不相感通的個人。

人生的意義無所寄託，墮入虛無之中，終究不符眾人心靈的期望。於是另一種肯定當下人生的意義取向，應運而生。有許多人把生命的存在，寄託於族群與人倫，更大更久的生存之上。《詩經．邶風．柏舟》：

汎彼柏舟，亦汎其流。耿耿不寐，如有隱憂。微我無酒，以敖以遊。

汎著柏木之舟，詩人在無眠的夜裡，孤獨地品嚐著莫名的隱憂。這份難以言宣的憂思，非關飲食而深切於自尊。

《詩經．邶風．柏舟》又曰：「我心匪石，不可轉也。我心匪席，不可卷也。威儀棣棣，不可選也。」自我形象的確立與認同，建立無可取代的自我尊嚴。尊嚴的價值需要一個超越個體生命的支撐點，這個支撐點或者來自超越的天，或者得自廣大綿延的社群。如果求不得，則心生憂怨，焦慮得不能自已。

《詩經．邶風．柏舟》又曰：「憂心悄悄，慍于群小。覯閔既多，受侮不少。靜言思之，寤辟有摽。」僅管在自尊中，心裡隱隱作痛，但那些瞧不起自己的人仍然見怒於我，群相排擠。遭受排擠的我，受到許多侮辱，在孤寂中憂傷地怦然搥胸。

《詩經・邶風・柏舟》又曰：「日居月諸，胡迭而微？心之憂矣，如匪澣衣。靜言思之，不能奮飛。」

詩人對自身的憂慮，形容爲「不能奮飛」的困窘。人本來就不會飛，爲何詩人以此爲憾呢？高飛的譬喻點出人想超越當下此身的嚮往，但是天已經不再是詩人所仰。除了耽溺於不被知遇的憂怨，詩人只期望受到尊重與見知於世，最後不祈禱上天，卻期望自己能飛出困局。

> 有兔爰爰，雉離于羅。我生之初，尚無爲。我生之後，逢此百罹，尚寐無吪？（《詩經・王風・兔爰》）

遭逢困境卻不再求告于天，而寄望人情的感通，此身的局限不期上通於天，而期之於人際的會通。所以在西周末葉以至東周的國風裡，我們看到了許多情致纏綿的詩歌，將生死寄情於親友之間，人倫之際的安恬暢豫。例如：

> 燕燕于飛，差池其羽。之子于歸，遠送于野。瞻望弗及，泣涕如雨。（《詩經・邶風・燕燕》）

> 自伯之東，首如飛蓬。豈無膏沐，誰適爲容。其雨其雨，杲杲出日。願言思伯，甘心首疾。（《詩經・衛風・伯兮》）

《詩經・小雅，隰桑》：「心之愛矣，遐不謂矣？中心藏之，何日忘之。」

《詩經・小雅》的〈頍弁〉：「有頍者弁，實維在首？爾酒既旨，爾殽既阜。豈伊異人？兄弟甥舅。如彼雨雪，先集維霰。死喪無日，無幾相見。樂酒今夕，君子維宴。」

> 葛生蒙楚，蘞蔓于野。予美亡此，誰與？獨處。
> 葛生蒙棘，蘞蔓于域。予美亡此，誰與？獨息。
> 角枕粲兮，錦衾爛兮。予美亡此，誰與？獨旦。
> 夏之日，冬之夜。百歲之後，歸於其居。
> 冬之夜，夏之日。百歲之後，歸於其其室。（《詩經・唐風・葛生》）

> 死生契闊，與子成說。執子之手，與子偕老。于嗟闊兮，不我活兮。于嗟洵兮，不我信兮。（《詩經・邶風・擊鼓》）

生命如果沒有意義，生不如死。生存的根基必須以有價值的人生爲座標，所以詩人發出疏離的悲歎。伊人不與我同生共死，生命何其可悲。小民求的是有知心人，相約偕老，共度人生，可見天命不再主導人生，人重新以自身爲思慮的焦點，例如：

相鼠有體，人而無禮。人而無禮，胡不遄死。(《詩經・鄘風・相鼠》)

又如「將仲子兮，無踰我里，無折我樹杞。豈敢愛之？畏我父母。仲可懷也，父母之言，亦可畏也。將仲子兮，無踰我牆，無折我樹桑。豈敢愛之？畏我諸兄。仲可懷也，諸兄之言，亦可畏也。將仲子兮，無踰我園，無折我樹檀。豈敢愛之？畏人之多言。仲可懷也，人之多言，亦可畏也。」《詩經・鄭風，將仲子》對於自身的行止，人倫關係的預期。

當然還有一些人，寧願相信天命，而捨棄對自我的執著。例如：

肅肅鴇羽，集于苞栩。王事靡盬，不能蓺稷黍。父母何怙？悠悠蒼天，曷其有所。(《詩經・唐風・鴇羽》)

出自北門，憂心殷殷。終窶且貧，莫知我艱。已焉哉。天實為之，謂之何哉。(〈北門〉)

天祐之吉利並非毫無根據的嚮往，而是基於人自身的努力：「是故君子居則觀其象，而玩其辭。動則觀其變，而玩其占。是以自天祐之，吉無不利」(《周易・繫辭上傳》) 君子從卦爻的象與變，體會進退得失的當否。吉利與否的關鍵在於君子自身對於易理的觀察與體會，所以對天祐吉利的期望與信仰不是迷信，而是理信。

「易曰：自天祐之，吉無不利。子曰：祐者，助也。天之所助者，順也。人之所助者，信也。履信思乎順，又以尚賢也，是以自天祐之，吉無不利也。」(《周易・繫辭上傳》) 李鼎祚《周易集解》引侯果曰：「言人能依四象所示，繫辭所告，又能思順，則天及人皆共右之。」四象所示，繫辭所告，皆是聖人開物成務，有物有則的生存律法，它們不隨個人好惡轉移，而具有超越的力量。

《周易集解》對於「自天祐之，吉無不利」的天，只是籠統詮釋，因此對於這吉凶的根源竟不能闡明。吉凶既然繫於天祐與否，豈能草率釋之。近人對於《易傳》中之「天」，或者輕忽帶過，或者直斥為迷信遺蛻，此皆恐失傳者本義。為釐清吉凶之義，我們應當正本清源，解明《易傳》所謂「天祐」。因此不能不先縷述周初以來「天」的內涵流變。尤其當天命造成存亡吉凶，憂患安樂的審判時，我們必須先細辨天命存亡吉凶的思想源流，依其轉化之跡，繫屬孤立漂游的「吉凶」之意。進而確認《易傳》所謂，聖人設卦觀象，繫辭焉所明之吉凶何義。

第三節　審判與被審判

《易傳》所謂的天顯然迴異於傳統的意義，然而祂也不是與傳統全然無關。至少我們發現天祐吉利的想法，是在古先王保民治民的架構之下，演繹而來：「神農氏沒，黃帝堯舜氏作，通其變，使民不倦。神而化之，使民宜之。易窮則變，變則通，通則久，是以自天祐之，吉無不利。黃帝堯舜垂衣裳而天下治，蓋取諸乾坤。」（《周易・繫辭下傳》）君子定非凡民，能夠履信思乎順，而且能尚賢的人，應非一般人民。這一章顯示「自天祐之，吉無不利」是古聖先王導民治民的成效，人因爲明白易理，依循易道而行，生存之道乃能窮則變，變則通，通則久。《易傳》用以評價的吉凶判準，有其古代天論的思想理據，以下我們將進一步思考明吉凶之道。

一、超越的天命與禮制

天命吉凶的內涵已經轉變，天命也應該有不同的涵意。《易傳》裡，天命由卦爻時位來決定：「無妄，剛自外來，而爲主於內。動而健，剛中而應，大亨以正，天之命也。『其匪正有眚，不利有攸往。』無妄之往，何之矣。天命不祐，行矣哉。」（《周易・彖傳》）黃壽祺與張善文《周易譯註》曰：「指震一陽由外卦乾『一索』而得，爲『長子』象，故能『爲主於內』。」「『剛中而應』指九五陽剛居中而下應六二。」因二、五兩爻的爻象以詮釋天命攸歸，顯然把天命的效驗自君王的明德，或人民的反應，轉移到卦爻的符號關係規律裡，卦爻的時位關係超越任何個人的好惡之情，也超越了歷史與族群的局限。天命已經有了新的判斷標準，而且這標準終於可以確定下來，不虞君王不能明其明德，也不必在天降喪亂時詛咒昊天不愍，因爲只要能明白卦爻之變，掌握其時位，就可以順天應人，得天之祐。所以《易傳》所表現的，生存的準則，從它論述吉凶的方式可知，一方面繼承了周初以來的傳統，一方面又作了內涵的修改，其關鍵即在於天命，以及實現天命的禮制。

據學者考訂《書經・康誥》是《書經》可信最早的記實，約成篇於周武王十二、或十三年。〔註 11〕成篇之際，周的王業方將大興，武王的東進戰略正漸次展開，康叔之封屬於這封建體制布局的一環。本篇所書，應可呈現當時統治者對生存的最終理想。因爲人數相對異族而言，居於少數的周人，以

〔註 11〕程元敏，《尚書講義》（未出版）。

軍事殖民的方式，征服東土眾多相當獨立自主的部族，形勢其實極爲險惡。所以當時周王的憂患之心極深，因此可見其深心罣念者爲何。

「王若曰：孟侯，朕其弟，小子封。惟乃丕顯考文王，克明德愼罰，不敢侮鰥寡，庸庸，祗祗，威威，顯民。用肇造我區夏，越我一二邦，以修我西土。惟時怙，冒聞于上帝，帝休。天乃大命文文王，殪戎殷，誕受厥命。越厥邦厥民，惟時敘。乃寡兄勗，肆汝小子封，在茲東土。」

屈萬里以爲這裡的王是武王，〔註 12〕這是武王分封自己弟弟「封」的一篇文告。當時的分封未必是賞賜，反而是賦予軍事殖民的任務。所以通篇充滿一種戒懼之情，諄諄告誡。這告誡的內容結構，首先提示祖宗的家法，偉大高明的父親身上，顯示著崇高的德性。因爲是軍事殖民的開端，殺伐事屬必然，但是對於東土眾多的異族，安撫比殺伐更重要，因此宰殺之際，不可不戒愼恐懼，以免枉自樹敵，徒增困擾（克明德，愼罰，不敢侮鰥寡）。東土的部族雖然各自獨立，不相統屬，勢孤力單，但是周的東進策略仍是以安撫結盟爲主，以免爲人口相對少數的周人製造敵人。

廣結盟友，減少樹敵，爲的就是生存。爲了生存而仰從天命，這與《易傳》言「自天祐之，吉無不利」，在存亡吉凶的審判上，有其相承之處。而且周禮之中，那份敬愼戒懼的憂患之情，也顯露無遺。

曾運乾《尚書正讀》曰：「庸，用。祗，敬。威，畏。庸可庸，敬可敬，威可威，以示於民也。」〔註 13〕揆諸古史，正符合周人東征的懷柔策略。這種策略可以追溯及於文王，或者說文王是這種策略最好的示範。這種策略造就了周族的邦國，但是西土周邦到底是少數「一、二邦」。祖先訂下的東征策略，權力的繼承者訴諸祖命尚不足，而在溯之於超越部族祖宗尚的帝天。〔註 14〕

訴諸超越部族祖神的對象，這也是《易傳》繼承周禮天命觀之處。所不同的地方，在於《易傳》所謂的天保留了祂的超越性，卻袪除了祂的人格性。尤其周禮中，天的人格性經由先王的代行天罰，人在生死存亡的審判中親身體貼了。《易傳》中的天則僅止於一個符號，作爲意義脈絡中的一個紐結而已。

《詩經・周頌》之作，多在周初。例如：

〔註 12〕屈萬里《尚書今註今譯》（臺北：臺灣商務印書館，1988）頁 96。
〔註 13〕同上，頁 160。
〔註 14〕杜正勝《古代社會與國家》（臺北：允晨文化實業公司，1992）323。

維天之命，於穆不已。於乎不顯，文王之德之純。

天命與文王之德有密切關係，文王的明德來自天命，而因爲文王昭明天命所賜，所以維天命於不墜。文王之德表現在他承天命而載行群生的成績之上，這是他得之於天命的載行任務，也是文王從他的成就，所得到的肯定評價。

相傳作於西周中葉的《詩經・大雅》一再重複同樣的主題：

文王在上，於昭于天。周雖舊邦，其命維新。有周不顯，帝命不時。文王陟降，在帝左右。…上天之載，無聲無臭。儀刑文王，萬邦作孚。(〈文王〉)

說天命如何如何，到底有什麼憑據？就像詩中所言，上天的行事超乎人的感覺，對人而言祂是無聲無臭的。而周人相信先君文王的一切行事，完全以天意爲依歸，所以他是天命最佳的示範，也是萬邦的準則。周人只是萬邦之一，但是周的先王卻可以作萬邦之典型，這是周統治野心與建國理想的反映。

而《易傳》所言之天與命，其審判存亡的準則，何必「儀刑文王」，自有客觀的象數可以遵循。例如「萃」卦的彖辭曰：「萃，聚也。順以說，剛中而應，故聚也。『王假有廟』，致孝享也。『利見大人亨，利有攸往』，順天命也。觀其所聚，而天地萬物之情可見矣。」《周易・彖傳》則從卦象的意義會合，詮釋天命的依歸。

「萃」卦下坤上兌。坤，順也。兌，悅也。萃卦的卦象，順以悅，高亨《周易大傳今注》曰：「即其人所行順乎人心，而他人喜悅之。他人喜悅，則聚于其人之左右，此是『萃』之卦象涵有聚義。」以上是從卦象去詮釋聚合人心之道，但是爲了進一步說明天命，《易傳》從爻象詮釋如何可以順天之命。

高亨注曰：「剛中而應」，是說「萃」之九五爲陽爻，爲剛，居上卦之中位，是爲「剛中」。六二爲陰爻，爲柔，居下卦之中位。兩爻是同位爻。六二之柔應和九五之剛，是爲「應」。剛中而應，象君上守正道，臣下以正道應和之。君上守正道，臣下以正道應和，則聚于其人之左右。這是從「萃」的爻象詮解聚會人心之義。

結合卦爻辭的象徵涵意，「王假有廟」：意謂君王致其孝祖之享祭。「利見大人，亨」：因其與大人相聚以正，所以可以享祭。「用大牲，吉，利有攸往」：其所以吉利之故，乃因得位時中，順天命而行也。天命顯示于卦爻符號所象徵的涵意之中，觀察其所以萃聚的原理，「天地萬物之情可見矣」。

「王假有廟」實際的涵意可能根本與六二、九五的爻位無關，但是《易傳》卻從這蘊涵豐富周禮情節的字眼構成它的論述，所以釐辨《易傳》的哲學涵意，卻不從周人的天命觀與周禮形構之根源入手，是不可解矣。

二、生存的憂患與人的敬德

周禮與周的建國運動有密切的關係，西土的周人東向軍事殖民，以少數族人征服東土龐雜眾多的異族，必須有超乎武力之上的勢力，才能夠建立穩定的政權。周禮的運作即在於維繫周的統治權。對於任何政權來說，政權的永續存在是主要的目標。而權力繼承的體制又是政權永續存在的主要課題。周禮的設計無疑關係著權力的繼承。

《書經．洛誥》記載周初東征的重大關節，周公營建了東征重要據點「雒邑」。成王至雒，命周公留守雒邑，於是記下了周公受命時的典禮，及君臣的問答。我們從這篇記載中，可以看到一份周禮的重要紀錄。據此得以確認周禮的意義：

> 周公拜手稽首曰：「朕復子明辟。王如弗敢及天基命、定命，予乃胤保，大相東土，其基作民明辟。予惟乙卯，朝至于洛師。我卜河朔黎水，我乃卜澗水東、瀍水西，惟洛食。我又卜瀍水東，亦惟洛食。伻來以圖及獻卜。(《書經．洛誥》)

營建成周雒邑是周人建國的要務，築城意謂權力的存在與延伸。周公向成王報告營建成周的經過，目的在於重申周人權力的根基，而天命就是周人權力的來源。在這場築城既成的典禮裡，周公首先提及權力的原根源，這也可以說是周禮的第一個節目。

天命是權力的根源，這是周人在武力征服之餘，最重要的構想。天是營建雒邑這個軍事殖民運動的主宰者，周人由於天之所命而築城開疆。周公在典禮之始，提出天命在建國大業中的首要地位，是天命創業，天命安定天下，天命築城於雒。

> 王拜手稽首曰：「公不敢不敬天之休，來相宅，其作周匹休。公既定宅，伻來，來，視予卜，休恆吉。我二人共貞，公其以予萬億年敬天之休。拜手稽首誨言。」(《書經．洛誥》)

敬天是建城的理由。都城的營建意謂著政權的確立，但在確立政權之際，舉行盛大的典禮，周王適時強調他的崇高且唯一的權威，所以必須藉天命的超然，才能夠籠絡龐大的異族社會，建立高於所有族神之上的權力體制。唯有一個超越各族族神的天，〔註 15〕能夠庇佑周王朝萬億年永存。這也是舉行典禮的核心意義。

> 周公曰：「王肇稱殷禮，祀于新邑，咸秩無文。予齊百工，伻從王于周。予惟曰：『庶有事。』今王即命曰：『記功，宗以功作元祀』。惟命曰：『汝受命篤弼，丕視功載，乃汝其悉自教工。』孺子其朋，孺子其朋，其往。無若火始燄燄，厥攸灼敘，弗其絕。厥若彝，及撫事，如予。惟以在周工，往新邑。伻嚮即有僚，明作有功。惇大成裕，汝永有辭。」（《書經・洛誥》）

禮的意義在於建立足以統攝龐雜異族的新秩序，周人建立新的政治秩序，從天命的形構著手，天命雖然被周人設計成超越族神之上的普遍性權威，祂與君王的通感也自有一套非血緣，非私人性的管道，但是周禮仍然是一群有血統關係的親族聚會，以周公周王的關係即可顯見。而他們在新建都城的典禮中，念茲在茲的仍是血族的存亡絕續，所以天命雖然超越族群之上，落實天命的周禮卻依然緊緊繫於血族的生命。他們所祈求的仍然是一族一姓的億萬年，所以在典禮中彼此以先祖爲念，以鞏固同族休戚與共的意識。在血族的親愛之情中，共同建立王業。

> 公曰：「已。汝惟沖子，惟終。汝其敬識百辟享，亦識其有不享。享多儀，儀不及物，惟曰不享。惟不役志于享。凡民惟曰不享，惟事其爽侮。乃惟孺子頒，朕不暇聽。朕教汝于棐民彝，汝乃是不蘉，乃時惟不永哉。篤敘乃正父，罔不若予，不敢廢乃命。汝往，敬哉。茲予其明農哉。彼裕我民，無遠用戾。」（《書經・洛誥》）

「親親尊尊」的原理在前述的史記中，表露無遺。周公在典禮中提醒周成王，禮必須善始善終，所以要敬愼地記住諸侯的進獻，以及不來進獻的諸侯。更要緊的是進獻的禮節，如果禮節不及禮物的豐盛，那麼就當他沒來進獻。周禮的建制，形式比禮物更重要，禮所要維繫的是尊卑的權力位階，而不是財物的聚斂。進獻所表達的是情志，如果不來進獻表示不服，權力的階序將會受到挑釁，政事將會錯亂，政權就要受侮慢了。行禮如儀在於確保政權，如果輕忽了禮，就不能確保政權永固。周王對同族的後輩一再提示祖先的明德與功業，因爲天命不像殷王紂所信「于生不有命在天」，而端賴人的努力。天命可以因君王的政績來確任，所以周的統治者時時互相呼籲，奉答天命，和

〔註 15〕杜正勝，《古代社會與國家》（同上）頁 322～330。

恆四方民。統治者絕不可自恃功業已成，而不勤於治民。血族的關係乃所謂親親，而以「禮儀」與「爽侮」（差池輕慢）爲準，輔導人民以「彝」（法則），彰顯尊尊之義。

王若曰：「公，明保予沖子。公稱丕顯德，以予小子，揚文武烈，奉答天命，和恆四方民，居師。惇宗將禮，稱秩元祀，咸秩無文。惟公德明光于上下，勤施于四方，旁作穆穆，迓衡不迷，文武勤教，予沖子夙夜毖祀。」（《書經．洛誥》）

所以周禮的精義不同於原始部族的族神祭祀，不是單純的祖先崇拜，而著重持續一種敬愼負責的心志，勤政愛民，不以距離遙遠爲荒惰的藉口，如此才能夠使文王武王所建立的政權永存於大地之上。周人的天命觀不偏私一族，而視統治者代天載行的政績而決定天命所歸。天命關乎君德，所以周初的統治者互相以明德相期，這是禮的眞正主題。周禮以親親尊尊之彝輔民，旨在保民治民，此即天命的實質內涵。所以細述享或不享之彝後，期勉子孫繼承保康民的使命。我們從《周易》經傳所謂之享或不享（亨或不亨），案諸《書經》所展現的禮義，《易傳》思維的意義脈絡可思過半矣。

王曰：「公，予小子其退，即辟于周，命公後。四方迪亂未定，于宗禮亦未克敉公功。迪將其後，監我士、師、工，誕保文武受民，亂爲四輔。」（《書經．洛誥》）

在典禮中一再提示的執政之道，繼承文武之命，屏藩四方。在東進翦商之祭裡，周禮的實行意謂建立新的生存秩序。祭禮一再紀念文王武王的功業，周禮即使還有祖先崇拜的內涵，其意義也絕不同於一般血族祭祀時的祖先崇拜。

周公拜手稽首曰：「王命予來，承保乃文祖受命民，越乃光烈考武王弘，朕恭。孺子來相宅，其大惇典殷獻民，亂爲四方新辟。

重述血族祖先的天命，分封新諸侯，劃分新的權力版圖，建立新的生存秩序。

作周恭先。曰：『其自時中乂，萬邦咸休，惟王有成績。予旦以多子越御事，篤前人成烈，答其師，作周孚先。』考朕昭子刑，乃單文祖德。（《書經．洛誥》）

血族傳承的權力，在天的審視之下，不會是任何私人的特權，所以前輩要告誡後輩，在權力的繼承中，必須謹守恭敬誠信的原則，如是方能仰承天命，繼享政權，保治生存。此即所謂「懷德」。在先秦典籍中屢見「德」這個詞，《易傳》更時時以德爲價值的判準，「德」爲天命攸歸的審判標準，依存於周禮所形構的意義網絡之中，是我們詮釋《易傳》之價值判準之時，不可不參考的準據，如此才能夠不以簡單的利害得失，觀聖人繫辭明吉凶之義也。

> 「伻來毖殷，乃命寧予以秬鬯二卣，曰：『明禋，拜手稽首休享。』予不敢宿，則禋于文王、武王。『惠篤敘，無有遘自疾，萬年厭于乃德，殷乃引考。』王伻殷乃承敘萬年，其永觀朕子懷德。（《書經・洛誥》）

周公在報告的最後，將典禮的重點再重複一次：天命，祖德，保民，相宅，作邑，敬禮。周公最後說，自己受王命保護文王承天命所治理的人民。年輕的君王來視察新建的都城，要優厚地錄用東方的異族，讓他們作四方的新諸侯。成就周的王業，要以恭謹爲先。周公則率領本家的子弟，治理先人已成就的功業，報答那些合作的殷人。成就周的王業，要以誠信爲先。營建雒邑是周人東征的起點，但是面對東土龐大的異族勢力，周初開國諸王心中的憂患可知。在這憂患之際，建立起來的周禮，充滿了對自身行爲的深刻反省，這就是周禮的精義。這種憂患中的敬德，也貫穿周禮行儀的《詩經・周頌》。

第四節　《易傳》中的審判者與被審判者

一、缺席的審判者

> 一陰一陽之謂道，繼之者善也，成之者性也。仁者見之謂之仁，知者見之謂之知，百姓日用而不知。顯諸仁，藏諸用，鼓萬物而不與聖人同憂。（《周易・繫辭上傳》）

天地之間萬物的生生之道，原本無須任何人的詮釋，生存的憂患更不及於那生生之易，所以《易傳》預設了一個聖人所知之前的生存根源，祂超乎人類憂患，但決定著生死存亡得失吉凶。

> 方以類聚，物以群分，吉凶生矣。（《周易・繫辭上傳》）

不像傳統天的主宰與審判，《易傳》所謂吉凶在乎動靜有常，貴賤有等。「是故，易有太極，是生兩儀。兩儀生四象，四象生八卦，八卦定吉凶。」（《周易・繫辭上傳》）吉凶並非擬人化的上天所決定，《易傳》使得審判者缺席了。

「爻象動乎內，吉凶見乎外。」（《周易・繫辭上傳》）特別值得注意者，關於卦爻時位的中正與否，固然有一套似乎超越歷史與社會糾結的象數規則，但是它們所蘊涵的實際意義卻結構於人間權力關係的層級體制，其精神無殊於「天畏棐忱，民情大可見。」審判之準據仍然歸依於政治秩序的確當與安定。而人依然承擔著治理的責任，所以必須對於天命吉凶的審判結果，保持警覺與反省。

《易傳》所謂天命，與周初不同之處在於，我們不必想像一個擬人的天，作出賞罰的審判，因爲祂的內涵符號化了。「道有變動，故曰爻，爻有等，故曰物。物相雜，故曰文。文不當，故吉凶生焉。」（《周易・繫辭上傳》）而且「天」不是獨自承擔審判，「天地」並稱的結構早已改變了傳統天命的內涵，因爲我們是「天施地生」天地所養的萬物之一。

「天尊地卑，乾坤定矣。」（《周易・繫辭上傳》）天地成爲一對指示方所的詞，但包涵評價的意義，那就是尊卑。天地的尊卑是誰根據什麼標準訂定的？第一個問題在於尊卑的意義何在？第二個問題在於天地的意義是什麼？最後要問：爲什麼天尊地卑，則乾坤定矣？

天地對稱時，它們的內涵仍然允許許多猜測。但是一旦它們與尊卑的價值判準相屬，天地就成爲價值的符號，因而擁有了比較確定的內涵。所以我們應該從「尊卑」這一組價值符號著手，釐定此處「天地」的意義。

由「尊」的甲骨文與金文字形，可以看見雙手舉起尊器的形構。《周禮・小宗伯》：「辨六尊之名物，以待祭祀賓客。」陸德明的釋文曰：「案司尊彝唯爲祭祀，陳六彝六尊，…」「尊」的原意是指在祭禮中，呈上致敬的禮器。「卑」據甲骨金文造型觀之，應如《說文通訓定聲》所言：象手執椑，「椑」則圓榼也，酒器之象形。轉注爲尊卑之卑，蓋因「尊」爲禮器，而「椑」不過一日常便於攜帶之酒器爾。〔註16〕

尊卑的確具有貴賤的評價意味，我們就要接著詢問：「爲什麼天地有如此不同的評價？天因何而尊，地因何而卑？」這必須從天地出現在古籍記載中，意義的轉變講起。

當然這層涵意的轉變不是截然劃分的，終極的審判準據，並非從獨尊的天清楚地變成符號化的「天地」，所以我們在「彖傳」裡還是可以看見上述有關天命的章句。又如「革」卦的彖辭：「革，水火相息。二女同居，其志不相得曰革。已日乃孚，革而信之。文明以說，大亨以正，革而當，其悔乃亡。天地革而四時成。湯武革命，順乎天而應乎人：革之時大矣哉。」

水是指上卦兌爲澤，火是下卦離爲火。李鼎祚《周易集解》引虞翻之說，

〔註16〕朱駿聲，《說文通訓定聲》（同上）頁558。

息是長，謂上下卦含水火相長，交互更革之象。朱駿聲《說文通訓定聲》引《詩經・召南・殷其雷》:「莫敢遑息」，傳曰止也。〔註 17〕水火相止熄也。兩種對抗的勢力互相剋制，爲何稱爲「革」呢？〈彖傳〉進一步以「二女同居，其志不相得」來詮釋革的意義。二女指下離卦爲中女，上兌卦爲少女。兩女同居不同於男女同居，兩個同性之間的競爭多於合作，不易維持家室內的和平秩序，於是將有變革。

水火相征的變革之象，本來只是假借物理現象，說明變革的規律，但是彖傳卻進一步界定變革的價值意涵:「己日乃孚，革而信之。」古人以十干記日，己日居其中，黃壽祺與張善文註之曰:「故有『轉變』的象徵寓意。」〔註 18〕當變革之際，必須取信於民，這講的是爲政之道，是否取信於民乃變革的價值判準。是否取信於民，受到歷史與特定族群的限制，還不夠形成超越的規則，所以《易傳》還有「文明以說，大亨以正。」的下文。「文明」乃從卦象觀之，下離之火使事物的文理彰顯明白，「說」則指上兌爲悅。變革之際，誰能取信於民？是那彰明文理，使人愉悅的一方。並且要以正道而行，所謂亨正也。如此，變革就是正當的。

根據高亨對「革」卦的注釋，〔註 19〕原本卦辭並無這些正當化的概念，但是由王弼註易的詮釋系統，對彖辭產生「正當化」的演繹，可以說是《易傳》思想的特徵。天祐吉利之命，繫於這種正當性，所以天地變革產生四季的轉換，不再是單純的歲月流轉，而成爲價值判斷的根據。人們因此可以批判人間政權變革的現象，天命興革的法則就在於這種正當性。所謂順天應人的標準，在於「文明以悅，大亨以正」，政權的歸屬端看誰能啓導人民，走上正當的大道。

二、代行天罰

周初君王明德慎罰，保康萬民的天命基準，向啓示教化的方向轉移。《易傳》雖然仍藉天命立論，保民治民的任務漸消，導民以正的啓示之命卻漸長，這或許就是聖人取代先王的實質意義。因此我們將要比較周初的天與《易傳》的天，在啓示性格方面的異同。這將是《易傳》彰明其獨特性格的發端。

「革」卦的彖辭:「天地革而四時成。湯武革命，順乎天而應乎人：革之

〔註 17〕同上，264。
〔註 18〕黃壽祺與張善文，《周易譯註》（上海：上海古籍出版社，1992）頁 405。
〔註 19〕高亨《周易大傳今注》（濟南：齊魯書社，1987）頁 406～7。

時大矣哉。」先王與天帝的互動，富有深意。根據《書經・康誥》文王的明德，不是天帝所命，而是天帝聽到這些德政，乃至於降臨，（休）賦予文王征服東土的使命。天或帝具有擬人化的形象；祂能聽聞，能知人間事，而且能判斷，並實行其意志。人最關心天命所包涵的抉擇是如何形成的？天命的取捨判準何在？

天能聞能知，而且能擇，而祂的好惡顯示祂對文王「克明德」的肯定。超越部族祖宗意志之上的天意，其實還是以周先王的意志爲依歸。所以天帝的實質涵意，仍然是根據文王之德打造的，是人格化的結果。這人格化的天，既然主宰著一族一姓的存亡，祂的意志不可不知，也不可不明。但是王又說：「天畏棐忱」，天意難知，天威莫測。天意不直接啓示人，而是由人民的意志表現爲指標：「民情大可見」啓示統治者。天意由民情啓示當權者，統治者就要由體會民情以領悟天心：「恫瘝乃身，敬哉。」切身體會人民的病痛，就好像自身的病痛一樣。爲政者要常保政權，必須尊法祖宗，安撫民心，順應民情。爲了確證祖宗家法的正當性，遂寓諸超越個人意志的天意。天意難知，再將天命的徵兆下放人間，彰著於民情。就因爲這層層轉折，天得到豐富的涵意。

天作高山，大王荒之。

一方面說明天具有造作大地的能力與功業，一方面則指出了上天的功業由人間的君王接手來完成。天與人的關係，猶如親子：「時邁其邦，昊天其子之。」天的造生性格由此可見，〔註 20〕而人的存在價值也由此可見：「敬之敬之，天維顯思，命不易哉。」人受生於天，爲天之所子，必須敬承天命，繼續廣生大生，綿延族群的生命，因爲天命載行。

天生烝民，其命匪諶。靡不有初，鮮克有終。（〈大雅・蕩〉）

周人對天的信仰中有其確定與不確定：天生烝民，上天待人如子，這是當時周人確信不疑的。但是一個作萬邦準則的天，不能再像以前那些家族的神衹，只保障一族一姓的生計。西周中葉，封建的王業仍然以軍事殖民的形態持續著，〔註 21〕周人以相對少數的武力，面對各地異族相對獨立的態勢，軍事征服絕非最主要的策略。就如盧梭（J-J Rousseau）所言：「政治的戰爭就是神學的戰爭。」〔註 22〕周的統治者在遭遇眾多異族神衹時，以超越一切族神的「天」

〔註 20〕傅佩榮《儒道天論發微》（同上）頁 30～31。

〔註 21〕杜正勝，《古代社會與國家》（同上）頁 480～5。

〔註 22〕Rousseau，J.-J.，"Du Contrat Social " Paris：Editions Gallimard, p.460.

凌駕眾異族，攻佔最高的統治地位。「天生烝民，有物有則。民之秉彝，好是懿德。」（〈烝民〉）

天命的內容由民意顯示給統治者知曉，其實關鍵仍然在統治者的用心，視統治者對民意的體會與判斷而定。所以以下所謂天命，實在是統治者在權力繼承之際，為了政權的永續所設計的審判法則。東征的目標就是「助王宅天命，作新民」，改朝換代，更新人民忠順的對象，將周王權威的符號，及其天命的象徵樹立起來。前文已經一再強調，周人統治廣土眾民的困難，所以要想「作新民」製造新的忠順標準，不能不「愼罰」，以免激起廣大東土異族的反抗。

《書經・康誥》:「人有小罪非眚，乃惟終，自作不典。式爾，有厥罪小，乃不可不殺。」曾運乾《尚書正讀》曰:「眚，過。終，終身行之也。」〔註23〕人民即使犯了小罪，如果不是無心之過，而且又一犯再犯，那麼也不可不殺。反之，如果人民無意犯了大罪，以後如能改過，不再犯，那麼在窮究他的罪過之餘，就不必殺他了。政權的性質類比於親子關係：統治者對待人民「若保赤子」。

作為一個異族統治者，體察民情的具體表現:「師茲殷罰有倫」,「罰蔽殷彝，用其義刑義殺」，用殷人原有的律法規範殷人。只有在人民故意犯罪，侵犯他人私有財產，「殺越人于貨，暋不畏死」，才應處以死刑。如果說這就是天命的實質內容，那麼周初的天帝可以說是一個很現實的天、帝。而且，祂還是統治者私有財產權〔註24〕的護法。祂也就是第一位審判者，決定著王朝的興亡。

天命決定了一族一姓的存亡絕續，而天的判斷繫屬於人的省思與意志，所以它不是超越與隔絕的神秘力量，而是既超越於個人意志之上，卻又內存於人間的民情之中。統治者可以體察民情以辨識天意，順承天命。統治者順承天命的工作內容，不外乎上述「宅天命，作新民」「敬明乃罰」，亦即原屬於天工的「啓示與審判」。〔註25〕啓示人民行事的規範，以及審判人民行為的罪過，最終的目的，以及最後的界限就是「生殺」。統治者的使命在於常保民命，所以輕易不可刑殺殄滅民命。但是統治者的寬容有其極限，那就是不能違背了上天「造生與載行」萬民之命。〔註26〕統治者不像上天具有造生

〔註23〕曾運乾，《尚書正讀》（同上）頁163。
〔註24〕杜正勝，《古代社會與國家》（同上）頁465～470。
〔註25〕傅佩榮，《儒道天論發微》（同上），頁28～36。
〔註26〕同上，頁43～48。

之能，卻負有載行萬民之命。因此審判的最後判準就是：載行群生。任何罪行只要不去侵犯他人財產，只要不是惡意地一犯再犯，就不該殺死他。「罪」的甲骨文字形，象一隻籠子罩住飛禽。飛禽的所有權，在封建社會原本不屬於一般人民，那是貴族的私有財產。人民捕捉飛禽的行爲，因此用來定義「罪」。「眚」的甲骨字形，象眼睛上生出一枝異物，它可能意謂著眼睛被刺傷，或被干擾著，因此我們看不清楚，見事不明，需要啓示。所以周初的律法也許很單純：如果一個平民隨手用隻籠子罩住了隻飛禽，他就因侵犯貴族的權利而獲罪。但是如果發現他因爲眼睛上有異物，以致他識見不明，那麼他只是無心犯過，可以免死。

不過周初的統治者並非慳吝的守財奴，所以罪人有他更該死的理由。《書經・康誥》：「元惡大憝，矧惟不孝不友。……惟弔茲，不于我政人得罪，天惟與我民彝大泯亂。曰：乃其速由文王作罰，刑茲無赦。」最大的罪惡還不在於得罪當政者，而在於兒子不恭敬地治理父親的事業，父親不愛顧他的兒子；弟弟不尊敬兄長，兄長不提攜他的弟弟。如果發生這種事，雖然這人民沒有得罪統治者，卻干犯了上天賜予人類的律法。就因爲這種罪行，統治者必須像文王一樣懲罰這些不孝不友之人，絕不寬貸。

還有一種大罪必須處以死刑，《書經・康誥》：「不率大戛，矧惟外庶子、惟厥正人、越小臣、諸節，乃別播敷，造民大譽，弗念弗庸，瘝厥君。時乃引惡，惟朕憝。已，汝乃其速由茲義率殺。」君長之下的各級官員，如果擅立新的領導中心，背叛他的君父，應該速正典刑。

從統治者掌握的生殺大權，我們確認了君王假天命載行群生的目的。第一是私有財產權，因爲它是我們生活的資財。第二是孝友的規範，因爲它確保以嫡長制爲中心的私有財產權。第三則是依宗法建立的層級體制，與相應的忠誠。因爲這種忠誠確保宗法制度核心，大宗小宗的權威，進而確保這種體制的運作，確保生存的可能。所以統治者就是繼承天命的第二位審判者，直接對人民施行賞罰，而刑罰尤勝於慶賞也。

周初「天」的意涵一直重現著上述的形構，例如學者考訂作於成王之時的《書經・大誥》：

> 天降割于我家……予不敢閉于天降威用……寧王遺我大寶龜，紹天明……天降威，知我國有疵，民不康……予造天役，遺大投艱于朕身……

天命的內容由天的作爲可知，天是能降災害給人的，降災的目的在於表達天對人的審判，所以獲災的人立刻要反省自己的行事，檢討它們是否合於天命。天意就從這些災害的警訊啓示給人，人由此「知天命」。除了降災，天意也可以由貞卜而知。總之，天能審判人的行事，也能啓示人天命。天即使透過懲罰，也不是以毀滅爲目標，直接承擔天降之威，並且省思天的啓示者，乃是在位的統治者。所以統治者對自己的使命有所反省，其結論就是天命的實質意涵。周成王所說的「天役」，投擲在他身上的艱鉅使命就是武王《書經・康誥》所說：「若保赤子，惟民其康乂。」「罔不克敬典，乃由裕民。」天命君父，視民如子，治理民生，啓迪民智。這就是君父承天命，所分有自天的審判、啓示之權，載生萬民之責。

天命不是一種原始宗教的復興，不是神秘的超越者，而是周人政治智慧的表現。天——君王——人民，三者的關係構成一套人可以啓示與理解的理念，一套人可以檢察與審判的法制，一套人可以保生與養生的政權形構。這一套政權形構能夠載行群生的關鍵，在於天命與民情間的連鎖，已敘明於《書經・康誥》。所以《書經・召誥》：「王其德之用，祈天永命。其惟王勿以小民淫用非彝亦敢殄戮，用乂民，若有功。」統治人民，愼用刑罰，不敢侮鰥寡，恫瘝在抱，若保赤子。人民安治，康和無怨，則天命不易。

《書經》的論述立場在統治者，天命改易，政權遞嬗，雖說繫於民情，但是民情的眞相卻存乎統治者的「克明德」、「敬德」，如果君王失德、不德，虐殺下民，人民除了武裝暴動之外，沒有其他的求生途徑。但是暴力的歷程與結果，都難以控制。而小農制的社會，是否能夠組織足以與貴族武力抗爭的暴動，令人懷疑。夏商周三代的政權更迭，還是統治者之間有組織的武裝鬥爭。民心與天命都只是裝飾統治權的符號。因爲它們都缺乏實際的社會組織力量，以與君權爭奪詮釋權。

「天命」、「君權」、「民情」的關係如下：民情假天命而昭明於君心，君權借天命中保而永續經營，天命的內涵其實由統治者與被統治的心意來決定。統治者因執政之便，掌握詮釋天命的權威。人民卻也能透過民間文學的創作，挑戰君父的詮釋權。君王如果由「采風」探得民隱，豈非「克明德」、「疾敬德」。如果君王罔顧民間詩歌中「天意」的變化，當然無法知民情，得民心。如此構成君王徵知天之審判的依據，也構成了君王審判下民的標準。

三、審判者轉化爲啓示者

統治者如果運用合法的暴力，人民如何能與之抗爭？在周人的政權設計裡，人民的利益端賴君王的「敬德」。〔註 27〕如果君王不能以民情爲天命，體貼人民的疾苦，人民又能如何？周之聖賢當然明白凡人的弱點，統治者安樂日久，難免漸漸忽視民隱，喪失明德。所以到周穆王時，《書經・呂刑》對於合法的暴力，有十分細緻的分析，也有深切的告戒。

> 王曰：「若古有訓，蚩尤惟始作亂，延及于平民，罔不寇賊，鴟義姦宄，奪攘矯度。苗民弗用靈，制以刑，惟作五虐之刑曰法，殺戮無辜。爰始淫爲劓、刵、椓、黥，越茲麗刑并制，罔差有辭。(《書經・呂刑》)

雖然論述的內容溯及遠古的故事，其實著眼點在於周人所處的漸衰之世。統治者在位日久，當初開國英烈的建國理想逐漸被遺忘了。君權原本在於能密切體察民情，施政須適時反映民心，天命只是使民情神聖化的符號，但是統治者一旦失去反省的能力，不能「明德愼罰」，濫用權力的快感使他迷失在自以爲是的天命之中，忘記了「恫瘝在抱」的祖訓。爲了復興君王的明德，一種要求愼罰的呼聲或許已經形成。熟知史事的周朝史官，爲了啓發君王，或許會藉著遠古傳說，勸服專斷與暴戾的君王。

古訓傳說蚩尤的時代，政治失序，天下大亂。個人生命不受重視，人人各自爲戰，搶奪別人的財物，殺害別人的性命。〔註 28〕在這個暴力氾濫的世代，統治者只是信任暴力制服暴力，制作五虐之刑來規範人民的行爲。史官的論點在於區分審判與刑罰，蚩尤的暴政就在於不審判是非曲直，而固執於暴力帶來的權力感。但是不講理的統治權威並非有效的統治，社會秩序更爲隳壞。

> 民興胥漸，泯泯棼棼，罔中于信，以覆詛盟。虐威庶戮，方告無辜于上。上帝監民，罔有馨香德，刑發聞惟腥。皇帝哀矜庶戮之不辜，報虐以威，遏絕苗民，無世在下。乃命重、黎，絕地天通，罔有降格。群后之逮在下，明明棐常，鰥寡無蓋。皇帝清問下民，鰥寡有辭于苗。德威惟畏，德明惟明。

未經合理化的暴力，或失去合法性的暴力，造成人民互相欺詐，紛紛擾擾，原本維繫社會秩序的宗教信仰也失去力量，人民甚至背叛神前的詛盟。天在

〔註 27〕徐復觀，《中國人性論史》（臺北：臺灣商務印書館，1988）頁 20～24。
〔註 28〕張光直，《中國青銅時代》（臺北：聯經出版事業公司，1987）頁 63。

周朝史官的詮釋下，祂是照看著人的，當祂發現人的痛苦時，會像人類的情感一樣，哀矜無辜人民。清明在上的天帝明辨人間的有罪無罪，審判人間的不義，並且降下天罰。

天降刑罰的方式，在史官的筆下，仍然是由君王代行天罰。天命三王啓示行爲規範，執行天的審判。

> 乃命三后，恤功于民：伯夷降典，折民惟刑。禹平水土，主名山川。稷降播種，農殖嘉穀。三后成功，惟殷于民。士制百姓于刑之中，以教祇德。穆穆在上，明明在下，灼於四方，罔不惟德之勤，故乃明於刑之中，率乂于民棐彝。典獄非訖于威，惟訖于富。敬忌，罔有擇言在身。惟克天德，自作元命，配享在下。(《書經．呂刑》)

中國古代早期農業文明，農民選擇大河支流的臺地、丘陵上定居與耕作。〔註29〕水利與農藝是生活的主要內容。但是由考古資料推測，《易經・繫辭》所說的「黃帝堯舜垂衣裳而天下治」的時代，社會組織已經需要極高的層次，〔註30〕西元三千年以下，我國各地文化交流已經很頻繁，黃帝雖然只是天下部族聯盟的酋長，以師兵爲營衛，遷徙往來無常處，〔註31〕但是沒有相當的行政能力是不行的。越來越高的行政效能，必須有相當的法制與執法能力。生存所需的私有財產，更要有相應的法制來保護與規範。因此，禹平水土，稷降播種，最後重頭戲是「伯夷降典，折民惟刑」。

人必須以自己的理性判斷，代替那「穆穆在上」的天命，以「刑」來治民。由「刑」的金文字形來看，或許刑法原本就是規範土地所有權的法制。〔註32〕有土斯有財，在古農業社會，土地的立法就是法的主要部份了。〔註33〕周朝的統治者把人間財產的契約律法權威，託於天威，所以天的內涵富有高度的政治性，而人間的刑法具有超越人間的性格。這種超越性格使刑法不至於偏私個人或特定族群，因而保有公平性與最高的權威。這就是周朝統治者無法捨棄「天命」的原因，即使它只是由人詮釋的政治符號而已。

> 王曰：嗟，四方司政典獄。非爾惟作天牧？今爾何監，非時伯夷播刑之迪？其今爾何懲？惟時苗民，匪察于獄之麗。罔擇吉人，觀于

〔註29〕杜正勝，《古代社會與國家》（同上）頁103。

〔註30〕同上，頁125。

〔註31〕同上，頁127。

〔註32〕《漢語古文字字形表》頁22，朱駿聲《說文通訓定聲》（同上）頁862。

〔註33〕杜正勝，《編户齊民》（同上）頁168～174。

五刑之中。惟時庶威奪貨，斷制五刑，以亂無辜。上帝不蠲，降咎于苗。苗民無辭于罰，乃絕厥世。（《書經・呂刑》）

斷制五刑以保護無罪之民，所以司政典獄的官員君王乃作「天牧」。執法的關鍵在於愼選執法者，如果沒有選出善人執法，無辜之人財產就不能受到保護，暴民蓬起搶奪別人的財貨。〔註 34〕統治者不能實行合乎民情的審判，上天就要來審判他們了。天罰的結果就是「絕厥世」，是族群的滅絕。

懲前毖後，周王朝的統治者縷述天命之後，開始呼籲統治者的覺醒。尤其是同族的統治者，基於血族存亡的危機感，要求明德愼罰，以維政權。

王曰：「嗚呼，念之哉，伯父、伯兄、仲叔、季弟、幼子、童孫，皆聽朕言，庶有格命。今爾罔不由慰曰勤，爾罔或戒不勤。天齊于民，俾我一日。非終惟終，在人。爾尚敬逆天命，以奉我一人。雖畏勿畏，雖休勿休，惟敬五刑，以成三德。一人有慶，兆民賴之，其寧惟永。（《書經・呂刑》）

天意要助人生存綿延，這是天的載行性格。統治者的族群是否能夠延續政權，關鍵不是莫測的神秘的天意，而是人的行爲事功。統治者是否能發揮統治的效能，首重事權的統一。但是在萬邦林立的三代，周人界封建禮制敬宗收族，必須血族伯叔子弟依宗法團結起來「奉我一人」。雖說奉我一人，但不是任由某一暴君的專制，而在於建立客觀的法制，〔註 35〕排除私人的情感「雖畏勿畏，雖喜勿喜」。天下人都靠他一人，他則靠「五刑三德」。

吁，來，有邦有土，告爾祥刑。在今爾安百姓，何擇非人？何敬非刑？何度非及？兩造具備，師聽五辭。五辭簡孚，正于五刑。五刑不簡，正于五罰。五罰不服，正于五過。五過之疵，惟官、惟反、惟內、惟貨、惟來，其罪惟鈞，其審克之。五刑之疑有赦，五罰之疑有赦，其審克之。簡孚有眾，惟貌有稽。無簡不聽，具嚴天威。（《書經・呂刑》）

政治組織管理土地財產，必須有土地財產的契約，良好的管理契約的刑法。建立良好的土田財產的管理法律，〔註 36〕必須愼選執法者，樹立刑法的權威，

〔註 34〕孫淼《夏商史稿》（北京：文物出版社，1987）頁 551～4。

〔註 35〕杜正勝，《編户齊民》（同上）頁 230～5。

〔註 36〕趙岡與陳鍾毅，《中國經濟制度史論》（臺北：聯經出版事業公司，1984）頁 21～40。無論上古的井田制，或是戰國時期逐漸確立的土地私有制。

如此方能安百姓。所謂稱職的執法者，必須客觀理性：具體的說就是兩造俱陳，充分的聽取口供。執法的官員如果不能使人民信服，執法者必須自我檢討。反省自身是否有五種常犯的過失：官官相護，仗勢欺人；挾嫌報負，公報私仇；徇私情；受賄賂；被關說。〔註 37〕甚至秉持合理的懷疑，保留寬赦的可能。核驗犯罪，一定要透過審訊，絕不處治未經審訊核驗確實的案子。《書經・呂刑》的司法理想可以垂範百代，而其基礎則是天命觀，執法的理想是「共嚴天威」。〔註 38〕

墨辟疑赦，其罰百鍰，閱實其罪。劓辟疑赦，其罰惟倍，閱實其罪。剕辟疑赦，其罰倍差，閱實其罪。宮辟疑赦，其罰六百鍰，閱實其罪。大辟疑赦，其罰千鍰，閱實其罪。墨罰之屬千，劓罰之屬千，剕罰之屬五百，宮罰之屬三百，大辟之罰，其屬二百：五刑之屬三千。(《書經・呂刑》)

相對於周人對刑罰的敬慎，刑罰的內容其實極爲殘酷。上述五種刑罰，除大辟之刑造成生命的終結，其他四種刑罰都以毀傷人的身體爲手段。墨是刺上恥辱的標記，劓是割去鼻子，剕是截斷兩足，宮是閹割性器。身體的殘廢一旦造成，無法復原，留下一生的缺憾與恥辱。就是因爲刑罰極爲殘酷，所以「愼罰」的思想才饒有深意。

以身體爲處刑劇場的世代，臨刑之際，引發無邊的焦慮，因爲那是死亡，或是一種異樣的生活形態，我們對這即將發生的一切，茫然無知。受刑以後，價值所寄的身體殘缺，作爲一個人應有的自尊隨之破壞。周人「愼罰」的思想不能不說蘊涵了對生命價值的高度肯定。我們可以說「克明德」是自尊，「愼罰」則是尊人。自尊尊人就成爲下述「中正」〔註 39〕的最佳詮釋：

哀敬折獄，明啓刑書胥占，咸庶中正。

自尊尊人是因爲人命來自天命，天仍然是人生價值的終極根源：

永畏惟罰。非天不中，惟人在命。

人是天所生，人有命在天，所以天在照看著我們，使我們在地上繁衍種族。人間的紛爭，尤其是爭奪財產的時候，我們需要一個超然的仲裁者，實行權

〔註 37〕因爲政權的基礎就是建立在血族的私人關係上，私心與專斷極易滲入權威的審判中。王貴民，《商周制度考信》(臺北：明文書局，1989) 頁 72～79。

〔註 38〕屈萬里，《尚書今註今譯》(臺北：臺灣商務印書館，1988) 頁 181。

〔註 39〕中正的概念出現在《書經》早期的作品中，而且與形罰的公平審判相關，可見後人將《易傳》中的中正賦與太高的道德意義，恐不當其本義。

威的審判。這一切周人都訴諸天意，以及天命。但是天命的內容是否有超然的依據呢？還是任由統治者隨意詮釋呢？周初的統治者深感自身所擁有的權力，以及民心的不安，故以民情爲天命的準據。然而是否以民情見天命，繫於統治者自身的覺醒與認同。如果君王驕矜自傲，不通過民情檢定天命，反而以爲自己擁有詮釋天命惟一的權力，這時誰能夠反抗他呢？〔註 40〕

《易傳》之中審判者的缺席，在上述刑罰原理的論述映比之下，顯得意義十分突出。缺乏審判者的吉凶審判究竟是如何產生的？缺乏審判者的審判，其權威何在呢？我們又何必在意其吉凶呢？

「是故蓍之德，圓而神。卦之德，方以知。六爻之義易以貢。聖人以此洗心，退藏於密，吉凶與民同患。」（《周易・繫辭上傳》）聖人不同於君王，不以審判者自居，反而與民同患同憂。聖人透過卦爻，承擔眾人的吉凶禍福，因爲「八卦定吉凶，吉凶生大業。」（《周易・繫辭上傳》）聖人固然像先王一樣「備物致用，立成器以爲天下利」（《周易・繫辭上傳》），承繼了保民治民的使命，但是他既非審判者，就不會挾禮刑以制民。聖人藉著龜「探賾索隱，鉤深致遠，以定天下之吉凶。」（《周易・繫辭上傳》）不易流於專制弄權，護短徇私。聖人之於萬民，應該是啓示多於審判：

《易傳》作者認爲「周易」啓示「彖者，言乎象者也。爻者，言乎變者也。吉凶者，言乎其失得也。悔吝者，言乎其小疵也。無咎者，善補過也。是故，列貴賤者存乎位，齊小大者存乎卦，辨吉凶者存乎辭，憂悔吝者存乎介，震無咎者存乎悔。是故，卦有大小，辭有險易。辭也者，各指所其所之。」（《周易・繫辭上傳》）這些符號的應用乃用以說明審明吉凶，聖人繫辭的意義即在於解明卦爻所示的吉凶「聖人有以見天下之賾，而擬諸其形容，象其物宜，是故謂之象。聖人有以見天下之動，而觀其會通，以行其典禮，繫辭焉以斷其吉凶，是故謂之爻。」（《周易・繫辭上傳》）

聖人象其物宜，行其典禮，根源於天，一時古代的審判者再度現身。但是《易傳》並沒有走上回頭路，「是故天生神物，聖人則之。天地變化，聖人效之。天垂象，見吉凶，聖人象之。河出圖，洛出圖，聖人則之。易有四象，所以示也。繫辭焉，所以告也。定之以吉凶，所以斷也。」（《周易・繫辭上傳》）天沒有變回審判的主宰者，它只是「生」出神物的根源，它無言的示象

〔註 40〕杜正勝，《編户齊民》（臺北：聯經出版事業公司，1992）頁 379～382。小農經濟的破產，充分表現在諸子的政治理想中。

必須聖人則之、效之、象之，最後還要繫辭以告，如是方能產生吉凶判斷。這也就是本文主題「辭」的意義：聖人開物成務並非空言，「聖人立象以盡意，設卦以盡情僞，繫辭焉以盡其言，變而通之以盡利，鼓之舞之以盡神。」（《周易・繫辭上傳》）如果物特指卦爻的符號系統，辭也者，即詮釋符號涵意，以窮盡其底蘊的言辭。辭所詮釋之物的秩序，即「八卦設位」之位，以及「六爻之位」也。

辭不只是物象的描述，而是關乎吉凶悔吝的判斷也：「聖人設卦觀象、繫辭焉，而明吉凶。剛柔相推而生變化。是故吉凶者，失得之象也。悔吝者，憂虞之象也。變化者，進退之象也。剛柔者，晝夜之象也。六爻之動，三極之道也。」（《周易・繫辭上傳》）吉凶悔吝生於生存秩序的得失，「辭」的意義即在於詮釋其秩序也。

《易傳》總體而言，就是詮釋「物之秩序」的哲學，所謂「辭」啓示給人卦爻符號的秩序，聖人開物成務的設計〔註41〕：「聖人有以見天下之賾，而擬諸其形容，象其物宜，是故謂之象。聖人有以見天下之動，而觀其會通，以行其典禮，繫辭焉以斷其吉凶，是故謂之爻。言天下之至賾而不可惡也，言天下之至動而不可亂也。擬之而後言，議之而後動，擬議以成其變化。」（《周易・繫辭上傳》）明斷吉凶的「辭」是重建生存秩序的媒介，研究辭與物的關係，使我們契入《易傳》的本義，也彰顯一套試圖假借數學規律，重建生存秩序的詮釋系統。「極天下之賾者存乎卦，鼓天下之動者存乎辭，化而裁之存乎變，推而行之存乎通，神而明之存乎其人。默而成之，不言而信，存乎德行。」（《周易・繫辭上傳》）

第五節　審判之標準

造作萬物，生養人類的上天，既然超越眾族的祖神，成為各族生存的源頭，因此不能確保一族一姓的政權。爲了讓不確定的天命有確定的繼承規則，周人設計了能審判好壞受命者的天。審判的標準既然要超月一族一姓的私利，就必須能啓示給各個氏族，因此天的啓示性格與審判性格不可分。

《易傳》將吉凶的判準歸宿於何處呢？「方以類聚，物以群分，吉凶生矣。」（《周易・繫辭上傳》）王弼將方解釋爲「法術」，司馬光《溫公易說》

〔註41〕方東美，《生生之德》（臺北：黎明文化事業公司，1989）頁289。

則說「方」為「道」，來知德《周易集注》則將之釋為方向，「物」為動物。王夫之《周易內傳》將方釋為方位，物釋為爻。高亨《周易大傳今注》主張「方」為「人」，因篆文形似而誤。高說是也。人以類聚，物以群分，其分類從屬的秩序位階決定了吉凶。人與物並非直接呈現秩序與位階，而是由其所象形構的符號層級體系，有無脫序來決定吉凶。

「八卦成列，象在其中矣。因而重之，爻在其中矣。剛柔相推，變在其中矣。繫辭焉而命之，動在其中矣。吉凶悔吝者，生乎動者也。」「爻象動乎內，吉凶見乎外。」(《周易・繫辭下傳》) 卦爻形構乃象徵動態的歷程中，各種遭遇的序列。有序為吉，失序為凶，這樣的判準無殊於周人的天命觀。

「天命靡常」，周人為了統御東方各族，標舉天命為政權正當性的來源。但是超然於上的天，不偏私當權者，周政權失去上天的絕對保障，只好按照他們所定下來的公平規則，競爭天命的繼承權，正所謂「靡不有初，鮮克有終」，天命的繼承權是需要爭取的。天作為造生與載行者，鞏固了人的生存基礎，確立了生命的價值。但是天命不專愛一人或一族，又為生命帶來無限的不安。其實這就是人類憂患的根源。

從大約同時的詩作:「天降喪亂，饑饉薦臻。靡神不舉，靡愛斯牲。」(〈雲漢〉) 我們可以看見對天的信仰並不那麼堅定，人在饑饉喪亂中，竟到處求神祈福。雖說人生的根源都是一個天，而且天命祐祐能繼天承命的人，但是當天命變得難以測度時，人們便又開始相信各種可能濟其私的神祇了。為了不讓人民淪落到無所措手足的窘境，周人必須在統治手段上更加精進，因此天的性格需要更加精緻。

天在周初典禮中，一直是超越的主宰。《書經・康誥》一開始就說周的政權是受自天命，天命與王德於是構成一組關於權力正當性的詮釋。因為周先祖文王的「克明德」，所以「天乃大命文王，殪戎殷，誕受厥命。」天命在這個殺伐殷政權的判決中顯示給周人，天的好惡由這個「殪戎殷」的審判結果，啓示給周王，同時也肯定了周文王的文德。天命的內容由文王的子孫實踐於東征異族的軍事殖民活動上:「肆汝小子封，在茲東土。」

天命與王德並非周人的專利，自《書經・康誥》接下來的記載可知，武王對康叔說，除了遵循先王的明德，還要像文王一樣「紹聞衣(殷)德言」，明敏地考察殷先王的「德」，聽從他們的「德言」。殷先哲王也一樣有德，因其有德，所以殷人的先王亦曾背負天命。就如《書經・多士》周成王對殷遺民的訓話，仍然首先提到天命「降喪于殷，我有周佑命，將天明威，致天罰」終結了殷代的天命。周人如此做的原因，不是小邦周敢任意討伐大邦殷，而是因為原來屬於殷人的天命，改由周人繼承了。天命改易的理由則在歷代君王的「德」，失德就會失天命。所以《書經・多士》由周王對殷士，啓示了自夏商以來，天命改易的歷史規律：

「我聞曰：『上帝引逸。』」上帝是引導人安樂者。所以天命應當是以引導人民生活安樂為務。「有夏不適逸，則惟帝降格，嚮于時夏。」夏人能適度地享樂，這種節制得到上天的肯定，所以上帝降臨到夏人那裡。這就是天命所歸了。「弗克庸帝，大淫泆，有辭。惟時天罔念聞，厥惟廢元命，降致罰。」夏人不能遵循上帝所命，過度享樂，有惡辭聞於世。上天不再眷顧他們，廢棄了先前降下的天命，而降下懲罰。天命的改易，關鍵在於人的行為。天命改易，於是從夏人移至殷人，成王對殷人說上天「乃命爾先祖成湯革夏，俊民甸四方。」天命殷先祖要治理四方之民。殷先王自成湯至於帝乙，代代保有天命，也就是保有政權，因為他們「罔不明德恤祀。」

《易傳》所提示的審判標準，決非從傳統信仰裡割離出來的理念。周初以來的天命觀，天命顯於民情，存乎君之明德。周初建國諸賢將其寄託於周禮的禮儀形制，《周易・繫辭下傳》曰：「（六爻）六者非它也，三才之道也。道有變動，故曰爻。爻有等，故曰物。物相雜，故曰文。文不當，故吉凶生焉。」李鼎祚《周易集解》引陸績之解，認為聖人設爻以效天道地道人道之變動。胡煦：「道，易道也。變動謂陽動變陰，陰動變陽。」孔穎達《周易正義》將「物」釋為類，言爻有陰陽貴賤等級，乃象萬物之類，故謂之物也。來知德《易經來注圖解》釋「等」為剛柔大小遠近貴賤之類也。「物」則為陰物陽物，爻不可以言物，有等則謂之物也。朱熹《周易本義》相雜者，剛柔之位相間雜也。項安世《周易玩辭》則以爻位陰陽相間為「文」也。總結各家注疏，間有定義差異，但其義不外乎強調透過卦爻符號解明世界之秩序也，由之以明示人間之吉凶。是故審判的標準即在於是否合於卦爻所示之理序也，因易理所涵之秩序即人間應有之秩序也。

三才之道指天地人之道，《易傳》旨在順性命之理，故立天地人三才之道，以安天下之民。《易傳》所以順性命之理者，非託諸空言，其所示之吉凶猶如天命顯於人間秩序的存亡得失。所異者在於《易傳》超脫了周禮蘊涵的親族連鎖，天與人並不模擬親子關係，天命也不必顯現於文王祖德，繼承天命者固然不是基於血親關係，但也不是從主體的「明德」顯現。從卦爻符號文理的當否，決定人間的吉凶，實在是《易傳》在取代古代價値審判標準上，最大的貢獻。

遵從天命治理四方，不敢荒淫，這就是殷先王的明德。明德則天命時至，失德則天命不至，殷人能夠建國就是因爲天命，有天命則因有明德，「德」的意義可知。我們甚至可以從「得天命」去詮釋「德」，失德就是失天命。失去天命就喪失政權，上天不降命給不能彰明其德的人。「天命」的內容就是要統治者勤政愛民，「俊民甸四方」讓才智之士治理四方，留住上天的眷顧就成爲「明德」的實質意義，所以能夠「恤祀、建邦」，保住政權就成爲有德的明證，是爲「明德」，即彰明其得天命的成就。在周初君王主持的典禮中，「德」的涵意就這樣與「天命」一齊確定下來了。明德與否，和統治者的承天命載行的政績，有密切的關係。「惟天不畀不明厥德，凡四方小大邦喪，罔非有辭于罰。」（《書經．多士》）

《書經．多方》同時告訴我們，統治者因爲善於統治人民，在他的政績中彰顯了他得天命的事實，所以代替上天審判人民與其他的邦國，以此啓示其他邦國的天命，並勸服人民過守法的生活。周王一方面啓示天命予諸邦國：「今我曷敢多誥？我惟大降爾四國民命，爾曷不忱裕之于爾多方？爾曷不夾介乂我周王，享天之命？」「我惟時其教告之，我惟時其戰要囚之，至于再，至于三。乃有不用我降爾命，我乃其大罰殛之。」

《書經．多方》上述的誥誡，充分說明了周王透過天命觀的闡述，使東方諸邦國信服其統治的權威。整個天命觀的形構可以歸結爲：「嗚呼，多士。爾不克勸忱我命，爾亦則惟不克享，凡民惟曰不享。爾乃惟逸惟頗，大遠王命。則惟爾多方，探天之威，我則致天之罰，離逖爾土。」他向東方諸邦的統治者宣告，若不能誠心服從他的誥命，就無法身受享樂。若是放蕩邪惡，違背王命，那是諸邦統治者冒犯天威，周王就要執行天罰，讓他們遠離本邦本土。周王因爲得天命，所以取得審判諸邦的權力（致天之罰），而且負有教誥異族的責任，這一切作爲說明周王是凌駕諸邦之上的最高統治者，執行天命的載行眾生之責。

天命、君德與周禮的關係說明天命不專屬一族一姓，會隨時改易。「德」也不是誰的專利，端視其承天命治民的政績而定。換言之，天命依治民之德而定。而周禮是度天命，敬明德的教育機制。

《書經・多方》是周公以成王命誥東土諸國，周人以天命行天罰，因爲「天」不同於各族的族神，其權威只限於一族一姓。天命可以降于三代之王，可見是一超越各族神之上，普遍的主宰。天命隨君王的有德與否而轉移，德的內涵則相應於天命的內涵，所以具有普遍性，超越一族一姓的血統，也不在於某個個人的好惡。周公傳達成王之命於東土諸國君長，夏人的政權滅亡了，因爲他的君長耽於享樂，怠忽治民之務。他們違背天命，使人民陷於刑罰的羅網之中（「厥圖帝之命，不克開于民之麗」），所以他們受到上天的懲罰。天命的內容對於君王而言，就是好好治理人民，使他們安居樂業，而不至於動輒得咎，無所措手足。君王治民的得失，見於其是否能確保生存秩序。

「天惟時求民主，乃大降顯休命于成湯，刑殄有夏。」天命曾經將使命啓示給成湯，誅滅夏人的政權，取代他們作人民的統治者，領導他們免於刑戮。成湯取代夏的天命，爲上天所簡選「作民主」。上天要君王代行天罰，執行審判，必然能將天命啓示給他們。上天對於平民則是透過歷代統治者，達成祂載行群生的目的。統治者對於人民講究的是「勸」，「愼厥麗，乃勸。厥民刑，用勸。以至於帝乙，罔不明德愼罰，亦克用勸。要囚，殄戮多罪，亦克用勸。開釋無辜，亦克用勸。」上天以政權興滅存亡的審判，將天命啓示給君王。君王對於人民則以刑罰的審判，勸導人民。勸不同於知，所以統治者重視的不是啓示人民，而是勸誘。這一點可以由「勸」的金文字形，窺知一二。被上天啓示以承天命，因此應該是統治者的特權。人民只有經由刑罰來勸服，他們的認知能力並不是統治者由刑罰要給予人民的。

《易傳》之審判者的闕如，使得我們在詮釋性命之理，人間秩序時，有了更大的自由。但是抽象的數理是否會使得吉凶利害的判斷失去周禮蘊涵的人道關懷呢？《書經》所云「明德愼罰」、「恫鰥乃身」、「不敢侮鰥寡」，結締於天的人格之中，寄託於周禮的親親尊尊之中。當審判者缺席，審判的標準轉化爲象數所蘊的理則，統治者是否會遺忘對人民應有的關懷呢？

「夫乾，天下之至建也，德行恆易以知險。夫坤，天下之至順也，德行恆簡以知阻。能說諸心，能研諸侯之慮，定天下之吉凶，成天下之亹亹者。」（《周易・繫辭上傳》）說即悅也，乾坤所代表的易簡之德，可以悅樂人心。朱熹《周易本義》以爲「侯之」乃衍文也，以「能研諸慮」斷句。韓康伯則以爲「諸侯，物主有爲者也。能說萬物之心，能精爲者之務。」高亨《周易大傳今注》則以爲「候之」爲下文竄入，大意近朱熹之說。「亹亹」言奮勉前進貌，《詩經・大雅・文王》：「亹亹文王，令聞不已。」此亹亹用以形容周先王之敬德也。總全句觀之，易簡之德乃所以安天下之民，著眼於生存秩序的建立與維護。此即吉凶利害之判，《易傳》之審判標準。此所以《周易・繫辭上傳》云：「是故蓍之德，圓而神。卦之德，方以知。六爻之義易以貢。聖人以此洗心，退藏於密，吉凶與民同患。」

聖人雖然居於關鍵地位，但不同於君王的權威，所以王須「明德愼罰」，而聖人唯有憂患：「一陰一陽之謂道，繼之者善也，成之者性也。仁者見之謂之仁，知者見之謂之知，百姓日用而不知。顯諸仁，藏諸用，鼓萬物而不與聖人同憂。」（《周易・繫辭上傳》）陰陽之道載行眾生，生生而不言宰制，其備物致用則聖人精研思慮，有憂患存之。聖人啓示審判的標準，卻不執行懲罰也。因爲他不像君王「代行天罰」，天與地並稱，已非人格性的審判者矣。

所以乾坤之易理，作爲審判之標準，非常明確地以生存爲衡準：「生生之謂易，成象之謂乾，效法之謂坤，極數知來之謂占，通變之謂事，陰陽不測之謂神。」「夫乾，…是以大生焉。夫坤，…是以廣生焉。」（《周易・繫辭上傳》）「天地之大德曰生。」（《周易・繫辭下傳》）「生生」「大生」「廣生」乃易道之極則，即使彖象所謂「君子之德」「中正」，或「時位」之義，亦不能出此範圍，一切價值皆以生存爲前提。

《易傳》中不多談仁義道德，審判的標準既然寄於易理，由乾坤之大生廣生，以及生生之易道，我們可以確認其審判標準應歸結於「生生之易」。生命的永續存在，以及生存界域的擴充推展，乃人間秩序重建的極則。所以「易簡至德」也不必勉強解釋爲道德仁義，它就像周禮最初的建制，文王之德之純，不過歸於周人生存權力的確立與擴張而已，此即所謂道，即所謂德。所不同的只是其一展現了周人拓展生存領域，東進翦商的旺盛企圖，另一表露了周末龍戰於野，一統天下的望治之心。

第四章 結 論

孟子論述堯禹的權力繼承法則，曾經對於天人之間的分際明確界定：

> 莫之爲而爲者，天也。莫之致而至者，命也。」(〈萬章上〉)

人與天相對，其意義即在於「有爲」。人性與天命相對，其意義在於人能夠「存心養性」，有所爲而爲也。而《易傳》將天地萬物「始生」的正歸諸非人力所爲所致的根元。「莫之爲而爲者，天也。莫之致而至者，命也。」恰足以說明物理也。

「聖人設卦觀象，繫辭焉而明吉凶。」(〈繫辭傳上〉) 展現了人面對天命時所作的努力。如果《易傳》像孟子一樣，積極地談生命的安樂，而不是憂患與吉凶，我們應該可以明顯地區分《易傳》所謂「辭」與「物」的關係特質。對孟子而言，最大的悅樂是什麼？

> 萬物皆備於我，反身而誠，樂莫大焉。強恕而行，求仁莫近焉。(〈盡心上〉)

「備」原來指盛箭的器具，這裡可以引伸爲裝備、預備之意。孟子對「物」的觀點展現親疏遠近的關係層析：「君子之於物也，愛之而弗仁。於民也，仁之而弗親。親親而仁民，仁民而愛物。」(〈盡心上〉) 如此可以詮釋備物致用之義。最大的悅樂在於能支配萬物之際，反身而誠，內省不疚。人作爲主體，因自身反省的「向善」意志，擇善固執，進而重新界定了「人性」與「天命」：

> 廣土眾民，君子欲之，所樂不存焉。中天下而立，定四海之民，君子樂之，所性不存焉。君子所性，雖大行不加焉，雖窮居不損焉，分定故也。君子所性，仁義禮智根於心，其生色也睟然，見於面，

盎於背，施於四體，四體不言而喻。(〈盡心上〉)

能主宰廣土眾民，中天下而立，定四海之民，豈非萬物皆備於我？主宰萬物，不能說沒有悅樂之情，但是孟子卻將最大的悅樂繫於「仁」。而仁的涵意就如孔子所啓示的，蓋人力非天數也。孟子在界定「性」「命」時，絕不是一板一眼循著客觀物象物理去命名，並以之判斷吉凶禍福。孟子以超越「莫之爲而爲，莫之致而至」的仁義禮智，詮釋人之「性」，顯示人以「辭」說「物」〔註42〕時，人類意志的主導權力。

本文的目標即在於說明《易傳》哲學面對天命之際，展現的人性理想。人對著天，會採取那一種策略，其實有多種選擇。殷周之際，天下動亂，生民不知所措。於是有周禮的建制，重建生存權力的秩序。所以詩書中展現的周禮，就代表了先秦諸子思想的底線，是我們研討本文主題的起點。

孔孟代表了周禮衰亡歷程中，在舊勢力之上興起的另一種選項，他們的思想也構成了中國哲學的主流。老莊則以其高度的革命性，展現了富有創意的生存策略。《易傳》究竟如何教人安身立命，在天命之下如何實現人性，其天人之際的哲思發人深省，彌足珍貴。然而想鉤抉《易傳》哲學的智慧，首先必須從它所昇起的周禮廢墟開始著手。如此才能夠發現《易傳》所針對的問題，由此方能評價它所提示的答案。

第一節　《詩》《書》

周初開國的理想中，生存的根源來自上天，生存的秩序本乎天命，價值判斷的極則但憑天威。所謂：

天生烝民，有物有則。民之秉彝，好是懿德。天監有周，昭假于下。保茲天子，生仲山甫。(《詩經．大雅．烝民》)

這一章詩的下半段，進一步提示了上天如何成爲人間秩序的建立者與維護者。上天審視著生民，其天功天罰由君長代行：

文王在上，於昭于天。周雖舊邦，其命維新。有周不顯，帝命不時。文王陟降，在帝左右。(《詩經．大雅．文王》)

天命啓示給君王，君王也必須將所承的天命，大大彰顯。《書經》〈康誥〉與〈洛誥〉，詳細記載了上述開國建國的理想，闡明了君長如何代天審判與啓示

〔註42〕此處的物，指《易傳》所謂之物，而非本文未曾明確界定的，孟子所謂的物。

下民，此即君王保治人民也，亦就是上天之載行群生也。君長對天命的應承即其明德、敬德也。所謂「弘于天若，德裕乃身。」(〈康誥〉) 君王的敬德，顯現爲他對天命的醒覺：「天降威」「予造天役」(〈大誥〉)。因爲深察天命，所以肩負起載行生民之責，「宅天命，作新民。」(〈康誥〉)

上述《詩經》、《書經》所記周初建國立國的理想，繫於天的造生與載行。而天以審判君王與啓示王命，達成其載行的目的。君長的使命則在於保持對民情的敏感觀察，即所謂明德、敬德：「恫瘝在抱」，以公明之刑罰，代天審判與啓示下民。

上天對下民的保康，以君長爲中保。但是君王失德，無人能給予制裁。除非人民被推至生死臨界，牽動革命性的權力鬥爭，即使最無反省能力的君王暴政都可以繼續虐此下民。君王失德，則審判不公，賞罰不明，天命無以顯示。生存秩序混亂，人民置身生存危境，可能盲目相信天命，任由暴君淫虐；也可能尋找新的天意，重新釐定天命，改易政權。周初封建的設計中，人心究竟應順服天命，或依仗人力，並無確定的硬性規劃。甚至可以說繫於掌權者主觀的認定，因此爲生存的秩序投下危機的變數。所以說春秋戰國諸子的思想，基本上是對此一危境的回應，於是必然將在人天性命舖張開的問題座標上，選擇一個確實的定位，提示一個生存的解答。

第二節 《論語》

孔子的創意可以說是將原本人民仰賴君王的敬德，轉而要求自身。這一點可以由孔子面對生存孤危之境時的言論覘之：

> 子畏于匡。曰：文王既沒，文不在茲乎？天之將喪斯文也，後死者不得與於斯文也。匡人其如予何。(《論語・子罕》)
>
> 子曰：天生德於予，桓魋其如予何？(《論語・述而》)
>
> 孔子曰：君子有三畏。畏天命，畏大人，畏聖人之言。(《論語・季氏》)
>
> 不怨天，不尤人，下學而上達，知我者其天乎。(《論語・憲問》)

前兩章顯然關乎生死存亡的處境，後一章則提升到生存價值與人生意義的層面。它們都與傳統的天命有關，但是君王的敬德如今存乎君子。而君子主要以其德，而非以其位稱其爲「君子」。不過傳統的天，對孔子還是很有意義的：

天何言哉。四時行焉，百物生焉。(《論語・陽貨》)

此處天近於傳統天的載行性格，不過孔子可能更強調另一層次的存在：「知我者其天乎。」這是生存價值的提升。因爲孔子相信上天是明白人間事的，所以必定可以啓示生命的意義，並作公平的審判：「獲罪於天無所禱也。」(《論語・八佾》)「天厭之。」(《論語・雍也》)

孔子不強調天的造生，以及天的啓示。不多談造生，近於《書經・周書》的精神，著重自身的敬德。而天啓還在於人的反省與教化，所以也不多議論。他曾不即天命而論免於憂懼之道：

「君子不憂不懼。」「內省不疚，夫何憂何懼。」(《論語・顏淵》)

子曰：君子道者三，我無能焉。仁者不憂，知者不惑，勇者不懼。(《論語・憲問》)

孔子相對於詩書顯然在天人縱橫的座標上找到了一個較遠離天命軸心，較偏向人自身修爲的立足點。因爲他的不憂不懼，在於自身的內省。省察什麼呢？可以總括爲：

克己復禮爲仁。(〈顏淵〉)

夫仁者，己欲立而立人，己欲達而達人。(〈雍也〉)

出門如見大賓，使民如承大祭。己所不欲，勿施於人。(〈顏淵〉)

孔子坦然面對生死，固然歸宿於天命，但是關鍵在於把自身的生命價值提升，比擬於古代君長。他還進一步，專就人的敬愼明德，安頓人生。所以他眞正關懷的是「德之不脩，學之不講，聞義不能徙，不善不能改，是吾憂也。」(〈述而〉)

一個平凡人只要內省不疚，就能不憂不懼，而不是靜待天命的審判。雖然天命還是終極的根源與判準，孔子把原來屬於代天載行之君長的明德愼罰，轉而開放給任何願「下學上達」、「克己復禮」的仁人君子。天命依然不測，人心卻可以在「修己以敬」、「修己以安人」、「修己以安百姓」的行程中，獲得安頓，不憂不懼。古代君王明德愼罰，爲的是一族一姓的生存。君子仁人克己復禮，進而載行群生，爲的是一種超越個體的生死存亡憂懼，更廣更大的生命意義之成就。一個人從關心自己親近的人開始，解消了獨自承擔那「莫之爲而爲」「莫之致而至」的天命所造成的生存焦慮。

孔子既然關照的是天命與禮制，自然會重視「載行」的使命，以故強調

「正名」的價值：

> 名不正則言不順，言不順則事不成，事不成則禮樂不興，禮樂不興則刑罰不中，刑罰不中則民無所錯手足。故君子名之必可言也，言之必可行也。（〈子路〉）

名言是載行群生的重大節目，孔子十分認眞看待它。命名的正否，關乎人代行天職的成效。重視正名的價值，顯示孔子對周禮的繼承。而攬下「正名」的責任，而不導向巫術詛咒的迷信，可見孔子思想在座標上向人性移動的趨勢。

第三節　《易傳》

《易傳》認爲生存的根源是「天地」，所謂「天地之大德曰生」（〈繫辭傳下〉）、「天地感而萬物化生」（〈彖傳〉）甚至說「天生神物」（〈繫辭傳上〉）「天造草昧」（〈彖傳〉）。易傳在這些論述中，顯然繼承了傳統天的「造生」性格，所以「造生」兩字皆可用以說明生存的根源。然而天地聯言，已經彰顯易傳哲學的特色。天已經無法維持祂高高在上，唯我獨尊的地位。

至於傳統天的「載行」性格，《易傳》同樣繼承了下來：「天地養萬物」（〈彖傳〉）、「自天祐之，吉無不利。」（〈繫辭傳上〉）。像孔子一樣，這方面的論述相當少，因爲這是聖人君子努力的範圍。所以擬人化的天人親子關係並不存在。

傳統天的「載行」萬物群生，在於君長的統治。《易傳》則有聖人君子設卦觀象，備物致用以利天下。所以首先觀察《易傳》中，天的審判角色：「大亨以正，天之命也。要「『用大牲吉，利有攸往』，順天命也」（〈彖傳〉）、勉強有一點上天威行懲罰的意思，因爲傳統天的審判角色，隨著祂失去獨尊地位，以及非人格化的趨勢，與「帝命文王」、「帝命不時」的時代已經十分疏離了。因爲聖人君子不就是掌權者，所以我們也看不到他們像先王一樣「明德愼罰」的祖訓。

天的啓示既然沒有擬人的親子關係作基礎，所以變成被動效法的對象：「崇效天，卑法地」、「在天成象，在地成形」（〈繫辭傳上〉）而「『復』見天地之心」「觀其所『感』，而天地之情可見矣。」（〈彖傳〉）天的啓示是以符號象徵的方式，「天垂象，見吉凶」（〈繫辭傳上〉）是也。

在《易傳》中，天還有許多非人格性的面貌：「天玄地黃」（〈文言傳〉）、「日月麗乎天」（〈彖傳〉）。然而《易傳》革命性的哲學創意應該是表現在天的象數化，例如：「雲上於天，需」、「天地交，泰」（象傳）、「（易有太極，是生兩儀）是故法象莫大乎天地。」（〈繫辭傳上〉）、「天數五，地數五，五位相得而各有合。」（〈繫辭傳上〉）、「參天兩地而倚數」（說卦傳）天與地共同成爲象數化的符號，所以天地的「造生」、「載行」、「啓示」、「審判」各種角色與功能，一一經過象數符號的轉化，表現在「乾」、「坤」兩卦的「彖傳」裡：

「大哉乾元，萬物資始，乃統天。」此爲超越傳統天的造生者角色，乾元統天乃取代天的造生也。「至哉坤元，萬物資生，乃順承天。」是坤元分享了乾元的造生性。「雲行雨施，品物流行。」「坤厚載物，德合無疆」恰說明其「載行」也。「大明終始，六位時成，時乘六龍以御天。乾道變化，各正性命。」「含弘光大，品物咸亨。」則由「啓示」而達到「載行」萬物群生的目標。

代表「審判」結果的「吉凶」，則呈現審判者的缺席。此固然由於天的非人格化，以及聖人君子並非以權位稱之，最主要的原因還是在於天地轉化爲人能知能用的象數化符號。

《易傳》在天人縱橫的座標上，針對「莫之爲而爲」的天，以及「莫之致而至」的命，人以象數的內涵予以徹底的轉化，顚覆了天帝的權威統治，天地萬物爲人所可知，以及可用的對象。而此中關鍵，不是不確定的君德，以及不可倚仗的民情，而是二元六次方，六十四卦，三百八十四爻，象數化的符號系統。

基於上述標準，《易傳》的哲學基點應該向人之所性的向度移動。但是針對「莫之爲而爲」「莫之致而至」的界限，《易傳》絕非主張人力可以回天。審判者的缺席不意謂人類權力的擴充，而啓示方法，以及啓示的符號系統具有客觀精確的性質，使得人必須嚴格遵守客觀規律所顯示的知識，才能夠趨吉避凶，安身立命。，《易傳》解消了信賴個人反省能力所帶來的危疑憂患，但是也否決了人類改造天命的積極作爲。因爲象數符號系統的客觀性與超越性，屬於「莫之爲而爲」、「莫之致而至」的客觀界限，人只有透過精確計算的知識，形成趨吉避凶的判斷。人類以象數符號的規律詮釋萬物變化，以辨明吉凶禍福，易傳哲學在天人縱橫的座標上，以「物象內蘊之理」決定「斷明吉凶之辭」，顯示它比傳統天論更趨近於天命軸心，而遠離人性自主的軸心。

由辭與物所構成的生存秩序，展現了，《易傳》對於符號與存有的實在性的堅持。所以在上述的天人座標上，我們可以增加一項參考指數，也就是，《易傳》在符號的創作上，所展示人力所能達致的範限。爲了要說明《易傳》所呈現的「符號的實有主義」我們有必要相對地釐劃《老子》與《莊子》所代表的「符號的虛無主義」。

第四節 符號的虛無主義

《老子》揭露萬物生存的根源：「道生一，一生二，二生三，三生萬物。萬物負陰而抱陽，沖氣以爲和。」（章四十二）以道取代傳統的天，作爲萬有的根源。但是道並非另一個超越的主宰者，君王也不再具有權威的詮釋權，因爲封建禮制所崇奉的「親親尊尊」，擬人化的親子關係已不存在於天人之間：

「天地不仁，以萬物爲芻狗。聖人不仁，以百姓爲芻狗。」（章五）「芻狗」是結芻以爲狗之象形，用以祭祀奉禮。相對周禮中對象數符號的崇奉，此章說明了《老子》革命的端倪。所以傳統上天獨尊而作爲萬有根基的地位已經被「道」所取代，正所謂：「有物混成，先天地生。寂兮寥兮，獨立而不改，周行而不殆，可以爲天地母。吾未知其名也，字之曰道。」

「道」不具有傳統萬有生存根基的主宰性格，可以由其並非獨霸天地萬物根源地位證之：「谷神不死，是謂玄牝。玄牝之門，是謂天地根。」傳統信仰中的天地萬物生存根源，亦即上天，雖然可以久存，但不能自生：「天長地久。天地之所以能長且久者，以其不自生也，故能長生。」（章七）

天對萬有的載行，也由「道」「德」的新主張所取代：「道生之而德畜之，物刑之而器成之，是以萬物尊道而貴德。道之尊也，德之貴也，夫莫之爵而恆自然也。道生之，德畜之，長之遂之，亭之毒之，養之復之，生而弗有也，爲（手在前引）而弗恃（手在趾後）也，長而弗宰也，是謂玄德。」

然而道並沒有成爲新的主宰者，更不會授命人間的代理統治者，因爲《老子》雖然創造了新的萬有根基，但是其「符號的虛無主義」，爲我們別開生面：「天下萬物生於有，有生於無。」（章四）歸本於「無」，或歸宿於「道」，都不會走回頭路，因爲：「道，可道，非常道。名，可名，非常名。無，名天地之始。有，名萬物之母。」（章一）萬物的存有與其命名的關係，在這一章有了革命性的轉折。「有」與「無」作爲詮釋天地之始、萬物之母的名號，其實乃：「同出而異名，同謂之玄。玄之又玄，眾妙之門。」（章一）

結果天地萬物根源的實際，只是遮蔽在「有」「無」名號之下的預設。名號若是符應存有之物，《老子》說「天下萬物生於有，有生於無。」根本瓦解了符號實有的基礎。而將天地萬物之生存根源命之曰「有」「無」，然後說「此兩者同出而異名」，又是一層解脫，證成了「符號的虛無主義」。於是開展出「正言若反」（章七十八）的「否定之道」〔註43〕

《莊子》內篇在符號的虛無主義上，有更多的發揮。首先就天地萬物生存的根源而言，傳統天的造生載行地位，完全被顛覆掉了：「天地與我並生，而萬物與我爲一。」（〈齊物論〉）天地非但不自生，如今更說與我並生。《莊子》也把天地萬有生存之基，歸本於道：

> 夫道，有情有信，無爲無形，可傳而不可受，可得而不可見，自本自根，未有天地，自古以固存。神鬼神帝，生天生地，在太極之先而不爲高，在六極之下而不爲深。先天地生而不爲久，長於上古而不爲老。（〈大宗師〉）

所以道就是人生存的根源了：「道與之貌，天與之形，惡得不謂之人？」（大宗師）《老子》將天地萬物歸本於「無」，將道歸宿於命名，《莊子》則有更細緻的論述：

> 夫道未始有封，言未始有常。爲是而有畛也。」「六合之外，聖人存而不論。六合之內，聖人論而不議。春秋經世先王之志，聖人議而不辯。」

如此解說道與言的畛域，符號所不能指稱的虛無，於是歸結出：「大道不稱，大辯不言。（〈齊物論〉）《莊子》更深明於人類認知的際限，知道人類認知與詮表的歷程深倚於「身體形象」，所以從「立象」之地開始顛覆我們的想像，瓦解我們對符號執實的根據地。

從鯤鵬的形象之變開始，《莊子》內篇爲我們展現了一幕一幕刺戟視覺想像，瓦解命名權威的魔幻論述，歸根於「至人無己，神人無功，聖人無名」（〈逍遙遊〉）

「至人神矣」、「死生無變於己，而況利害之端乎。」（〈齊物論〉）生死的變化是人類身體形象的極限，死生無變於己，是主張形象非實有的發端，如此才能夠開脫人類對符號的執實：「與造物者爲人，而遊乎天地之一氣。彼以生爲附贅懸疣，以死爲決疣潰癰。夫若然者，又惡知死生先後之所在。假於

〔註43〕鄔昆如，〈老莊教育哲學理念〉，《哲學論評》第十六期，1993年1月，頁2～7。

異物，託於同體，忘其肝膽，遺其耳目。反覆終始，不知端倪。」（〈大宗師〉）

天地萬物生存的根基，以及個人生命的想像，經過「心齋」：「無聽之以耳而聽之以心，無聽之以心而聽之以氣。聽止於耳，心止於符。氣也者，虛而待物者也。唯道集虛，虛者，心齋也。」（〈人間世〉）以及「坐忘」的工夫：「墮肢體，絀聰明，離形去知，同於大通。」（〈大宗師〉），《莊子》由顛覆身體的想像，瓦解對生命的執著，說明了名言符號的虛無性格。

名言符號原本用以昭明啓示，但是《莊子》卻說：「道昭而不道，言辯而不及」（〈齊物論〉）這是因為它要我們知道符號的虛無性：「知止其所不知，至矣。」（〈齊物論〉）而能知「不言之辯，不道之道，此之謂天府。」所謂天府：「注焉而不滿，酌焉而不竭，而不知其所由來」（〈齊物論〉），實為對符號的虛無主義最好的詮釋。

第五節　符號的實有主義

「六爻之動，三極之道也。」（《周易・繫辭傳上》）尚秉和《周易注釋》引鄭注以三極為三才也，三才者，天地人三者也。〔註 44〕爻者言乎變者也，所謂變者，「剛柔相推，變在其中」（《周易・繫辭傳下》），亦即陰爻陽爻互動所象的事物的變動。《易傳》以為陰爻陽爻所形構的卦爻符號，能夠比象事物變動的實在，所以卦爻符號的推演，顯示了天地人所有生存變化的終極原理。《易傳》主張卦爻符號可以彰顯萬物存有的根本原理。

這種符號可以彰顯萬物存有的原理的主張，我們姑且命之曰：「符號的實有主義」，以與老子所代表的「符號的虛無主義」相對。《周易・繫辭傳上》曰：「易與天地準，故能彌綸天地之道。仰以觀於天文，俯以察於地理，是故知幽明之故。原始反終，故知死生之說。精氣為物，游魂為變，是故知鬼神之情狀。」死生之說，鬼神之情狀，就是從生存的極限推尋生存的根基。〔註 45〕而生存的

〔註 44〕例如：「易之為書也，廣大悉備，有天道焉，有人道焉，有地道焉，兼三才而兩之，故六。六者非它也，三才之道也。（《周易・繫辭下傳》）「昔者聖人之作易也，將以順性命之理，是以立天之道，曰陰與陽。立地之道，曰柔與剛。立人之道，曰仁與義。兼三才而兩之，故易六畫而成卦。分陰分陽，迭用柔剛，故易六位而成章。」（《周易・說卦》）皆足以證明以天地人解釋三極，符合易傳原意。

〔註 45〕俞琰《周易集說》：「原始者，推原其始。反終者，于其終而反求其始也。人能原其始而求其所以終，又能反其終而求其所以始，則知死生之說矣。」生

根本皆顯現於「易理」之中，因爲「易理」與天地比象，〔註 46〕天地萬物生存的根基於是乎可以觀察，可以推知。

「易理」以符號啓示萬物生存的根源，其關鍵在於乾坤。乾坤比象了萬物的根源，所以說《周易・彖傳》曰：

大哉乾元，萬物資始，乃統天。雲行雨施，品物流形。

至哉坤元，萬物資生，乃順承天。坤厚載物，德合無疆。

高亨以爲此乃言乾卦坤卦之德，〔註 47〕尙秉和以爲此乃言構成天地萬物的乾坤二氣，〔註 48〕無論二者孰是，其義均以之說明萬物生存的根源。乾元坤元顯然取代了傳統天的「造生」與「載行」，成爲萬物所以生，所以存的根基。而萬物生存的根源與基礎，又可以由卦爻符號顯示，故曰：「大明終始，六位時成」、「地勢坤，君子以厚德載物。」

對於乾坤二者比象萬物的存在根源，《周易・繫辭傳下》曰：「乾坤其易之門邪？乾，陽物也。坤，陰物也。陰陽合德，而剛柔有體，以體天地之撰，以通神明之德。」易是那形而上的道，乾坤就是形而上之道得以具象化的媒介。因此乾坤構成形上世界與形下世界的媒介。〔註 49〕我們可以說，以乾坤爲根元的卦爻象數系統，重新界定了作生與保養萬物群生的根源。

乾坤這兩個最基本的概念，以陽物與陰物爲象形的基礎。乾坤類比男女的生殖器，是作爲符號，而不是實物之親自臨在。乾坤的符號性由它們的象數內涵，得到進一步的說明。〔註 50〕聖人透過乾坤陰陽的比象，說明生存的根源，但是天地萬物的生存原本不待人之詮表。人對生存根極的詮表，依乎人之仁與知：「一陰一陽之謂道，繼之者善也，成之者性也。仁者見之謂之仁，

死交關乃生存的臨界情境。所謂「臨界情境」寓意借自物理學所謂「臨界」，例如「臨界溫度」乃指在此一溫度之際，氣態實體無論被加以多大壓力，都無法被液化。因此引伸臨界（critical）一詞，用以詮釋極限的情境，所以生存情境上所謂的臨界情境，即生死交關也。例如醫院中指稱病危的術語即 on critical。

〔註 46〕《周易・繫辭傳上》曰：「是故夫象，聖人有以見天下之賾，而擬諸其形容，象其物宜，是故謂之象。」《周易・繫辭傳下》曰：「是故易者象也，象也者像也。」

〔註 47〕高亨《周易大傳今注》（濟南：齊魯書社，1987）頁 53，76。

〔註 48〕尙秉和《周易注釋》（臺北：里仁書局，1981）頁 18，32。

〔註 49〕張立文，《周易與儒道墨》（臺北：東大圖書公司，1991）頁 7～8。

〔註 50〕烏恩溥《周易：古代中國的世界圖式》（長春：吉林文史出版社，1989）頁 13～15。

知者見之謂之知，故君子之道鮮矣。」（《周易・繫辭傳上》）

其實未經人為詮釋的生存根基，原本超乎人的憂患與仁智：「顯諸仁，藏諸用，鼓萬物而不與聖人同憂，盛德大業至矣哉。」（《周易・繫辭傳上》）《易傳》對於生存根源的詮釋，涵有價值判斷，其判準就是「生生」。「富有」詮釋「盛德」，「日新」詮釋「大業」，乾坤所代表的卦爻符號系統，即在於將這種價值表現出來，〔註51〕並且可以之成就生生的盛德大業：

> 富有之謂盛德，日新之謂大業，生生之謂易，成象之謂乾，效法之謂坤，極數知來之謂占，通變之謂事，陰陽不測之謂神。（《周易・繫辭傳上》）

總之《易傳》相信符號可以充分表現萬物生存的底蘊，故曰：「聖人立象以盡意，設卦以盡情僞，繫辭焉以盡其言，變而通之以盡利，鼓之舞之以盡神。」（《周易・繫辭傳上》）而萬物的底蘊，乃所謂易之「生生」。〔註52〕

卦爻符號系統足以表示萬物的生存，「是故君子所居而安者，易之序也。所樂而玩者，爻之辭也。是故君子居則觀其象而玩其辭，動則觀其變而玩其占。」（《周易・繫辭傳上》）因為堅持符號的實有主義，所以人才能夠由「易之序」「爻之辭」安頓自身乃至萬物。

總結《易傳》在天人座標上的相關位置，因為它對符號實有主義的主張，所以與《老子》、《莊子》各自滑向天人兩極。而堅持象數的客觀規律性，它也不能像《論語》、《孟子》以人的「擇善固執」超度卦爻所啓示的天命。所

〔註51〕「夫易，廣矣大矣。以言乎遠則不禦，以言乎邇則靜而正，以言乎天地之間則備矣。」「夫乾，其靜也專，其動也直，是以大生焉。夫坤，其靜也翕，其動也闢，是以廣生焉。廣大配天地，變通配四時，陰陽之義配日月，易簡之善配至德。」（《周易・繫辭傳上》）「易」以「言」詮表天地萬物，其詮表的符號約言之為陰陽，其義蘊則為大生廣生的價值理想。呼應富有與日新，肯定生存作為評價的基準。以數說乾坤，且云其符萬物之數，說明乾坤作為形而上與形而下的中介，雖比類象物，卻又蘊涵數的抽象性，「乾之策二百一十有六，坤之策百四十有四，凡三百有六十，當期之日。二篇之策，萬有一千五百二十，當萬物之數也。」「是故四營而成易，十有八變而成卦，八卦而小成，引而伸之，觸類而長之，天下之能事畢矣。」（《周易・繫辭傳上》）

〔註52〕西周初年，殷人述古之《書經・盤庚》屢次以「生生」為訓：「汝萬民乃不生生，暨予一人猷同心，先后丕降與汝罪疾。」生生乃審判有罪無罪的衡準。屈萬里以「謀生」釋「生生」，倒不如易傳以廣大其生釋生生。新遭周人征服的殷人，追思盤庚當初遷國之遺事，充分表達人在生存基地變遷之際，對自身生存的高度關切。

以它應該比同樣傾向符號實有主義的孔孟，來得更趨近天命之軸心。《易傳》因爲它不可忽視的象數內涵，甚至比《詩經》、《書經》所呈現的周初的天命觀，更趨近「莫之爲而爲」、「莫之致而至」的天命軸心，而疏離「守死善道」的人性理想。此即《易傳》經由「辭」與「物」，詮釋萬物生存秩序之哲學思想的定位。

參考文獻

一、

1. 丁山，《甲骨文所見氏族及其制度》（北京：科學出版社，1956）。
2. 于省吾，《尚書新證》（臺北：崧高書社，1985 年）。
3. 于省吾，《甲骨文字釋林》（北京，中華書局，1979 年）。
4. 王引之，《經傳釋詞》（臺北：華聯出版社，1975 年）。
5. 王守謙等譯注，《春秋左傳》（臺北：臺灣古籍出版社，1996 年）。
6. 王宇信，《西周甲骨探編》（北京：中國社會科學出版社，1984）。
7. 王國維，《觀堂集林》（臺北：世界書局，1961 年）。
8. 王貴民，《商周制度考信》（臺北：明文書局，1989 年）。
9. 王靜芝，《詩經通釋》（臺北：輔仁大學文學院，1978 年）。
10. 方濬益，《綴遺齋彝器考釋》方燕年補編（上海：商務印書館）。
11. 中國科學院考古研究所（編年），《甲骨文編》（北京：中華書局，1989 年）。
12. 白川靜，《詩經研究》（杜正勝譯年）（臺北：幼獅出版社，1973 年）。
13. 石璋如，《考古年表》（楊梅：中央研究院歷史語言研究所，1952）。
14. 石璋如，《殷墟建築遺存》（臺北：中央研究院歷史語言研究所，1959）。
15. 史念海，《中國史地論稿（河山集）》（北京：三聯書店，1963）。
16. 史念海，《河山集》二集（北京：三聯書店，1981）。
17. 史念海，《河山集》三集（北京：人民出版社，1988）。
18. 安志敏，《中國新石器時代論集》（北京：文物出版社，1982）。
19. 竹添光鴻，《左傳會箋》（臺北：鳳凰出版社，1977 年）。

20. 竹添光鴻，《論語會箋》（東京：崇文院，昭和九年）。
21. 朱劍心，《金石學》（臺北：臺灣商務印書館，1995 年）。
22. 朱駿聲，《說文通訓定聲》（臺北：藝文印書館，1975 年）。
23. 朱謙之，《老子校釋》（臺北：漢京文化事業有限公司，1985 年）。
24. 何炳棣，《黄土與中國農業的起源》（香港：中文大學，1969）。
25. 杜正勝，《古代社會與國家》（臺北：允晨文化實業公司，1992 年）。
26. 杜正勝，《編户齊民》（臺北：聯經出版事業公司，1992 年）。
27. 杜正勝，《周代城邦》（臺北：聯經出版事業公司，1979 年）。
28. 杜正勝，《中國上古史論文選集》（臺北：華世出版社，1979 年）。
29. 李亞農，《殷墟摭佚續編》（北京：中國科學院）。
30. 李孝定，《甲骨文字集釋》（臺北：中央研究院，1965 年）。
31. 李孝定，《漢字的起源與演變論叢》（臺北：聯經出版事業公司，1992 年）。
32. 李威熊，《中國經學發展史論》上冊（臺北：文史哲出版社，1988 年）。
33. 貝塚茂樹，《京都大學人文科學研究所藏甲骨文字》。
34. 河上公（注年），《老子》（臺北：廣文書局，1978 年）。
35. 吳浩坤、潘悠，《中國甲骨學史》（臺北：貫雅文化事業公司，1990 年）。
36. 屈萬里，《尚書今註今譯》（臺北：臺灣商務印書館，1988 年）。
37. 屈萬里，《詩經釋義》（臺北：華岡出版部，1974 年）。
38. 周法高，《金文詁林》（香港：中文大學，1974 年）。
39. 周法高，《金文詁林補》（臺北：中央研究院歷史語言研究所，1982 年）。
40. 周錫保，《中國古代服飾史》（臺北：丹青圖書，1986 年）。
41. 宣穎，《南華經解》（嚴靈峰，《無求備齋莊子集成續編》三十二）。
42. 容庚，《殷契卜辭》。
43. 容庚，《善齋彝器圖錄》（北平：燕京大學哈佛學社，1936）。
44. 容庚，《金文編》張振林，馬國權摹補助費（北京：中華書局，1985）。
45. 章學誠，《文史通義》上冊，下冊（臺北：里仁書局，1984 年）。
46. 唐大沛，《逸周書分編句釋》（臺北：學生書局，1969 年）。
47. 唐蘭，《西周青銅器銘文分代史徵》（北京：中華書局，1986）。
48. 唐蘭，《天壤閣甲骨文存》。
49. 徐中舒，《先秦史論稿》（成都：巴蜀出版社，1992 年）。
50. 徐中舒編，《甲骨文字典》（成都：四川辭書出版社，1995 年）。
51. 徐復觀，《周秦漢政治社會之研究》（臺北：學生書局，1974 年）。

52. 徐蘋芳，《中國歷史考古學論叢》（臺北：允晨文化實業公司，1995 年）。
53. 馬如森，《殷墟甲骨文引論》（長春：東北師範大學出版社，1993 年）。
54. 胡厚宣，《甲骨六錄》。
55. 胡厚宣，《戰後寧滬新獲甲骨集》。
56. 胡厚宣，《戰後南北所見甲骨錄》。
57. 胡厚宣，《戰後京津新獲甲骨集》。
58. 胡厚宣，《甲骨續存》。
59. 孫星衍，《尚書今古文注疏》（臺北：廣文書局，1975 年）。
60. 孫淼，《夏商史稿》（北京：文物出版社，1987 年）。
61. 高本漢（著年），《高本漢詩經注釋》董同龢（譯年）（臺北：國立編譯館，1979 年）。
62. 邢昺，《論語注疏》（臺北：中華書局，1966 年）。
63. 張光直，《中國青銅時代》（臺北：聯經出版事業公司，1984 年）。
64. 張光直，《中國青銅時代》（第二集年）（臺北：聯經出版事業公司，1990 年）。
65. 張光直，《中國考古學論文集》（臺北：聯經出版事業公司，1995 年）。
66. 張光直，《考古人類學隨筆》（臺北：聯經出版事業公司，1995 年）。
67. 張光直，《考古學專題六講》（臺北：稻香出版社，1994 年）。
68. 商承祚，《殷契佚存》（金陵大學中國文化研究所，1933）。
69. 曾昭璇，《中國的地形》（臺北：淑馨出版社，1995 年）。
70. 曾運乾，《尚書正讀》（臺北：華正書局，1982 年）。
71. 許倬雲，《西周史》（臺北：聯經出版事業公司，1994 年）。
72. 程元敏，《三經新義輯考彙評一尚書》（臺北：國立編譯館，1986 年）。
73. 程湘清主編，《先秦漢語研究》（濟南：山東教育出版社，1994 年）。
74. 陳正祥，《中國歷史文化地理》（臺北：南天書局，1995 年）。
75. 陳漢平，《金文編訂補》（北京：中國社會科學出版社，1993 年）。
76. 陳初生編纂，《金文常用字典》（高雄：復文出版社，1992 年）。
77. 陳夢家，《尚書通論》（臺北：仰哲出版社，1987 年）。
78. 陳奐，《詩毛氏傳疏》（臺北：學生書局，1972 年）。
79. 馮友蘭，《中國哲學史新編》（北京：人民出版社，1980 年）。
80. 馮友蘭，《三松堂學術文集》卷六至卷九（北京：北京大學出版社，1984 年）。
81. 黃天樹，《殷墟王卜辭的分類與斷代》（臺北：文津出版社，1991 年）。

82. 黄釗，《帛書老子校注析》（臺北：臺灣學生書局，1992 年）。
83. 勞思光，《中國哲學史》第一卷（臺北：三民書局，1981 年）。
84. 鄔昆如，《莊子與古代希臘哲學中的道》（臺北：中華書局，1972 年）。
85. 楊寬，《古史新探》（臺北：影印本，197？年）。
86. 楊寬，《戰國史》（臺北：臺灣商務印書館，1997 年）。
87. 楊向奎，《宗周社會與禮樂文明》（北京：人民出版社，1992 年）。
88. 楊伯峻（編年），《春秋左傳詞典》（北京：中華書局，1985 年）。
89. 楊伯峻，《論語譯注》（香港：中華書局，1990 年）。
90. 楊伯峻，《孟子譯注》（臺北：漢京文化事業公司，1987 年）。
91. 聞一多，《全集》第一冊，第二冊（臺北：里仁書局，1993，1996 年）。
92. 蒲慕州，《墓葬與生死》（臺北：聯經出版事業公司，1993 年）。
93. 趙岡、陳鐘毅，《中國經濟制度史論》（臺北：聯經出版事業公司，1984 年）。
94. 趙岡，《中國城市發展史論集》（臺北：聯經出版事業公司，1995 年）。
95. 鄭玄，《毛詩箋》。
96. 裴普賢，《詩經評註讀本》（臺北：三民書局，1991 年）。
97. 賀凌虛，《商君書今註今譯》（臺北：臺灣商務印書館，1987 年）。
98. 郭沫若，《卜辭通纂附考釋》（北京：中國社會科學院考古研究所，1983 年）。
99. 郭沫若，《殷契粹編》（臺北：大通書局，1957）。
100. 郭沫若，《金文叢考》（上海：上海人民出版社，1954）。
101. 郭沫若，《兩周金文辭大系圖錄考釋》（臺北：大通書局，1957）。
102. 黄濬，《鄴中片羽初集》。
103. 黄濬，《鄴中片羽二集》。
104. 黄濬，《鄴中片羽三集》。
105. 葉玉森，《鐵雲藏龜拾遺》。
106. 葉玉森，《殷墟書契前編集釋》（臺北：藝文印書館，1966）。
107. 錢存訓，《中國古代書史》（香港：中文大學，1975 年）。
108. 瞿同祖，《中國封建社會》（臺北：里仁書局，1984 年）。
109. 劉寶楠，《論語正義》（臺北：中華書局）。
110. 劉敦愿，《美術考古與古代文明》（臺北：允晨文化實業公司，1994 年）。
111. 劉敦楨等，《中國古代建築史》（臺北：明文書局，1982 年）。
112. 羅振玉，《殷墟書契前編》。

113. 羅振玉，《殷墟書契菁華》。
114. 羅振玉，《鐵雲藏龜之餘》。
115. 羅振玉，《殷墟書契後編》。
116. 羅振玉，《殷墟書契續編》。
117. 董作賓，《董作賓學術論集》（臺北：世界書局，1962 年）。
118. 董作賓，《新獲卜辭寫本》。
119. 董作賓，《小屯，殷墟文字甲編》。
120. 董作賓，《小屯，殷墟文字乙編》。
121. 董作賓，《殷墟文字外編》。
122. 董同龢，《漢語音韻學》（臺北：文史哲出版社，1977 年）。
123. 龍宇純，《中國文字學》（臺北：五四書店，1996 年）。
124. 蕭公權，《中國政治思想史》（臺北：聯經出版事業公司，1983 年）。
125. 顧頡剛，《中國上古史研究講義》（臺北：文史哲出版社，1989 年）。
126. 顧頡剛，《史林雜識》（臺北）。
127. 顧頡剛，《顧頡剛讀書筆記》（臺北：聯經出版事業公司，1990 年）。

二、

1. 王弼、韓康伯，《周易注》。
2. 孔穎達，《周易正義》。
3. 陸德明，《經典釋文》。
4. 李鼎祚，《周易集解》。
5. 程頤，《程氏易傳》。
6. 朱熹，《周易本義》。
7. 俞琰，《周易集說》。
8. 來知德，《周易集注》。
9. 陳夢雷，《周易淺述》。
10. 朱駿聲，《六十四卦經解》。
11. 聞一多，《周易義證類纂》。
12. 惠棟，《易漢學》，《周易述》。
13. 孫星衍，《周易集解》。
14. 馬其昶，《周易費氏學》。
15. 王闓運，《周易箋》。
16. 京房，《易傳》。

17. 鄭玄，《周易注》。
18. 黃宗羲，《易學象數論》。
19. 張惠言，《周易虞氏易》，《周易鄭氏易》。
20. 焦循，《易通釋》，《易章句》。
21. 俞樾，《易貫》。
22. 王肅，《周易注》。
23. 阮籍，《通易論》。
24. 史徵，《周易口訣義》。
25. 馬國翰，《目耕帖》。
26. 孔廣森，《經學卮言》。
27. 呂祖謙，《古易音訓》。
28. 項安世，《周易玩辭》。
29. 司馬光，《溫公易說》。
30. 姚配中，《周易姚氏學》。
31. 王夫之，《周易內傳》，《周易外傳》。
32. 歐陽修，《易童子問》。
33. 黃道周，《周易正》。

三、

1. 于省吾，《雙劍誃易經新證》（北平：琉璃廠直隸書局，1937 年）。
2. 方東美，《生生之德》（臺北：黎明文化事業公司，1979 年）。
3. 尚秉和，《周易注釋》（臺北：里仁書局，1981 年）。
4. 尚秉和，《周易尚氏學》（鄭州：中州古籍出版社，1994 年）。
5. 尚秉和（原著年）劉光本（撰年），《周易古筮考通解》（太原：山西古籍出版社，1994 年）。
6. 朱伯崑，《易學哲學史》（北京：北京大學出版社，1986、1988 年）。
7. 朱伯崑，《易學漫步》（臺北：臺灣學生書局，1996 年）。
8. 高亨，《周易古經今注》（北京：中華書局，1984 年）。
9. 高亨，《周易大傳今注》（濟南：齊魯書社，1987 年）。
10. 李鏡池，《周易通義》（北京：中華書局，1981 年）。
11. 李鏡池，《周易探源》（北京：中華書局，1978 年）。
12. 張立文，《周易帛書今注今譯》（臺北：學生書局，1991 年）。
13. 張立文，《周易思想研究》（湖北：人民出版社，1980 年）。

14. 黃壽祺、張善文，《周易譯註》（上海：上海古籍出版社，1992 年）。
15. 屈萬里，《先秦漢魏易例述評》（臺北：學生書局，1981 年）。
16. 屈萬里，《周易集釋初稿》（臺北：聯經出版事業公司，1985 年）。
17. 宋祚胤，《周易新論》（長沙：教育出版社，1982 年）。
18. 宋祚胤，《周易經傳異同》（長沙：湖南師範大學出版社，1991 年）。
19. 林忠軍，《象數易學發展史》（濟南：齊魯書社，1994 年）。
20. 黃沛榮，《易學論著選集》（臺北：長安出版社，1991 年）。
21. 南懷瑾、徐芹庭，《周易今註今譯》（臺北：商務印書館，1988 年）。
22. 蔡尚思（編年），《十家論易》（湖南：岳麓書社，1993 年）。
23. 金景芳，《易學四種》（吉林：文史出版社，1987 年）。
24. 烏恩溥，《周易-古代中國的世界圖示》（吉林：文史出版社，1988 年）。
25. 黃壽祺、張善文，《周易譯注》（上海：古籍出版社，1989 年）。
26. 劉綱紀，《周易美學》（湖南：教育出版社，1992 年）。
27. 戴璉璋，《易傳之形成及其思想》（臺北：文津出版社，1989 年）。
28. 唐力權，《周易與懷德海之間》（臺北：黎明文化事業公司，1989 年）。
29. 李證剛等，《易學討論集》（臺北：眞善美出版社，1972 年）。
30. 高懷民，《先秦易學史》（臺北：東吳大學，1975 年）。
31. 曾春海，《王船山易學闡微》（臺北：嘉新水泥文化基金會，1978 年）。
32. 曾春海，《晦庵易學探微》（臺北：輔仁大學出版社，1983 年）。
33. 程石泉，《易學新探》（臺北：文行出版社，1979 年）。
34. 金谷治，《易的占筮與易理》（濟南：齊魯書社，1992 年）。
35. 戴君仁，《談易》（臺北：臺灣開明書店，1982 年）。
36. 熊十力，《乾坤衍》（香港：香港大學，1961 年）。
37. 張立文，《周易與儒道墨》（臺北：東大圖書公司，1991 年）。
38. 錢基博，《周易解題及其讀法》（臺北：臺灣商務印書館，1967 年）。
39. 周山，《周易文化論》（上海：上海社會科學院，1994 年）。
40. 嚴靈峰（編），《無求備齋易經集成》（臺北：成文出版社）。
41. 梁名春等，《周易研究史》（長沙：湖南出版社，1991 年）。
42. 陳鼓應，《易傳與道家思想》（臺北：臺灣商務印書館，1994 年）。
43. 劉大鈞，《周易概論》（濟南：齊魯書社，1988 年）。
44. 范良光，《易傳道德的形上學》（臺北：臺灣商務印書館，1982 年）。
45. 徐志鋭，《周易大傳新注》（濟南：齊魯書社，1986 年）。

四、

1. 張岱年，〈論易大傳的著作年代與哲學思想〉《中國哲學》第一卷，1979 年。
2. 傅斯年，〈性命古訓辨證〉《傅斯年全集》（臺北：聯經出版事業公司，1980 年）。
3. 沈清松，〈對比、懷德海與『易經』〉《中國哲學與懷德海》（臺北：東大圖書公司，1989 年）。
4. 陳來，〈馬王堆帛書易傳及孔門易學〉，《哲學與文化》237 期，1994 年 2 月，頁 150～168。
5. 范良光，〈略評陳鼓應「易傳與道家思想」〉，《鵝湖學誌》14 卷，1995 年 6 月，頁 155～163。
6. 張朝南，〈易傳「應」義辨析〉，《孔孟月刊》360 期，1992 年 8 月，頁 2～5。
7. 戴璉璋，〈「易傳」關於天人之際的論述〉，《鵝湖》176 期，1990 年 2 月，頁 12～24。

五、

1. Chang，Kwang-Chih, *The Archaeology of Ancient China*（New Haven & London：Yale University Press，1977）
2. Creel, H.G., *Confucious and the Chinese Way*（N.Y.：Harper & Brothers，1960）
3. Fang, Thome H., *Chinese Philosophy：Its Spirit and Its Development*（Taipei：Linking Publishing Co.Ltd.，1981）
4. Schwartz, Benjamin I., *The World of Thought in Ancient China*（Cambridge：Harvard University Press，1985）
5. Wilhelm, Hellmut, *Heaven, Earth, and Man in the Book of Changes*（Seattle：University of Washington Press，1977）
6. Wilhelm, Richard, *Lectures on the I Ching*（New Jersey：Princeton University Press，1979）
7. Wilhelm, Richard, *I Ching-Text und Materialien*（Eugen Diederichs Verlag，1992）